一九七七年上半年被抽调毕业合影留念

兰州大学经济系男女排球队1982年双获校排球冠单项会

热烈庆祝北京大学经济学院成立20周年

百年校庆北大经院全体教工合影 1998.4.18

# 跬步集

孙祁祥 著

北京大学出版社
PEKING UNIVERSITY PRESS

图书在版编目(CIP)数据

跬步集/孙祁祥著.—北京:北京大学出版社,2011.8
ISBN 978 - 7 - 301 - 19415 - 7

Ⅰ.①跬… Ⅱ.①孙… Ⅲ.①社会科学-文集 Ⅳ.①C53

中国版本图书馆 CIP 数据核字(2011)第 169739 号

书　　　名：跬步集
著作责任者：孙祁祥　著
责 任 编 辑：仙　妍
标 准 书 号：ISBN 978 - 7 - 301 - 19415 - 7/F · 2846
出 版 发 行：北京大学出版社
地　　　址：北京市海淀区成府路 205 号　100871
网　　　址：http://www.pup.cn
电　　　话：邮购部 62752015　发行部 62750672　编辑部 62752926
　　　　　　出版部 62754962
电 子 邮 箱：em@pup.cn
印 　刷 　者：北京汇林印务有限公司
经 　销 　者：新华书店
　　　　　　730 毫米 × 1020 毫米　16 开本　22 印张　317 千字
　　　　　　2011 年 8 月第 1 版　2013 年 10 月第 3 次印刷
印　　　数：14001—16000 册
定　　　价：48.00 元

未经许可,不得以任何方式复制或抄袭本书之部分或全部内容。
版权所有,侵权必究
举报电话:010 - 62752024　电子邮箱:fd@pup.pku.edu.cn

# 自 序

从上大学算起,与学问、与文字打交道已有32年了。我还依稀地记得我的文章第一次见铅字大约是在80年代中期,好像是在早已停刊的《经济学周报》上发了一篇小文。平生第一次在报纸上看到自己的名字,感到很新鲜和激动,当晚兴奋得都有些失眠。但以后就无所谓了,不敢说著作等身,但几百万字应当有,包括学术的、随笔的、各类演讲的……只是不再兴奋,很少有时间翻自己过去写的书,看自己写的文章。

今年学校春节团拜会的时候遇到一位我并不十分熟悉的老师,她像老朋友一样很热情地跟我打完招呼后对我说"时间过得真快,你前些年在团拜会上作为教师代表讲话我还记得,讲得真好"。她所指的那次演讲是在2003年。那是我第一次在北大春节团拜会这样一个重要场合作为教师代表讲话,因此,我很用心地准备了那份其实只有五分钟时间的演讲稿。讲完以后经过许智宏校长身边的时候,他特别真诚地对我说"讲得好,我今后也都可能引用,当然版权是你的啦"。团拜会后不久,学校国际合作部找我要了那份演讲稿,然后以刊发编者按的形式发到了《北京大学合作与交流通讯》2003年第1期上。当时,我对这些都深感荣幸。而事隔8年之后,这位老师对我这篇小文的"提醒",再次让我高兴和感动,也让我对自己过去发表的东西有了一种久违的亲切感。

当然,倒也不止这一件"偶发事情"。这些年来,一些同事、朋友,甚

至已经毕业的学生对我的一些演讲或者时评文章颇感兴趣,加之今年又是我的有那么点纪念意义的生日年份,由此,动了将过去一些"轻松"的东西整理结集出版的念头。本书主要收录了我从90年代中期从北大经济学专业转入风险管理与保险学专业以后在北大校园里不同场合所做的部分演讲,媒体访谈和发表在《中国证券报》上的"北大保险时评"和《中国保险报》上的"北大保险评论"中的一些随笔文章。在此,我要感谢我过去的学生、现在的同事锁凌燕博士帮我设计、整理了整个文集;感谢北京大学出版社的郝小楠编辑、仙妍编辑为文集的出版所做的工作。没有她们的高效率工作,这本文集不会如此顺利出版。

虽然到目前来说,我的这一辈子有过一些做其他事情的机会,但由于骨子里那份对校园的喜爱、对学生的喜欢和对那种相对来说无拘无束生活状态的喜好,让我拒绝了一些在许多人看来不错的"诱惑"。但实际上,我应当说,正是自己的这份"清醒"、这份"坚守"与这份"执着",才使我有幸能在北大度过与无数优秀学生相伴的岁月,让我有一份宁静和独立对专业问题进行自己的思考;由此为自己的人生带来许多的感动和感悟。真的,能用自己的文字、自己的思想带给别人一些启迪,特别是去影响青年学子,还有什么能比这更让人感到幸福和欣慰的呢?

孙祁祥<br>
2011年8月5日于北大蓝旗营

# 目录

· 演讲录 ·

我与北大 …………………………………………………… (3)
论大学本科教育的"变"与"不变"
　　——兼论高校本科人才培养的方式 ……………… (5)
论"北大人"的特质 ……………………………………… (12)
六个"懂得" ……………………………………………… (14)
有关"第一次"的遐想 …………………………………… (17)
同学们,你们准备好了吗? ……………………………… (19)
行在大学
　　——成长、成才、成功 ………………………………… (24)

角色与责任 …………………………………………………… (31)
别让"幸运"束缚了放飞的翅膀 …………………………… (33)
传承历史 延续辉煌的使命 ………………………………… (38)
开放包容的北大 ……………………………………………… (41)
经济、社会转型背景下中国女性的价值和力量 …………… (45)

## · 访谈录 ·

记北大经济学院保险学系的年轻主任孙祁祥 …………… (53)
北大名师访谈 ………………………………………………… (58)
十年耕耘打造北大保险品牌 ………………………………… (64)
十佳教师评选活动之孙祁祥老师专访 ……………………… (70)
传授知识、开阔眼界、训练能力
　　——采访孙祁祥教授的特色教学 ……………………… (73)
宁静淡泊　高飞安翔 ………………………………………… (85)
中国保险业的态势与发展思路 ……………………………… (104)
"未雨绸缪"话保险 …………………………………………… (115)
如何看待外资保险的发展 …………………………………… (121)
全方位深层次解读中国的保险市场 ………………………… (127)
保险业需要强大起来 ………………………………………… (137)
保险业的稳健发展,必须秉持十大理念 …………………… (140)
采取"三支柱"医保制　实现医保全民覆盖 ……………… (154)
中国保险业更需提高"深层竞争力" ………………………… (159)
扩大保障型产品销售　回归保险本质 ……………………… (162)
保险业与美国金融危机:角色及反思 ……………………… (166)
回归保障能够实现多方共赢 ………………………………… (174)
医疗保障:商业保险将扮演重要角色 ……………………… (183)
辩证分析和看待保险业 ……………………………………… (186)
保险业能否继续"逆势成长"? …………………………… (194)
政策制定应充分尊重"保险周期"的运行规律 …………… (199)

· 随笔录 ·

保险为国民经济保驾护航 ………………………………………… (207)
从"第一股"走向"百年店" …………………………………………… (210)
论保险产品创新的边界 …………………………………………… (213)
保险:不确定性的制度安排 ………………………………………… (216)
保险产品的附加值
　　——从"摇滚沙拉"谈起 ………………………………………… (220)
入市尴尬与困境缓解 ……………………………………………… (223)
过渡期终结:谨防"数量扩张"重现 ………………………………… (226)
新年寄语保险业:创建品牌与创新能力 …………………………… (229)
和谐社会、保险制度与行业诚信 …………………………………… (232)
消费者的诚信与保险业的健康发展 ……………………………… (236)
做大做强企业,除了"股东",我们还需要什么? …………………… (239)
高校、公司与市场的多赢
　　——从中国保险学会奖学金的设立谈起 …………………… (243)
"结构性的供给疲软"掣肘中国保险业
　　——从为大熊猫买保险无人敢接单说起 …………………… (247)
行业自律与政府有效监管(上) ……………………………………… (252)
行业自律与政府有效监管(下) ……………………………………… (255)
也谈中国保险业的新机遇 ………………………………………… (258)
保险营销员:"营销"什么及怎样"营销" …………………………… (262)
"鸟笼理论"与保险"诱致物" ………………………………………… (265)
"装错了盘子的牛排"与"服务的真谛" ……………………………… (268)
发展、风险及监管挑战 ……………………………………………… (271)
太阳光 vs 激光
　　——关于"多元化"与"专业化"的思考 ………………………… (274)
"辩证"看待和解决中国保险业发展过程中的矛盾与冲突
　　…………………………………………………………………… (278)

企业、社会责任及其他 …………………………………………… (281)

"曲突徙薪"与保险"零"消费 ……………………………………… (284)

"重疾险给出标准定义":凸显了什么? …………………………… (287)

中国保险投资12年:从量变到质变的飞跃 ……………………… (291)

保险业中的"变"与"不变" ………………………………………… (295)

从保险赔款比例看中国市场经济体制元素的缺失 ……………… (299)

与灾难同行,我们有爱! …………………………………………… (303)

信号、信心与金融经济的风险控制 ……………………………… (307)

危机中的反思:保险业应处理好五大关系 ……………………… (311)

消费者保护、契约精神与行业可持续发展 ……………………… (315)

IIS归来话保险业形象 ……………………………………………… (318)

保险销售风险:危害及其根源 …………………………………… (322)

"可保风险":保险业务发展之"根基" …………………………… (326)

让我们快乐、优雅地老去 ………………………………………… (329)

经济中的道德伦理与困惑

  ——写在国际保险学会西班牙年会之后 …………………… (334)

重视宏观综合风险管理,确保经济与社会的动态均衡与

  协调发展 ………………………………………………………… (339)

## ·演讲录·

  我梦想在不远的将来,北大真正成为世界一流的高等学府;在这座学府里,教师不再为现实的生活压力所烦扰,而是都能"气定神闲",潜心学术,并以此作为人生的最大乐趣;在这座学府里,学生不再为光怪陆离的功利诱惑所俘虏,而是都能沉浸于北大厚重的历史底蕴和宽广的现代文明之中,锻造自己,发展自己。

——我与北大

# 我与北大

尊敬的各位领导、各位嘉宾、各位同事：

今天，我非常荣幸地作为北大的教师代表在此发言。此时此刻，回想自己在北大求学、工作的经历，我真是感慨万千。

对北大，我始终心存感激。因为北大培养了我，并且给予了我许多许多。我感激北大，因为北大给了我一种精神。这种精神是独特的，每一个在北大学习工作过的人，不论他身在何处，都会或多或少地将北大认同为一座心灵的栖所、精神的家园，而且这种"认同"代代相传、绵延不绝，具有永不消逝的魅力。北大精神的魅力源自百多年来北大人不懈的追求、奋斗与抗争，它始终与中华民族同呼吸、共命运，它凝结于那一段段激情燃烧的岁月，它存在于每一个北大人的心中。这种精神给人一种境界，让人得以终身享用。我感激北大，因为北大给了我一种动力。这种动力是不竭的，它既来自整个中华民族对北大的殷殷盼望，也来自意气风发的学子对北大的深深向往；它既来自北大历史上的诸多先辈圣贤，也来自今天校园里的各路大师名家。这种动力始终催人奋进，让人不敢有丝毫懈怠。我感激北大，因为北大给了我一种情怀。这种情怀是美丽的，"爱国、进步、民主、科学"不再是标语口号，它已经融入北大人的血液之中，给人一种高度、一种宽广、一种淡泊宁静、一种情感追求。

对北大，我开始尝试着报答。这些年来，当我在保险业最高层次的

美国国际保险学会上作为全球12位学术主持人中唯一一位亚洲代表,当我在许多保险业国际高层研讨会上作为来自亚洲或者中国的特邀演讲嘉宾,当我在许多国家和地区讲学、演讲,听众前来对我说"孙博士真不愧是北大的教授"时,我的内心总会涌起一种难以名状的喜悦,因为我将这种礼遇与称赞视为对我作为一名合格北大教师的最高赞赏。

在北大,我只是普通的一员。北大英才荟萃,众星云集,藏龙卧虎。北大的教师无比优秀,他们在各自的专业领域各领风骚,成果卓著,国内国际的学术舞台上时常能见到他们活跃的身影;北大的学生世界一流,他们是中国青年最优秀的群体代表,神州大地上的各行各业都能见到他们"少年挥洒凌云志"的意气风采。有了这些优秀的教师,有了这些一流的学生,再有社会方方面面的关心与支持,我们有理由相信,北大的明天一定会更好!

对北大,我有一个梦。我梦想在不远的将来,北大真正成为世界一流的高等学府:在这座学府里,教师不再为现实的生活压力所烦扰,而是都能"气定神闲",潜心学术,并以此作为人生的最大乐趣;在这座学府里,学生不再为光怪陆离的功利诱惑所俘虏,而是都能沉浸于北大厚重的历史底蕴和宽广的现代文明之中,锻造自己,发展自己。会有那么一天,北大的校园将更加美丽,这种美丽不仅源自我们拥有的"一塔湖图",而是因为北大以其博大精深吸引越来越多世界各国的莘莘学子,不同的语言、不同的肤色、不同的服饰将北大的校园映衬得更加多姿多彩;会有那么一天,在国际自然科学、人文社会科学的诸多领域,北大学者都有很强的号召力,"登高一呼,应者云集";会有那么一天,有更多的北大毕业生成为国际知名的大科学家、大思想家、大企业家、大政治家,为中华民族的伟大复兴贡献更多的智慧与财富。让我们共同期待,让我们共同努力。

谢谢大家!

在北京大学2003年春节团拜会上作为北大教师代表发表的演讲,《北京大学合作与交流通讯》2003年第1期(总第16期)全文刊登

# 论大学本科教育的"变"与"不变"

## ——兼论高校本科人才培养的方式

尊敬的各位领导、各位老师：

感谢学校教务部给我这样一个机会，代表经济学院在全校的教学工作会议上发言。刚才听了许智宏校长、教务部领导及几位院系领导的讲话，很受启发。根据学校的安排，经济学院从去年以来也进行了全体老师和学生代表参加的本科教学大讨论，研讨了许多重要问题，有些问题取得了共识，有些问题仍有分歧。以下我想就本科人才培养的目标及本科人才培养的方式，结合经济学院的实际谈一下我个人对这两个问题的一些思考。

现在我讲第一个问题：本科人才培养的目标是什么？我是学经济学的，人们说，有十个经济学家，就有十一种对同一经济现象的不同看法。借用这种说法，我甚至可以这样说，有十个不同学术背景、不同工作经历的人，就有十五种关于大学本科人才培养目标的不同看法。不信的话，我可以信手拈来几个例子。例如，最近我看到 Google 中国总裁李开复先生致中国高校的一封信。在这封信中，他用"培养 21 世纪企业需要的人才"作为副标题，并强调指出，对一所以培养 21 世纪人才为己任的大学来说，聆听"客户"需求非常重要。他认为，分布在世界各地的现代化企业是大学最为重要的"客户"，因为这些现代化企业对人才的需求最为迫切也最为强烈。按照我对李开复先生讲话的理解，本科教育的培养目标主要应当是将学生培养成具有企业家特质的人。也有另外一些人认为，大学不是职业培训机构，大学不应当仅仅是训练工作技能的地方。大学应该熏陶、培养的是一种人文精神……总之，仁者见仁，智者见智。我估计如果我们做一份调查问卷，可以列出一个长长的单子来。

在我看来，大学的培养目标应当是一个"亘古不变"的东西与一个"与时俱进"的东西的综合。这个"亘古不变"的东西具有这样的特质，它不管时间的流逝，不论空间的变化，具体一点来说，不管是建立于700多年前的牛津大学，还是建立于300多年前的哈佛大学，还是建立于100多年前的北京大学，即不论是古今还是中外，这个"亘古不变"的东西都在，它是大学培养目标的基石，是灵魂、是内核。那么，这是什么东西呢？我认为这个"亘古不变"的东西主要应当包括这样几个方面：即品行、修养、情商和灵商的培养和开发。（上世纪90年代末期，英国人达纳·佐哈、伊恩·马歇尔夫妇首次提出了灵商（Spiritual Quotient，SQ）概念。2001年8月，该夫妇俩合著的《灵商：人的终极智力》一书在中国出版，灵商概念也开始为人们所认识。它是指对事物本质的灵感、顿悟能力和直觉思维能力。也有人将此进一步引申为"分辨是非、辨别真伪的能力"。）如果人们在评价某一个人的时候说"这个人一看就是一个受过高等教育的人"，这种评价的精髓是对由这个人的言行所表现出来的好品行、好修养、高情商和高灵商的一种褒奖。上过大学的人和没有上过大学的人相比，一般在品行、修养、情商和灵商等方面应当有所不同。这种不同是一种烙印，一种标记。如果受过高等教育的人和没有受过高等教育的人在一起，人们看不出任何区别来，那么我认为，这种大学教育是有缺陷的。

现在我们来看，什么是"与时俱进"的培养目标？这就要根据大学所在国的经济、社会条件的不同而有所变化了。具体来说，这个目标应当关注学生的生存能力、适应能力和自我发展能力的培养。而这些能力应当是随着社会经济的变化而相应变化的。我上大学的时候曾经读过德国小说家托马斯曼写的《布登勃洛克世家》，具体的内容记不大清楚了，故事大概是描述了一家三代人的不同追求，被人们称为"布登勃洛克动力":第一代人拼命工作,追求金钱;第二代有了钱,对钱的兴趣就减弱了,用我们经济学的行话说,就是边际效用递减了,于是转而追求社会地位;第三代感觉前两个东西都有了,对此兴趣也都不大了,于是转而追求精神生活,沉湎于对音乐的享受之中。大家也都知道马斯洛的需求层次理论,他讲到人有生理、安全、归属与爱、尊重和自我实现等五个层次的需要。这些需要是由低往高走的。以上这些例子都说明了一个人类社会发展的普遍规律和真理,即在人类历史的发展进程中,很多东西都会随着时间的推移而发生改变,因此,作为社会经济发展基础的教育当然也应该"与时俱进",相应地做出调整和变化。这就是为什么我们需要进行学科的调整,课程的调整。以经济学为例,原先在计划经济条件下开设的很多课程就不可能适应市场经济条件的需要,所以学科和课程必须根据变化了的形势进行调整。比如说在我上大学的时候,那是1979年,我们学的许多课程都是按照计划经济的要求来设置的,如国民经济管理、工业经济、农业经济、商业经济、交通经济等。现在已经是21世纪了,很多情况发生了变化,很重要的变化就是中国现在搞市场经济了,你要再让学生上计划经济条件下的那些课程,那肯定不能适应时代对他们的要求,大学也肯定不能给予学生所应当具备的"生存能力、适应能力和自我发展能力"。因此我们要"与时俱进",进行学科、专业和课程的改革和调整。比如说我们经济学院,原先的优势学科是经济史学、政治经济学、国际经济学等。但随着经济体制改革的推进和市场经济体制的建立,整个社会对金融、保险、公共财政、环境等新型学科有了很大的需求,因此,我们也就"与时俱进",在继续保持、加强传统学科优势的同时,逐步建立了这些新的学科并且发展势头很好。

在讨论培养目标这个问题时,我认为除了以上我说的"亘古不变"和"与时俱进"这个有机统一体以外,还需要讨论的一个问题就是在"与时俱进"这个层面上"综合性"与"应用性"的关系。北大作为一所综合性大学、研究型大学,它的学生培养目标的定位是应当与一般大学有所区别的。这就涉及了我今天要讲的第二个问题,即大学本科的培养方式。

这些年来，我们可能经常会听到用人单位对高等学校教育的批评，包括刚才许校长指出的有些学生的社会责任感不强、合作意识弱、眼高手低等问题，还有一种批评就是说学生进入社会以后很难适应，到了企业以后不能马上上手。在此，我想就后一种批评发表一些个人的看法。我认为，这种批评实际上需要用人单位的反省和高校自身的反省。

首先，从用人单位来看。我认为这种批评的实质在很大程度上是将大学教育（我所说的是像北大这样的综合性大学）与公司培训混为一谈了。大学教育与公司培训应当是两个不同层次的东西，如果一个学生从校园毕业以后到了企业立马就能上手，那反而说明是大学教育的"失败"。大学教育的特征是"Why?"，它关注的主要是对理论、知识、真理源泉的一种探求；而公司培训的特征是"How?"，它关注的是具体的、操作层面的东西。大学教育到底应当教给学生什么？在我看来，从"与时俱进"这个角度所定义的培养目标来看，它应当给予学生四个方面的东西，这就是系统的理论知识体系和框架，观察问题、分析问题、解决问题的方式，宽广的国际视野以及自学和创新的能力。这样训练过的学生进入社会以后，可能不能够马上就做一些具体实务，但他们有能力很快调整自己、进入状态，他们的后劲会很足。大学的资源是有限的，特别是对北大这样的综合性大学来说，如果将有限的资源放到一些特别具体的、操作层面的课程讲授上面，我认为这是资源的错配。我们国内的许多公司在招聘员工的时候，就是按照应用型大学或者专科学校甚至技工学校的要求来要求像北大这样的综合性大学的学生的，在考试的时候会考非常具体的业务问题。学生没有做过这些事情，当然不知道怎样做了，但这就成为用人单位批评高等教育理论脱离实际的一个理由，对此我认为是片面的、是不正确的。事实上，据我所知，许多国际型的大公司在招收学生的时候很少直接考具体业务或者具体操作事项，而是从智商、情商和灵商几个方面来综合考察学生的潜质。例如今年全球最大的再保险公司——慕尼黑再保险公司在中国招收了八名学生，其中有两位就是从我们经济学院保险学系毕业的，其他的六位分别来自法律、计算机等专业，他们更看重的是综合素质。至于具体业务，所有的这八名学生都要到国外接受一年左右时间的业务培训，包括我们保险系的两名学生。这并不是一个特例，许多国际化的大公司都是这样招聘它们的员工的。

其次，教育工作者自身的反省。虽然我刚才说社会或者公司对高校的批评有片面之处，但这并不是说我们现在的教学方式，或者说我们的人才培养方式就没有问题了。从学生的角度来看，反映出来的问题还是比较突出的，在我看来，主要的有以下三个方面：（1）学习的主动性不强，习惯于被动接受老师传授的知识而不习惯于独立思考。前不久，在我们院每学期举办的"教师经验交流会"上，一位从美国留学回来、这学期正在教授北大耶鲁项目的青年教师做了"如何培养学生的学习主动性"的发言，他的发言引起了大家的共鸣和一场非常热烈的讨论。他说到，在他的课堂上，耶鲁学生的学习主动性非常强，问问题、回答问题，对老师布置的各种参考文献都很认真地进行阅读；而北大的学生这些方面相对就比较差，区别非常明显。（2）创新批判精神不强，不善于或不敢于对一些现存的理论和观点提出不同的看法，而是全盘接受。（3）理论联系实际的能力不强，对现实了解不够，动手能力差。为什么会是这样？从我的观察来看，这些问题反映在学生身上，但根子在老师、在我们的教育体制，从更深层次的角度来说，在我们的文化上。为什么说在老师身上？因为我们仍有一些老师习惯于照本宣科，单纯地进行知识"传授"而不注重启发式教学。为什么在我们的教育体制上？因为我们的学生从小学到大学受到的教育就是要听老师的，要接受，而不是主动参与。为什么说在我们的文化上？中国的传统文化讲"长幼有序"，讲"尊师"、"尊老"，这是中华民族的优良传统，但从另一方面来说，它又在某种程度上抑制了学生的怀疑、批判精神，不鼓励学生挑战老师、挑战权威。还有中国传统文化推崇的"师道尊严"，它在把老师和学生的关系固化为一种单纯的"授"与"受"之后，更是将教师师传的"金科玉律"性推到极致，由此使"受方"的任何怀疑和质疑都会显得"不恭"、"不尊"甚至"大逆不道"。

美国斯坦福大学前校长卡斯佩曾经说过："大学的主要任务是对基本假设和惯例提出质疑和挑战。"这也正是我们可以在国外大学课堂上经常发现的，而在国内课堂上不常见的现象，那就是，学生的独立思考和求知、求新、求异的欲望非常强。我认为这是与他们的文化分不开的、与老师的鼓励分不开的。在学生的眼中,老师也不是万能的,这没有什么奇怪,因为老师也是人,不是神嘛!在学生问了问题以后,老师一般会有三种回答的方式,一是如果知道答案,就直接回答了。第二种是,我不大确切,回去以后查到答案给你。如果老师不知道答案,他会直截了当地回答"I don't know"。十多年前,当我第一次在美国做访问学者听到老师说"I don't know"时,说实话很吃惊。一个老师怎么可能不知道答案呢?在中国,这样回答会令老师自己也感到难堪的,因此,老师不是很鼓励学生问问题,怕一旦答不出来丢面子。

我刚才说了,学生身上表现出来的问题实际上根子在老师、在中国的教育制度、在中国的文化。我想,我们没有办法在很短的时间内改变文化、改变整个教育体制,但老师们自己至少可以做一些力所能及的事情来逐渐改变现状。这些年来,经济学院就做了以下一些工作来改变目前高等教育在人才培养方面的一些不足。

第一,通过大类招生的方式,给予学生更多的选择机会,由此也增强学生的学习主动性和创造性。这一点与全校的做法是相一致的。在课题的设置上,增大选修课、高年级学生研讨课的比例;在课程内容上,通过加大学生阅读课外参考书的比重、鼓励学生做研究报告等方式,提高学生的自学能力和合作能力,我认为这也是培养"情商"的一种有效方式。

第二,通过经常举办"教师经验交流会"、鼓励教师参加全校"青年教师教学基本功大赛"等方式,来交流学习心得,提高教师的教学水平。在全校迄今为止举办的5届青年教师基本功大赛中,经济学院取得了文科三个第一名、一个第二名、一个第三名、一个优秀奖的好成绩。

第三,采取"请进来"的方式扩大学生的国际视野。一个人的视野对其成长是非常重要的。人们不是常说"见多识广"吗?见多了,视野宽阔了,就容易做到触类旁通、融会贯通,未来的工作、科研的起点就会高一些。我曾经看到过一个"挑战主持人"的电视大赛,主持人让两个选手合作主持一场国际烹饪大赛。这两个选手都是在校大学生,因此,当他们在主持的时候,一位说:"现在5号厨师出来了,他手上端着京酱肉丝。"另一位接着说:"现在6号厨师走来了,他的手上端着土豆炖牛肉。"这些主持语引来了观众一阵阵的笑声。主持人也调侃说:"这可是国际烹饪大赛呀,怎么这些厨师烹制的都是这些玩意儿?"我想这是没有办法的,因为这些学生在校就吃这些东西,他们没有见过,更别说吃过像鱼翅、燕窝这样的高档菜肴了。正是从这个意义上说,为了扩大学生的视野,经济学院举办了"名家讲座"、"外国驻华大使眼中的中国经济"、"财经高管论坛"、"经济学讲坛"等各种系列讲座(这还不包括各系以及各学术研究中心举办的各种讲座),邀请在实际部门工作的政要、财经高管以及国内外研究机构和大学的经济学家到学校来,讲现实问题、讲最新的前沿理论问题。从这些讲座中,学生们不仅可以获取许多新的信息、新的知识,而且可以学到他们观察问题、分析问题和解决问题的方式,大大开阔了视野。这将有利于他们未来的成长。

第四,通过"走出去"的方式来培养和增强学生理论联系实际的能力。这主要是通过有组织的"暑期实习"方式来实现,使学生在校期间就能真正接触社会。此外,我们还规定,学生实习结束以后要提交实习报告,有些系还要专门举办实习报告会,请实习单位的领导和专家来对学生的实习报告进行点评。

第五,通过鼓励学生进行科研活动培养和增强学生观察问题、分析问题和解决问题的能力。经济学院是国家教育部首批建立的"国家经济学基础人才培养基地",这个基地已经在全国连续两年评比中获得排名第一的成绩。包括这个经济学基地班在内的经济学院六个专业的许多学生都积极参与学校的各种科研项目,自己创办了一些刊物,发表了许多很有创新观点的论文,有些还在国内核心期刊上发表,获得了各种奖励。

以上是我结合经济学院的实际情况对大学人才培养目标和培养方式的一些思考,不对的地方请大家批评指正。谢谢!

**2006年在北京大学教学工作会议上的发言**

# 论"北大人"的特质

亲爱的同学们：

今天是你们的大喜日子，我和我的所有同事，北京大学的老师们向你们表达最诚挚的祝贺。祝贺你们获得了北京大学这个中国最高学府的硕士博士学位！

15年前的这个季节，我与你们一样，满怀感激之情，怀揣着梦想，充盈着喜悦，告别了我在北大攻读博士学位的学生时代，翻开了人生新的一页。15年的轮回，许多东西都发生了改变，但始终没有改变的是我对北大的情感，并且随着时间的推移，这份情感愈加醇厚。同学们，我相信，你们今后也会历经我的这份心路历程的。

今天，北大因你们又"长大"了一岁，而你们因北大在人生的阅历中又增加了一段绚丽的华彩乐章。从今天开始，你们的称谓变了：从特定的"北大学生"变成了"北大人"。有人说北大人是改造世界的，但我们希望你们首先能够融入社会、适应社会；有人说北大人是"扫天下"的俊杰，但我们希望你们先做"扫一屋"的平人；有人说北大人是"孤傲狂放、不善合作"的，我们希望你们以实际行动彰显北大人的精诚团结和凝聚力；有人说北大人是"眼高手低"的，我们希望你们"放眼世界"、"从头做起"。

同学们，你们有优秀的智商，但我们也希望你们有出色的情商；你们不乏使命感，但我们也希望你们更具责任感；你们有"指点江山、激扬文字"的壮志,但我们也希望你们有"脚踏实地"的精神;你们有"舍我天下其谁"的气魄,但我们也希望你们有"甘为人梯"的情怀;你们有"初生牛犊不怕虎"的锐气,但我们也希望你们具有"宽宏、宽厚"的练达。

同学们,在不久的将来,你们中的有些人可能成为卓尔不群的学者,也可能是默默耕耘的园丁;可能成为叱咤商界的大亨,也可能是史不绝书的凡人;可能成为位高权重的官员,也可能是普普通通的公务员。不论做什么,我们都希望你们秉持北大"爱国、进步、民主、科学"的精神,我们都希望你们"穷则独善其身,达则兼济天下",我们都希望你们"情系母校、报效祖国"。

最后,请允许我把那句大俗大雅的经典名句再次送给大家:"今天,你们因北大而骄傲,明天,北大因你们而自豪!"祝福你们在今后的人生道路上一路走好!

谢谢!

2007年7月7日在北京大学2007届研究生毕业典礼上的演讲

# 六个"懂得"

各位同学:

大家下午好。今天对全体毕业生、你们的父母和经济学院的全体教职员工来说都是一个神圣、庄严、大喜的日子。请允许我代表全院的教师员工祝贺你们通过自己的努力,获得了北京大学的硕士、博士学位。

每次毕业典礼的时候,同学、老师都在做临别赠言。作为一位主要研究风险管理与保险的老师,我给你们的临别赠言与我的专业有关:"人生充满了风险,充满了不确定性,让我们用自己的智慧来应对它们、化解它们,给自己一个美满的人生。"我这里所说的风险、不确定性,不是指我们每个人都可能面临的各种意外事故、死亡、伤残、财产损失等,而是指离开学校、走向社会、组成家庭、进入职场以后的一些变数、一些不确定性,我姑且把它们称为"软风险",例如组成家庭以后生活方式的改变、职场中同事关系的处理、需要面对的工作压力、设计自己的职业生涯规划等。如何去应对、化解这些"软风险",在此,我想送给同学们六个懂得:即懂得感恩、懂得吃亏、懂得承受、懂得生活、懂得舍弃、懂得欣赏。

### 1. 懂得感恩

不要把别人为你做事看做"理所当然",而最好看做是对你的格外恩惠;最好将别人请你做事看做是信任你、给你机会,而不是给你负担。

如果你以这种心态处世,即使是一种雇佣关系、即使是一种交易关系,你也会感觉自己很幸运,然后你会以同样的心态对待他人,由此就可以建立良好的人际关系。

2. 懂得吃亏

对待家人、朋友、同事,不要斤斤计较。有人说"吃亏是福",这是很有哲理的。如果在人际交往中总想着占便宜,久而久之就没有人愿意与你交往共事了。因为谁也不是傻瓜。多做事、少抱怨;多帮人,不损人;多付出,少索取。秉持这种心态生活你就会发现,如果你是领导,下属愿意为你做事;如果你是被领导者,领导愿意给你机会;如果你是一般员工,同事愿意与你共事。

3. 懂得承受

不管是在职场还是在家庭,人的一生可能都会遇到许多变数和许多不顺心的事。有些人可能会遇到更多的坎坷和挫折。但这就是生活,你无法躲避。所以,从一开始走向社会、开始新的生活的时候就告诫自己,用坚韧、用毅力、用微笑去面对这一切。这种心理准备越充分,你的心理承受能力就越强。我很喜欢歌德的一句名言:"人生是由无数小烦恼组成的念珠,达观者是微笑着数完这串念珠的。"

4. 懂得生活

工作不是人生的全部。家庭非常重要,个人的身体、精神状态,甚至容颜也都非常重要。工作忙就一定要不注重健康、不修边幅、衣冠不整、蓬头垢面吗?其实,善待自己,也是对家人、对朋友、对同事的珍爱,因为不会由于你的生病而给家人带来拖累、给朋友带来麻烦、给同事增加工作负担。注重仪表也是对他人的一种尊重。因此,从你们开始工作的时候就把健康、生命、生活、个人情趣、爱好、友情、亲情、爱情等字眼写入你的字典中,并努力去做,你会发现,人生将会是很充实和美好的。否则的话,过劳死、亚健康、疾病、孤独、抑郁等就会找上你。

5. 懂得舍弃

可能有的同学会说,进入职场以后竞争那么激烈,天天加班加点,怎么可能让你有自己的生活呢?的确,现在的职场竞争是很激烈的,但究竟你想要什么样的一种生活方式,在很大程度上还是可以由你自己

决定的。因为在现代社会中,机会是如此之多,选择也是如此之多,不像我们这一代人,更不像我们的父辈。选择实际上就涉及舍弃,正如俗话所说"有所得必有所失",而懂得舍弃的一个前提是不要总与别人比,听从自己内心的召唤,做你自己喜欢的事情而不要因为别人而做。从小我妈妈就谆谆教导我们兄妹不要跟别人攀比。懂得舍弃,懂得每个人都有自己的局限性,人不可能什么都得到,不要将自己的目标值设得不切实际地高,这样你的心态就会平和,你的工作压力就不会那么大,你的人际交往也就不会那么紧张。

6. 懂得欣赏

再聪明的人也有自己的短处。所以,常用欣赏的眼光来看待你的家人、你的同事、你的朋友,你就不但会像海绵一样时时在吸取别人的长处,由此提升自己,完善自己,而且还会创造出一种非常愉悦的家庭、工作环境。在此,大家都会彼此欣赏、彼此帮衬、彼此合作、彼此祝福。

希望以上说的这些东西对你们能够有些帮助。再一次祝贺和祝福你们。谢谢!

**2009 年 7 月 2 日在北京大学经济学院 2009 届毕业典礼上的讲话**

# 有关"第一次"的遐想

今天,2010年7月5日,是一个值得纪念的日子,因为我们第一次在北大经济学院自己的大楼里隆重举行毕业典礼。在座的我们,包括今天的主角、即将结束自己人生一个阶段的学习、开始新生活的同学们,包括辛勤培养、教育、服务你们的教职员工以及含辛茹苦把你们拉扯大的父母,荣幸地成为这个"第一次"的亲历者。

说到第一次,其实,人生何尝不是由无数个第一次所组成的?我们所有人在来到这个世界以后,第一次上学、第一次恋爱、第一次工作、第一次经受挫折、第一次享受成功……无疑,如果有时间的话,这个"第一次"可以无穷尽地列下去。

既然是第一次,它可能相对就是青涩的、就是稚嫩的、就是经验不足的、就是不完美的;也正因为如此,我们中的绝大多数人就都会非常认真地对待第一次,因为在很多情况下,第一次很可能成为决定一件事情成败的关键,可能成为影响我们未来生活、工作的不一样的起点。比方说,你第一次接受一项任务,你在以饱满的工作热情、认真的工作态度完成了此项任务的同时,也就把你值得信赖的印象留给了对方,即使你的专业技能还不是那么地高超,但今后你很可能会容易得到更多的机会。当然,前提是你不是抱着功利的目的和态度做事。

然而,人生肯定不是只有"第一次"。说第一次重要,也绝不是说,第二次、第三次乃至第N次就不重要了。我主要是做风险管理与保险

研究的,从我们这个专业的角度来说,第二次、第 N 次从某种意义上来说可能要比第一次更重要。以开车为例,大量的统计数据表明,车手第一年之后发生事故的概率比新手期间高,其主要原因就是因为熟练而产生的松懈情绪,正所谓"善泳者溺,善骑者堕"。我还看过一则报道,说是二战结束后,英国皇家空军统计了在战争中失事的战斗机和牺牲的飞行员以及飞机失事的原因和地点,其结果令人震惊——夺走生命最多的不是敌人猛烈的炮火,也不是大自然的狂风暴雨,而是飞行员的操作失误。更令人费解的是,事故发生最频繁的时段,不是在激烈的交火中,也不是在紧急撤退时,而是在完成任务归来着陆前的几分钟。心理学家是这样解释这个现象的:在高度紧张过后,一旦外界刺激消失,特别是看到自己熟悉的基地,顿时有了安全感,人类心理就会产生"几乎不可抑制的放松的倾向"。然而,恰恰是这一瞬间的放松,就会酿成惨祸。因此,在工作中永远不能懈怠,永远不要懈怠。

重视第一次,是聪明的生活法则、是职场生存的宝典;而将第一次以后的所有次都作为第一次来做,是一种值得倡导的人生理念和人生态度。当然,长此以往,可能会让你有些烦,有些累,但如果这种做法成为了你的生活习惯,你就会"习惯成自然"。你会享受这种过程,你会欣赏它的结果。因此,各位同学,在你们第一次踏入社会有了各种"第一次"以后,我希望你们将"第一次"的新鲜感、第一次的认真、第一次的努力、第一次的踏实,通过持之以恒的精神保持下去,直至达到卓越,而卓越是没有尽头的。让我们共勉。谢谢。

2010 年 7 月 5 日在北京大学经济学院 2010 届毕业典礼上的讲话

## 同学们,你们准备好了吗?

亲爱的同学们:

经过自己不懈的努力,你们实现了各自的梦想,来到了充满活力和魅力的燕园,即将开始自己的大学生活。我代表经济学院的所有师生热烈欢迎你们的到来!

与你们刚刚告别的高三相比,进入大学,面对全新的学习生活环境,这是你们人生中的一个"质"的飞跃。从你们踏入梦幻般的燕园开始,大学的生活就必将在你们今后的人生中留下深刻的烙印,你们将撰写一个由自己担任主角、从未有过的真实故事。

作为你们的师长,我想要告诉你们的是,人的一生充满起伏跌宕、酸甜苦辣,那么,作为人生一个阶段的大学生活当然也不会例外,只不过内容和表现形式会有所差异。结合我自己的人生体验,我想着重与你们谈谈大学生活的"酸甜苦辣",为你们提供今后讲述你们自己大学生活故事的一些基本元素。

首先谈谈大学生活的"酸"。当略显青涩、稚嫩但信心满满的你告别父母,离别家乡,来到一个陌生的环境,融入一个陌生的群体时,刚开始的时候,你可能会感到一些孤寂,也许有些不知所措。特别是作为90后的独生子女,你可能在家里受到了太多人的呵护和关爱;作为高中班上众人仰望的明星学生,你可能受到过太多的赞美。然而,来到"天之

骄子"聚集的北大后,你可能发现每个人都智力超群,自己在这里不过是"沧海一粟",由此,你可能会有些失落、有些沮丧,有时甚至有些怀疑自己曾经为之骄傲的智商。当遇到一些挫折时,有些人会自暴自弃,个别人甚至还出现过极端的情况——想以自杀的方式来解脱。一旦出现这样的问题,我提醒大家,一定要记住珍爱生命、把握好自己,要及时与老师和同学们多交流,调整好自己的心态。我始终相信,上帝生就每个人都是平等的,每个人都有自己擅长的东西,"尺有所短,寸有所长",要善于学习别人的长处、弥补自己的不足,而不要什么都跟别人去比,什么都想超过别人,这实际上是完全不可能的。如果总是抱着这样的心态,那么,不仅自己活得很累,而且往往适得其反,可能最终毁了自己。

  我曾读过一则有趣的黑色幽默,说的是有一位生意人乘飞机时惊讶地发现身边坐了一只衣冠楚楚的鹦鹉。当生意人向空服人员要咖啡时,身旁的鹦鹉对着空服人员嘎嘎叫道:"小姐,你怎么这么胖呀,你一定懒惰。好吧,反正你要跑一趟,顺便帮我弄杯威士忌来喝喝吧,动作快点。"受到这种侮辱,空服小姐十分气恼,端来了威士忌却忘了咖啡。当准备再去端咖啡时,鹦鹉已把威士忌一饮而尽,叫道:"再给老子来一杯。"空服小姐只好又端来第二杯威士忌,但因怒火中烧,又把咖啡给忘了。生意人这时火了,决定采取鹦鹉的方法挖苦空服小姐。他吼道:"小姐,我跟你要了两次咖啡,两次你都忘记了,你这个蠢猪,现在赶快去给我端来,否则我揍扁你。"几分钟以后,两名壮硕的空中保安走来,把生意人和鹦鹉从座位上揪起来,打开紧急逃生门,把他们扔出飞机。当人和鸟在空中急速下坠时,鹦鹉突然展开双翅,转头对生意人说:"以一个不会飞的家伙而言,你刚才真的好有种。"这则幽默给我们的启示是:不要问"别人可以做,为什么我就不行"。因为人无完人,你有很多别人不具备的优势,但别人也肯定有你不具备的优势。在世上,时间、资源都是有限的,因此"有得必有失,有失必有得",你们将在大学生活中切身体会到这一辩证关系的真谛。但如若过了一段时间你仍然调整不好心态,感到压抑,感觉苦闷,那也没有关系。我们院里设有班主任制度和导师制度,你可以找老师们倾述心中的烦恼。如果还不行,我们院里还有心理健康咨询委员会,志愿在这个委员会工作的老师们会为你解答人生中的困惑,让你尽快步入正常的学习生活中。

再谈谈大学生活的"甜"。十八九岁,好一个跃动的数字,好一个令人羡慕的年龄!单纯、热情、气盛是你们这个年龄段的标志。洋溢着青春的你们来到了青春满园的大学,必然要演绎青春的美好故事:你们会收获甜美的友情,这份友情会伴随你的一生。因此,珍惜你的室友、珍惜你的同学,只要不是原则问题,不要凡事都过于计较,"退一步海阔天空"。在跟你们的同学、朋友交往、合作的过程中,要善于观察和欣赏别人的长处,要学会感恩,这样就容易跟别人合作,这将对你的事业、你的人生,对你的家庭,对你个人的幸福都是非常重要的。你们也可能会收获甜美的爱情,但请记住,这份爱情如果处理得好,能够让彼此相帮相携,共促心智的成熟;但如果处理得不好,则会伤己损人,贻害无穷。因此,一定要顺其自然,理智面对。

燕园的生活又是丰富多彩的,这里有举世闻名的"一塔湖图",风景旖旎、设施齐全;校园的课余生活也是令人陶醉的,各种学生社团为满足大家的多种兴趣、爱好和技能,为提高大家的社交能力和合作意识都提供了充裕的"给养"。希望你们能从中汲取丰富的养分,为自己的大学生活增添更多的"甜蜜蜜"。

还要着重给你们谈谈大学生活的"苦"。由于中国目前的教育体制使然,我国的青少年打小就为了考学比拼而拼搏,一旦过了高考进入大学,似乎已经"苦尽甜来",可以大大松口气了。我想强调的是,大学生的首要任务就是学习,学习各种知识,准备好为明天的事业而奋斗。虽然没有考学的压力,没有"形影相随"的中小学班主任老师的随时督促,但大学的学习生活肯定是艰苦的,否则也不会用"刻苦学习"来定义了。这种苦还是能体现在"头悬梁、锥刺骨"的描绘中;体现在"苦其心智,劳其筋骨"的刻画中。但如果人生没有这样一种"苦"的境界,那"甜"的感受来自何方?不过,同学们,不同的学习态度和不同的学习方式也

会给我们带来不同的"苦感"，在此，我想给你们几个小小的忠告，希望能让你们的大学生活"苦中有乐，更有收获"。首先，大学的学习与高中会有很大的差异，它很强调学习的自主性和主动性，所以，你们要尽快调整学习方式，学会自我安排学习时间。其次，不要好高骛远，而要学会设立小目标，然后心无旁骛地、持之以恒地坚持下去。如果一开始就把目标定得太高，完不成的话，很容易使自己丧失信心和动力。日本马拉松优秀选手三田本一总结他制胜的法宝是"别让自己看的太远"。他将40公里的马拉松距离分解为几个不同的小目标，由此制定不同的战略，凭智慧战胜对手。再次，课程学习成绩固然是重要的，但它不是大学学习生活的全部。因此，尽量多参加各种讲座和各种实践活动，全方面提升自己的能力。北大校园最精彩的画面之一就是各种名家讲座。演讲者们用一两个小时的时间，将集自己毕生智慧和经验的东西传授给你们，是一条获取智慧和知识的捷径。千万不要认为这些讲座与GPA没有太大关系而放弃。这种短视的行为可能让你付出很大的机会成本。

最后谈谈大学生活的"辣"。激情四溢、踌躇满志、充满青春活力的你来到了大学校园中，与具有同样特质的一个群体共同生活四年，一定会碰撞出四溅的火花。在这里，各种知识的学习、各种运动的竞技、各项才华的展示、各种实践活动的体验……无不让大学校园生活充满动感。置身其中，总让人感觉像吃了麻辣烫，热血沸腾、酣畅淋漓。但请记住，更为重要的是，从你跨入大学之门开始，你就要尽力领悟大学精神，使其成为你今后永葆青春活力的基因。什么是大学精神？美国斯坦福大学前校长卡斯佩曾经说过："大学的主要任务是对基本假设和惯例提出质疑和挑战。""独立、民主、自由、质疑、批判"，被称为大学之精髓，被誉为大学精神之美，这种精髓、这种精神，无疑是人格塑造的优秀材质；是人类发明创造的引擎。所以，同学们，你们一定要带着主动、求新、质疑的精神来到北大校园学习，全方面地培养自己的生存能力、适应能力和自我发展能力。四年以后，我们希望你们成为"基础厚、视野宽、素质高、能力强、修养好"的优秀毕业生，成为情商优秀、智商超群、勇于担当、敢于负责的北大人。这,也正是我们经济学院长期以来孜孜以求的培养目标。

  亲爱的同学们,祝你们在北大经济学院圆梦,书写一段属于自己的、青春无悔的故事。

给 2010 级新生的寄语

# 行在大学
## ——成长、成才、成功

人的生命是短暂的。我想,在这短暂的人生中,每个人都会有梦,不管是大梦还是小梦;同时我想每个人都渴望度过一个充实而有意义的人生。但在有的时候,人的命运可能并不完全是自己所能主宰的。远的不说,就说发生在上个世纪六七十年代的"文化大革命",它让多少人有梦不能圆,让多少人惨遭不幸。应当说,我们这一代人是幸运的,因为我们毕竟赶上了改革开放的年代。我时常问我自己,如果没有改革开放,那我能是现在的我吗?回答是:不可能。没有改革开放,没有恢复高考,我不可能上大学,也不可能出国,更不能成为中国一流高校的一名教授。所以,我们这一代人真的很感谢邓老,感谢改革开放的年代所带给我们的一切。

从某种意义上讲,我还是很羡慕今天的年轻人的,因为你们是更幸运的一代! 在这个时代,只要你们努力,就可以朝着预定的理想目标行进。当然,在这个过程中,每个人达到目标的速度、水准等可能会有所差异。为什么会是这样呢? 因为有各种影响因素。有些可能是不可抗拒的,当然有些也是可控的。那么,为什么在大致相同的条件下,有些人做得非常成功,有些人则不成功呢? 我曾经读过一篇东西,谈"玻璃器皿"在东西方具有不同的命运。合理的解释是这样:古代中国人虽然也发明了玻璃,但因为它的主要成分是铅钡,烧制温度较低,所以清脆易碎,不耐高温,不适应骤冷骤热,不适合制作饮食器皿,只适合加工成各种装饰品、礼器和墓葬品。而西方古玻璃一直以纳钙玻璃为主,耐高温性能较好,对骤冷骤热的环境适应性较强。因此西方古代玻璃的用途和生产量都远大于中国。

其实人也是一样,素质和品德不一样,即使外部环境相同,人生的轨迹和结果可能也会不一样。因此,撇开一些我们不可控的因素,借用经济学的分析范式来说,假定外界条件不变,我们可以来讨论,什么样的东西会影响我们成长、成才和成功呢?我想结合自己的亲身经历,告诉同学们,以下六个方面的素质和品格是非常重要的。

第一,感恩的心,感激生活

对于我们现在很多年轻人而言,特别是独生子女——当然,在座的同学绝大部分都是独生子女——你们一出生就是在父母和祖父母的呵护、关爱的环境中成长的。但是千万不要认为父母抚养你是理所当然的,也千万不要认为他们应该为你花钱,应该为你付出时间和精力。

我从来不认为我的父母、家人、朋友、同事、学生,甚至我的秘书,我请的钟点工等"应当"为我做什么。我真的打心眼儿里对他们充满感激。有人说,你的秘书、钟点工帮你做事,你为她们解决了就业问题,这是劳动力市场上的买卖关系,凭什么要感谢呢?我觉得,因为她们为我做了许多如果没有她们我自己就必须做的事情,从经济学的角度来说,如果这些事情都由我自己来做,那么机会成本是很大的。她们为我节省了许多时间和精力。所以,如果我们对为我们做事的人都心存感激,你就会感觉到生活特别美好,感觉到你很幸福,你就不会有那么多的抱怨。同时,在这样一种为人处世的态度下,你也更容易从其他人那里得到更多的机会。

第二,欣赏他人,善于学习

我很喜欢这样一个格言,即上帝生就每个人都是平等的。我之所以欣赏这个格言可能和我的人生经历有关。"文化大革命"中,我高中毕业之后下乡当了四年农民,之后返城当过工人,以工代干,之后读本科、硕士、博士,再做教师。我在国外也待过,去过许多国家做学术交流和访问。在不同的角色转换过程当中,我发现不管是农民、工人、商人,

还是干部、教师,实际上每个人,即使是十分普通的人也有其过人之处。我们考上北大的人都很聪明,但是那些没有考上北大的人也不一定不聪明。作为学生,作为老师,作为专注研究学问的人可能很聪明,但是,没有做学问的人,做其他工作时也很聪明。很可能只是:用功的方向或方式不一样,表现出来或者呈现出来的特点就不一样。

我曾经和我的朋友说,我家的钟点工特别能干。因为很多事情我做的没有她做的好。有一次家里买了一个东西,我不知道怎么做,就问她。她说:"我也没有做过。"我说:"没关系,这里有说明书,你看一下。"因为在我看来,她很聪明,什么事情她拿过来,三两分钟就能做出来。但是当时她特别不好意思地跟我说:"孙老师,我不识字。"我当时很震惊,这个小时工在我们家做了很多年了,我平常观察她,觉得她没有不会做的事情。但是她竟然不识字。后来得知,因为小时家里困难,所以她没有办法去读书。反过来说,如果说她有办法去读书的话,恐怕她至少能够成为一个大学生。

可见,我们不要小瞧任何一个人,我们身边的每一个人,都有他的长处。所以我们要善于观察别人,欣赏别人,学习别人,这样的话,你就能像海绵一样,不断的吸取别人的长处来充实自己。

孔子说:"三人行,必有我师。"这是千真万确的道理。如果我们能够怀着这样的心态,去跟周围的人相处,去观察、学习的话,实际上能大大缩短走向成功的道路。

第三,坚忍不拔,持之以恒

在很多情况下,我们达成目标可能会遇到一些阻力或者障碍。这些阻力或者障碍有些可能是外界的因素,有些可能是你自己主观的原因。我的座右铭是:一旦自己认准的话,就一定要去做,坚忍不拔、持之以恒,不要轻言放弃。这一点非常重要!

我曾经看过一则有关全球首富比尔·盖茨的故事。这个故事讲的不是他如何富有、如何成功,而是一件他小时候的事情。说在他13岁的时候,一个牧师到他们学堂来跟学生交流。牧师讲了很多宗教方面的东西,然后对学生说,我想让你们背诵《圣经》里的一段内容,下次我来检查。

一个星期后，牧师又来了，其他的学生都没有跟牧师有所交代，只有比尔·盖茨举起手来对牧师说，我想试试。牧师说那你来吧。然后，比尔·盖茨一字不差地将这段内容背诵下来了，这让牧师感到非常惊诧。

牧师说，《圣经》上的这一段内容语言晦涩、语句拗口，别说是小孩，就是经常讲《圣经》的人都背不下来。但是一个连语句的意思都难以揣摩清楚的13岁小孩却背诵得如此流利。于是牧师问比尔·盖茨，你是怎么做到的呢？比尔·盖茨说："我只是竭尽全力。"

竭尽全力就是说，认准一件事情，就要一门心思地做、心无旁骛地去做，一定要把它做成。只有具有坚韧不拔的意志和品格，你才能走到胜利的彼岸。我觉得这一点是决定比尔·盖茨最终成为世界最成功的商人的最重要原因，其实这也是很多成功人士所具有的优秀品质。

当然，我们在人生中自然会遇到很多的选择，也许你在行走的过程中发现自己原先所选择的并不是你所适合的，那你也没有必要"不撞南墙不回头"。人生中可选择的事情很多，你需要根据自己的才智，自己的情况，来决定能做什么。但一旦做出了决定，那就不要轻言放弃。

第四，追求卓越，关注细节

有人可能觉得细节无伤大雅，我们应当只关注战略、宏观等远大的东西。我不这么认为。我可能是比较较真、比较注重细节的一个人，但这并不是说我不看中宏观、不看中战略，而是我觉得连小事都做不好的人不可能做好大事。我认为细节决定成败是一个千真万确的真理，很多事情如果你能够关注细节并且在做的过程中以追求卓越、追求完美的原则来要求自己，你就能在成长的过程中不断地积累自信。

举一个例子，你的领导或者朋友交给你一件事情。你有两种做法，一种是按时间把它做出来交差就好了；一种则是在你的能力范围内尽可能做得最好，加上了或多或少的附加值，也就是说，领导或者朋友可能都没有想到的东西。这两种做法呈现在你的领导面前时，可能会产生完全不同的两种效果，对你来说，甚至都可能产生完全不同的命运。这不是夸张，我亲历过许多。

很多年前，我把一件事情交给一个学生去做，很简单的一个事情。

这个学生做完以后交给了我,我发现这个学生做事真是细致,有创意,超出了我所要求的程度。后来在对他的观察中,我发现这个学生不求功利,做事很精益求精。之后我就不断把一些机会给这个学生,因为我很欣赏他,在同样的情况下,这个学生能比其他的学生更好地利用时间,做得更好。这个学生毕业后的职业生涯和个人生活都很顺利和幸福。

我对我以前的学生讲过之后,他们觉得很受益,做什么事情都一定要要求自己尽善尽美,追求卓越,追求细节。这一点对于自己在追求人生的经历中间,对于能否获得大家对你的信任,也是很有帮助的一个品质。

第五,履行承诺,一诺千金

不论是老师交给你的工作,还是你的家人、朋友托付你的事情,只要你承诺了,就要尽力努力去做。你要让人家感觉你是一个值得信赖的人。履行承诺是一个很重要的品质。答应别人的事情不能随便爽约。如果实在有问题,那一定要跟别人说清楚情况。别以为这只是很小的事情,事实上它会影响别人对你这个人的信赖感。我希望我们的同学在今后也能够做到信守承诺,建立起别人对你的信赖感。

许多年前,一个朋友邀我去看张艺谋导演的歌剧《图兰朵》,演出的时间是一个周五的晚上。不巧我之前约好为一家曾经资助保险系多年的外资保险公司的首代钱行,他周六就离任返回香港。说实话当时我很矛盾,一边是如朋友所说的"1 500美金的一张票,并且是在紫禁城里最后一场演出的诱惑";一边是先前约好为人送行的一顿便饭,但如果错过当晚,我也可能再没有时间来为他送行。思考再三,我放弃了看歌剧,虽然朋友很是为此惋惜,我也非常遗憾。但我觉得,钱行一事是我定的,若更改,对不住人家,而且今后恐怕也没有补救的机会了。

我举这个例子的目的是想告诉大家,虽然这个事情很小,但它反映的也是一种承诺。一旦你做出承诺了,就要努力践约。如果实在因为特殊情况不能履约,一定要跟别人说明情况。别以为这只是很小的事情,事实上它会极大地影响别人对你的信赖感。就像我那个朋友后来对我说:"这么点小事都能信守承诺,何况大事?"我希望我们的同学在今后也能够做到信守承诺。答应的事情不要随便爽约。

第六,心态平和,善于合作

你们都很优秀,从小是在竞争的环境里面"拼杀"长大的,参加过各种活动,父母也是对你们寄予了无限的期望。而且,你们对自己的评价和别人对你们的评价也都很高。但这么多年来,我常跟学生们说,不要设立太高的目标,不要有太远大的理想。拿破仑曾说过"不想当将军的士兵不是好士兵",而我却认为成天想当将军的士兵未必就能当上将军,而且天天想着好高骛远的目标,而不是脚踏实地地做事,你将一事无成。今年北京的高考题目是"仰望星空与脚踏实地"。在我看来,不是说远大理想不重要,但是脚踏实地更重要。目标树立得太高了,一旦达不到,你就变得很浮躁,心高气傲的你就容易对一切都感觉不顺眼,由此带给你无尽的烦恼,对身心发展都不利。

这么多年来,我的一个很重要的体会就是一定要有一个平和的心态。不要认为我做得好就一定能得到很好的结果。慢慢去做,只问耕耘,不问收获。能有收获更好,没有收获,你也觉得其实是很自然的事情。如果你是以这样一种心态来对待生活,那你就能很客观地对待你周围的环境,对待你的朋友,对待你的老师,你就会有一个很好的人际关系和愉悦的生活环境。如果你有这样一种心态,你就会很容易与人相处,与人合作。而善于与人合作是在社会上立足的一个重要条件。一个人再聪明,再能干,如果没有他人的相助,是很难干成哪怕很小的一件事情的。同时,对待家人、朋友、同事,不要斤斤计较。有人说"吃亏是福",这是很有哲理的。如果在人际交往中总想着占便宜,久而久之就没有人愿意与你交往与共事了。因为谁也不是傻瓜。多做事、少抱怨;多帮人,不损人;多付出,少索取。秉持这种心态生活你就会发现,如果你是领导,下属愿意为你做事;如果你是被领导者,领导愿意给你机会;如果你是普通员工,同事愿意与你共事。

歌德曾经说过:"人生是由无数小烦恼组成的念珠,达观者是微笑着数完这串念珠的。"这句话说明了一个很深刻的道理,就是我们得把这个人生看做是充满坎坷艰辛,但又充满欢乐愉悦的一个过程。知道人生本有许多烦恼,我们就要正确地对待这一切。我也希望你们能用

这种平和的心态来对待生活,对待你们的同学,对待你们生活的环境。这样你就会很愉悦地生活在经济学院,生活在北大。

上面讲到的这六个方面是我所认为的一个人在成长、成才和成功的过程中应当具备的品质和素质,也是我自己这么多年在不断的角色变化的成长过程中所总结出来的一些经验,今天跟大家分享,我希望同学们能有所收获。谢谢大家!

2010年10月29日在北京大学经济学院首期"教授新生面对面"座谈会上的演讲

# 角色与责任

各位亲爱的同学、尊敬的家长、校友和同事们：

大家下午好！

每年的这个时候，我和我的同事们都要聚在一起，参加一个即神圣又奔放，既充满喜悦但过后可能又会有些伤感的聚会，这就是毕业典礼。说神圣、说奔放、说喜悦是因为毕业典礼是学术殿堂的一个崇高仪式，是一群退去了青涩、稚嫩，收获了成熟、成长的青年学子们的聚会，她象征着一种新生。说伤感是因为几年的大学学习、同窗生活就要结束，从今以后大家就要各奔东西，开始你们各自新的生活，大学生活中的酸甜苦辣都将成为你们今后永远难忘的回忆。

同学们，今天你们是主角，正是因为你们，许多家长、许多多年没有回到母校的校友和我们全体教职员工才能够齐聚于此，共度一个美好的夏日。也正是因为你们的毕业，你们的成长和成熟，才让我们这些做老师的享受到和体会到了"得天下英才而教之"的幸福。让我代表经济学院的全体教职员工对你们的毕业表示最热烈的祝贺，并感谢你们让我们感受到了作为老师存在的意义和价值。

同学们，你们当然不是只有今天才是主角。进入大学之前我不敢妄加评价，但从你们来到北大之后我知道，作为大学，作为教书育人的场所，学校、学院的所有计划都是围绕你们来进行的。没有你们，就没有大学存在的意义，就没有我们存在的价值，这就是为什么我要代表所

有的教职员工感谢你们的理由。

我曾经说过,经济学院的培养目标就是让进到这所学院的学生成为"基础厚、视野宽、素质高、能力强、修养好"的优秀毕业生,成为情商优秀、智商超群、勇于创新、敢于负责的北大人。作为主角的你们,今后一定要学会自己主宰自己的命运。担责,应当成为你们人生词典中的常用词汇。对自己担责、对家庭担责,对社会担责。对自己担责,就是要认真踏实做事,光明磊落做人,不谄上、不媚俗;对家庭担责,就是要孝敬父母,如果你是男人,当你成家后能让你的妻儿感觉有像山一样厚实的肩膀可以依靠,如果你是女人,当你成家后能让你的丈夫和孩子感觉有像海一样宽阔的胸膛可以依躺;对社会担责,就是要"先天下之忧而忧,后天下之乐而乐"。总之,我们希望你们活在自己的精彩中,活在他人对你们的需要中,让你们的同事、你们的家人、你们的朋友为拥有你而感到快乐、踏实、温暖和自豪。

同学们,主角是绽放的,是绚烂的,是夺目的,是光彩的,所以,在戏剧大舞台上,在人生的大舞台上,人人都想成为主角,但要知道,主角也是有限的,主角也不是一劳永逸的角色,可能在一些时候你们是主角,在另一些时候又只能是配角;甚至在很多情况下,你们可能不会是主角,而只是配角,但不管是否在主角的位置上,我都希望你们要有主角的意识:识大局、顾大体、重担当、全力以赴、尽心尽力地做好工作,成就你们的事业。

最后,再一次祝贺你们圆满地完成你们的学业,祝福你们今后事业有成、家庭幸福美满!

*2011年6月30日在北京大学经济学院2011届毕业典礼上的讲话*

# 别让"幸运"束缚了放飞的翅膀

亲爱的同学们,祝贺你们以优异的成绩考入了你们心仪的学校读书。作为经济学院的院长,我要代表全体师生欢迎你们来经济学院学习。我希望你们在这里能够度过一个美好的、让你们永远难以忘怀的大学时代。

我很羡慕你们,因为你们真的很幸运,在这个应当读书的年龄,来到了中国最好的大学接受教育,开启你们未来的远航之旅。我在你们这个年龄段,即从16岁到20岁的时候是作为下乡知识青年,在农村犁地、耙田、插秧、割稻……干着所有的农活。虽然那段岁月教给了我许多东西,包括耐劳、坚韧、自立、自强,但坦率地说,我还是很希望我能在青少年时代像你们这样幸运,在应当读书的年龄来到应当读书的地方学习深造。

我期待幸运的你们珍惜这份难得的幸运,让这份幸运伴随你们在北大经院的学习生活,并伴随你们的一生。但许多事情可能是说着容易做着难。我做老师的这么多年,经常听到很多低年级的同学说,他们刚开始大学校园生活的时候往往很迷茫;我也经常听到一些高年级的同学说,如果他们能早一些听从老师或者师兄师姐的教诲,可能会少走一些弯路。这说明,过来人的经历、经验或者教训可能会对你们这些刚进入一个新环境的同学来说有所帮助。所以,我想与你们分享一下我对你们即将开始的大学生活的解析,就从"幸运"这个词汇开始吧。

你们幸运,因为你们经过艰苦的努力和卓越的发挥,以高分考到了北大。但我想提醒你们的是,千万别让这份幸运走向反面。有些同学考到北大以后,父母的自豪、老师的夸赞、同学的佩服、朋友的羡慕让他们沉浸于自满之中,自认为"夺席之才",毋需任何努力也能做成任何事情;有些人以为考到大学以后不管怎样都能毕业,沉湎于游戏、网络,或者因其他原因而放松学习,最终被迫留级、或者退学、肄业甚至被开除学籍。同学们,这不是杜撰的故事,是每年都会发生并让人很痛心的一件事情。因此,在夸赞、祝贺之声还没有在你们耳边褪去之前,我要很坦率地告诉你们这个事实,虽然它与鲜花和掌声不大和谐,但忠言逆耳利于行。我不希望这种事情发生在我们任何一位同学身上。四年之后,我真诚地祝愿我们全体老师能够为2011级的所有同学送行。

你们幸运,因为你们年轻,但要知道,青春是短暂的,是转瞬即逝的。千万别让青春反被青春误。有的同学认为四年的时光很漫长,反正我还年轻,特别是从小学、初中到高中再到进大学,经历了无数考试,进了大学应当停歇一下了。我很理解你们,说实话,在中国目前的这种教育体制下,在你们应当率性嬉戏玩耍的时候,却在"头悬梁、锥刺骨"。但事已至此,千万别用错误来惩罚错误。这个年龄是读书的最好时光,是为你们今后事业打基础最重要的阶段。我曾在哈佛学习过一年,以前,我认为只有中国学生才是刻苦学习的,但在哈佛我看到了跟你们一样年龄的外国学生在学习时也是如此地"玩命";以前,我以为只有中国才有"少壮不努力,老大徒伤悲"的古训,但到了哈佛我才知道,原来美国也有与我们中国如此相似的箴言。在此,我想将美国哈佛大学的校训送给你们,因为它简单而深刻:"要知道,此刻打盹,你将做梦;而此刻学习,你将圆梦";"学习时的苦痛是暂时的,未学到的痛苦是终生的";"学习并不是人生的全部。但既然连人生的一部分——学习也无法征服,你还能做什么呢?""只有比别人更早、更勤奋地努力,才能尝到成功的滋味";"谁也不能随随便便成功,它来自彻底的自我管理和毅力"。

曾看到一则巴甫洛夫谈教育的故事,说有个巴格达商人走在漆黑的山路上,突然听到一个神秘的声音说:"弯下腰,请多拣些石子。明天会有用的。"商人拣了几颗。到第二天,当商人从口袋里掏出石子看时,才发现这些石子是亮晶晶的宝石。这时,他非常后悔昨晚没有多拣一些。巴甫洛夫说:"教育就是这么回事。当我们长大成人之后,才会发现以前的科学知识是珍贵的宝石,但同时,我们也会觉得可惜。因为我们学的毕竟太少了。"我的导师萧灼基教授曾对我说:"真正能够在学校静下心来读书的时间就这么几年,因此,一定要抓紧时间读书。"我虽然自认为上学期间还是读了不少书,但现在回想起来,还是很遗憾,因为许多该读的书没有读。我希望你们毕业以后不要留下这种遗憾。

你们幸运,因为你们生活在一个选择很多,并且可以掌握和决定自己命运的年代,但千万别让盲从和各种诱惑使自己迷失方向。庄子寓言说,一位年轻人手握小鸟,叫智慧老人猜小鸟是生是死。老人明白,若答是生,年轻人就会掐死小鸟,若答是死,年轻人就会放飞小鸟。于是老人说:"生命在你手中。"生命即在你手中,命运无疑就在你手中。在我们成长的那个年代,我们是不能掌握和决定自己命运的。我高中毕业以后很想继续读书,但不可能,因为当时所有的大学都停办了,因此,我只能跟大多数人一样,去了广阔的农村做了知识青年。而在你们今天生活的这个年代,你可以决定,想干什么事,想成为什么样的人。

然而,选择多有时候带来的烦恼也多,我常听有些学生说,他们不知道自己今后到底想干什么。前些年我曾经问一个学生:"你花这么多时间考托、考G,是想出国吗?"答曰:"我也没有想好,只是因为我周围的同学都在考。"为什么有些同学会在多样选择面前感觉困惑,我想可能有这样几个原因,一是从小到大他们的一切事情都是由父母替他们决定的,因此,完全没有养成独立决策的习惯;二是年纪轻、经历少,无法对各种事物进行正确判断。如果你是属于第一种情形,我建议你从进入大学以后要逐渐学会独立判断、独立决策;如果你是属于第二种情形,我建议你不要跟同学盲目攀比,因为每个人的自身情况都是不同的。你可以咨询父母、同学、朋友,但主意得自己拿,不要盲目随大流,而是听从自己内心的召唤,确立自己今后想努力的方向,做自己喜欢做的事情。如果不能在多样性中学会甄别和坚持,那你就等于是将掌握自己命运的权利拱手让给别人了。

你们幸运,因为我相信从校门到校门的你们,几乎没有经历过太多

的挫折和失败。但要知道,在你们漫长的人生中,虽然可能不会再有中国红军爬雪山、过草地时那样的苦难,不会再有江姐等革命先烈们经历的那种惨烈,但一定会有大大小小、各种各样的挫折等待你们。这就是人生。不少年轻人因为"少不更事",所以稍有小获则大喜,偶有小碍则大悲,一次失利、一次波折、一次不顺、一次失恋,有些同学都有可能一蹶不振,好像只有自己是世上最不幸的人,由此对自己、对他人、对社会产生悲观、怀疑情绪,有人甚至走上绝路。同学们,有花开就有花谢,有白日就有黑夜,有甜就有苦,这就是人生。因此,我希望你们能够树立积极的人生态度,用淡定、淡然的心态处理好今后人生可能遇到的各种艰难和挫折。我曾读过一则有关人生态度的文章,写得很好,抄录在此我们共勉。有人用"悲观·乐观·达观"来阐释人生态度,说是悲观的人在山脚看世界,看到幽冥小径;乐观的人在山腰看世界,看到柳暗花明;达观的人在山顶看世界,看到天广地清。悲观的人说人生像一杯苦酒,清浊均苦涩;乐观的人说人生像一杯美酒,点滴皆芬芳;达观的人说人生像一杯清泉,冷暖都清凉。悲观的人看到花谢的悲伤;乐观的人看到花开的灿烂;达观的人看到花果的希望。结合现实人生:悲观的人埋怨风向;乐观的人等待风向;达观的人调整风帆。悲观的人用加法生活,平添劳苦;乐观的人用减法生活,减少忧伤;达观的人用除法生活,分享喜乐。我希望你们在经院学习的四年中,能够摒弃悲观的人生观、树立乐观的人生观、追寻达观的人生观。

你们幸运,因为你们有很高的智商,否则也不可能考到北大,来到经院。但在当今社会中,成功不仅仅依赖于高智商,在很多情况下,高情商可能更加重要。有人曾经总结过,在同等智力水平下,情商高的人成功的概率要高出9倍。关于情商的解释,心理学家有过许多,我想不同的人也会有不同的理解。在我看来,它至少应当包括以下方面的品行和能力:即知恩、自省、言而有信、果敢刚毅的品行以及欣赏他人的能力、情绪控制的能力和与人合作的能力。中国近现代著名的爱国主义者和民主主义教育家黄炎培在赠其子黄大能的座右铭中写道:"事繁勿慌、事闲勿荒。有言必信、无欲则刚。和若春风、肃若秋霜。取象于钱、外圆内方"。此训很有哲理,值得我们记取。

亲爱的同学们,《壹评》编辑部的同学嘱我跟你们2011级的新生写些寄语,因此,我拉拉杂杂地说了上面这些东西,其实也不是什么大道理,也许你们的父母、老师早就跟你们说过。但作为你们大学的师长,再重复这些"陈词老调"的理由在于:最深刻的人生哲理其实就蕴涵在这些最简单的道理之中,关键在于是否践行。总之,我希望幸运的你们能够"不沉湎于"幸运所带给你们的好运之中,因为,我始终相信"福兮祸所伏、祸兮福所倚"的道理,千万别让"幸运"束缚了你们放飞的翅膀。

2011年8月为北大经济学院团委《壹评》撰文

# 传承历史 延续辉煌的使命

在就任北京大学经济学院第五任院长之际,我很愿意与大家分享我对中国这所著名大学学院的感想;并代表全院师生热烈欢迎国内外的同人、朋友到访经济学院。

朋友们,如果中国近代史缺了严复,那将会是怎样?如果中共党史缺了李大钊,那将会是怎样?如果中国经济思想史缺了马寅初,那将会是怎样?

我相信,如果没有他们,中国近现代史,特别是中国经济史将在一定程度上重写,但真实的历史没有如果。而让我们感到自豪的是,这些如雷贯耳的名字与北大、与北大经济学院的前身——经济系的历史紧密相连。严复,作为1912年京师大学堂改名为国立北京大学后的首任校长,在他上任的第一年始建经济学门(系)。北大经济学科的创建成为中国经济学发展的滥觞,而严复于1902年翻译出版的《原富》(即《国富论》),成为现代西方经济学被引入中国的标志。李大钊,作为北大经济系的教授,是中国共产党的创始人之一和中共历史上的杰出人物,他与毛泽东等革命先辈浴血奋斗,为缔造新中国谱写了一部令人荡气回肠的英雄史诗。马寅初,作为北大的第八任校长和北大经济系的教授,坚持真理、不畏权势,以著名的《新人口论》,为新中国的前途呐喊直言。他的信条"言人之所言,那很容易,言人之所欲言,就不太容易,言人之所不敢言,就更难。我就言人之所欲言,言人之所不敢言"不仅向我们展示了中国知识分子的铮铮铁骨,也让我们领悟到了"屈原精神"的真谛。

不管来者多少,人们总是对带给人类福祉和利益的历史上的"第一"给予格外的注目与礼赞。作为中国的第一个经济学科,北大荣幸地得到了这份注目与礼赞。但北大经济学人并没有陶醉和止步在这个"第一"之上。在北大经济学科百余年的发展历史中,无数经济学者为我国经济科学的繁荣以及经济、社会的发展做出了卓越的贡献,创造了无数新的"第一";在学术界、企业界、政界享有崇高声誉、影响深远的人物,可谓群星璀璨。严复、李大钊、马寅初,只是他们中的杰出代表。曾有评论说:"世界上没有一所大学像北京大学这样与国家和民族的命运联系得如此紧密;同样,世界上大学的经济学院也少有像北京大学经济学院这样与国家经济学科的发展密切相关。"此评论真实贴切。

1985年,北大经济系领风气之先,创建了经济学院,从此,北大经济系科的发展又进入了一个新的历史阶段。建院二十多年来,不仅原有的学术传统和优势学科得到进一步的发展,而且新建了一批适应中国经济发展和制度变迁要求的新兴学科。早在1998年,经济学院就入选"国家经济学基础人才培养基地",近年来,经济学院又被国家教育部评为"全国人才培养模式创新试验区"。凭借全体北大经院人的努力,借助社会各界和北大各个部门的鼎立支持,我们在科研、教学、人才队伍建设等方面都取得了不菲的成绩:北大经济学院仍然是全国优秀高中生,甚至已在北大其他院系学习的许多学生心向往之的学习园地;北大经济学院仍然是国家决策部门的重要"智库";北大经济学院仍然是国际交流的重要平台。

我们的目标是为未来大师级的学者、大企业家、大科学家、大政治家注入优秀的"基因",提供茁壮成长的环境。但重要的是,我们首先要培养的是具有健全人格的"大写的人"。"独立、民主、自由、质疑、批判",被称为大学之精髓,被誉为大学精神之美,这种精髓、这种精神,无疑是人格塑造的优秀材质,是人类发明创造的重要引擎。我们希望我们的学生带着独立、求新、质疑精神来到经济学院学习,全方面地培养自己的生存能力、适应能力和自我发展能力。我们希望我们的学生成

为"基础厚、视野宽、素质高、能力强、修养好"的优秀毕业生,我们希望我们的学生成为情商优秀、智商超群、勇于担当、敢于负责的北大人。

在新的、复杂多变的国际国内形势下,有许多重大的经济难题需要破解。作为传承历史、延续辉煌的新一代北大经院人,我们深知责任重大,我们深知面临的挑战严峻,但凭借不断完善的硬件基础的支持、敬业奉献的教职工队伍和朝气蓬勃的莘莘学子的努力,我们有足够的勇气、能力和智慧来担当新的重任。

就任北京大学经济学院院长后在院网站发表的致辞,撰写于2010年8月

# 开放包容的北大

今年的"五四"是北大成立110周年的日子。为迎接校庆,学校的有关部门采访了一些老师,我也有幸在受邀人员之列。采访时提及的一个问题是,"你在北大已经快20年了,在这期间,你认为北大什么东西最令你印象深刻?"我从"开放和包容"这个角度谈了自己的一些感触。

的确,北大是一所兼收并蓄、有着极大"包容"精神的大学。从建校之初,北大就有着开放的传统。这种开放、包容性当然体现在许多方面,特别是北大的教师身上,北大历史上有许多令人肃然起敬的大师,我们无缘见面,只能从故纸堆中撷取他们的一些"掌故"和"轶事"。好在在北大的这20年中,我也有幸结识了许多良师益友,从他们的身上真真切切体会到开放和包容的真谛。这里我特别想说一下我的导师萧灼基教授和现任南京市委书记的朱善璐。

我是1989年考入北大经济学院,师从著名经济学家萧灼基教授攻读经济学博士学位的。我很幸运,当年萧老师只招收了一名学生,而87级有三个师兄,88级有两个师兄,所以我就成了他当时带的三届六位博士生中的第一位女弟子。我们那时的学习以讨论课居多。萧老师给我们布置许多书看,然后每两周在他家上一次讨论课。因为我这一级就一个学生,给一个学生上课可以说是有些"奢侈"了,所以讨论课还有88级的两位师兄。每次上课,我们各自先谈自己的学习体会,然后大家一块讨论,最后萧老师做一些提纲挈领式的点评。萧老师看问题很犀利,并且概括能力、表达能力都很强。我的两位师兄莫扶民、陈云贤也都和我一样,在上大学之前有过务工务农的经历(他们都很棒,陈云贤曾经是广发证券公司的创始人和董事长,现任广东省佛山市市委书记,莫扶民在中国工商银行总行担任一个部门的总经理)。因此,我们对社会现实问题的讨论应当说还是理论紧密联系实际"有的放矢"的。

我记得有一次我们讨论马克思的剩余价值理论,谈到剥削的问题时,我说,我们对一些问题的分析不能一概而论,要做具体分析。比如说,旧社会有些贫农未必就是被剥削穷的,有些是因为"游手好闲"、"坐吃山空"而成为败家子的。我用《芙蓉镇》里的二流子"王秋赦"为例来证明我的观点。然后,我说有些地主也不能就一定说是剥削别人而成为地主的,我以我爷爷作为例子说,我爷爷在土改时划成分是地主,但据我所知,我父亲、伯伯、叔叔很小就出去参加革命了,家里有点土地,但缺乏壮劳力,因此,爷爷在农忙时雇几个人来帮忙,而平时都是自己下地干活的。正因为他勤勤恳恳地劳作,所以才积累了一些财富。如果他年轻时不劳而获,像王秋赦那样"游手好闲",也不会在他七老八十时还能干活,背起几十斤重的东西行走如履平地。我说完以后,师兄们开玩笑地说:"你这不是想'反攻倒算'吗?萧老师可是贫下中农出身的。"说实话,现在说我这样的话恐怕都有人觉得有"右派"或者"反革命"的言论嫌疑,何况是在上世纪80年代末的时候。但萧老师并没有不允许我们用所谓的"异端邪说"来讨论问题,而是一直鼓励我们要独立思考,要敢于提出新的理论和观点。他始终坚守"我可以不同意你的观点,但我誓死捍卫你说话的权利"的原则。在我们做博士论文的时候,萧老师也一再强调,你们的论文一定不能囿于传统的理论,一定要有创新。

这种开放式的学习方式和萧老师包容不同观点、鼓励创新的态度对我的学习和研究有很大的帮助,也使得我在读博士生期间就在一些高层次的学术刊物上发表了多篇论文,并且获得了"北京大学首届研究生学术十佳"的称号。萧老师获悉后非常高兴,开颁奖大会的时候,尽管他很忙,还是专程以导师的身份赶来参加会议,并且开玩笑地对我说

"我这个导师跟着你这个'十佳学生'沾光了"。我的博士论文在答辩时获得了答辩委员会成员的高度评价,之后很快出版并荣获了北京市第三届哲学社会科学优秀成果二等奖。

我与朱善璐书记相识于1993年。当时他在北大当党委副书记,我是博士刚毕业一年的经济学院的讲师。那一年,日本日兴证券公司资助北大大学生代表团赴日访问,朱善璐书记是代表团团长,团员包括10名博士生、硕士生和本科生代表,团委书记和学工部长,我有幸作为唯一的教师代表。因为这是日兴证券公司第一次将其资助项目从前些年的欧美转向中国,国家教育部非常重视这个项目,将首次出访任务交给了北大,北大自然也非常重视,赴日之前开了好几次会,强调出访纪律。访问行程安排得很紧凑,我们每天要坐大巴从一处赶往另一处。学生们都非常兴奋,在车上总是不断地一个接一个地唱着歌。有一天我坐在前排打盹儿,后面的一位同学推推我,说"孙老师,给我们唱歌起个头"。我迷迷登登地睁开眼,张口就是"大刀向……"通常来说,每次一位学生起个头,其他人就跟着唱下来了,可这次,静场了几秒钟,没有任何人接茬。我还在纳闷,很快,一位同学又起了另一首歌,我这才完全清醒了,马上惊出来一身冷汗。"大刀向鬼子们的头上砍去",好家伙,这不仅是在日本,而且是在日本人非常热情友好地邀请我们来参观访问的时候我唱起了这首歌。更要命的是,车上还坐着一个一路陪同我们的日本人,他是个中国通,在中国生活了二十多年,什么中国歌他没有听过呀,并且是这样一首当时家喻户晓的歌曲。我现在都想不明白我当时为什么会想起那首歌,真叫"鬼使神差"? 实在会唱的歌也很多呀。后来我说给我丈夫听,他开玩笑地说也许是因为你父亲当年八年抗日打小鬼子的经历在你的潜意识中留下了很深的烙印。不管怎么说吧,我当时是吓坏了,心想这可是闯了大祸。下车以后,我对团长朱善璐非常诚恳地说:"朱老师,对不起,我犯政治错误了,您看怎么处理吧。"没想到他非常和蔼平静地对我说:"没有关系,你又不是故意的。"我当时真的是又后悔、又感动。这就是当年的朱书记,这就是北大。

在北大一晃待了快20年了,从当学生到做老师,结识了许许多多像萧老师这样思维活跃、思想开放、胸襟开阔的大师,交往了许许多多

像朱书记这样品学兼优、诚恳宽容待人的领导,接触了许许多多天资聪颖、勤奋努力的学生……他们的言行举止都对自己的成长起到了很重要的作用。在亲眼目睹北大许多变化和历经许多事情的同时,也必然有许多话想对北大说。五年前,我曾荣幸地作为教师代表在北京大学2003年春节团拜会上发言。应当说,那个发言很能表达我对北大的真挚情感。时光流逝,但我对开放包容的母校的那份情感、那份眷恋、那份期待始终没有变,并随斗转星移而与日俱增,愈发浓烈与醇厚。

2008年为北京大学110周年校庆文集《精神的魅力》撰文

# 经济、社会转型背景下中国女性的价值和力量

感谢大会组委会邀请我参加今天的大会并做大会发言,也很荣幸来这里与来自各个行业和企业的优秀女性交流。在接到大会演讲邀请的时候,组委会给我两个题目选择,一个是有关金融危机对中小企业影响方面的,一个是有关妇女问题的。关于前一个问题的讨论很多,并且我也没有专门做过这方面的研究,术业有专攻嘛,因此我对邀请人说,还是讲点自己熟悉的题目好。但第二个题目我也没有做过什么专门研究,然而好在我本身是女性,没有深入的研究但谈谈体会还是可以的,因此,我选择了第二个题目。

我今天演讲的题目是"经济、社会转型背景下中国女性的价值和力量"。在进入这个主题之前,我想跟大家分享一下我在1993年写的一篇小文中的一些观点。我记得当时是新华社《经济参考报》围绕"女性的价值"这个主题做的一组相关报道和评论。我受邀写的这篇文章的大意是这样的:

"女性的价值"这个话题本身就隐含着女性是弱者的意味。要不,为什么不见人们谈论"男性的价值"?正像妇女要争取自己的地位,自己的权利,而男子不用争,所以有"三八"妇女节,而没有"四九"男子节一样。在旧社会,妇女没有地位,但也有其"价值",这个"价值"就是作为人类繁衍的工具。当然,从这一点上来看,不能说女性不伟大。因为,没有千千万万个母亲的生儿育女,就没有

人类社会的延续与发展。然而,也正是女性的这一伟大造就了自身的渺小。社会越把这个伟大的光环打在妇女的身上,女性就可能越渺小——回到家中,生儿育女,传宗接代。于是,女性只有依附于男人,束缚于家庭;没有社会地位,没有政治地位。"女子无才便是德。"女人是通过男人证明其存在价值的,她自己没有其独立价值!但社会发展的大量事实已经证明,除了某些极特殊的受生理条件限制的工作外,男人涉足的领域,没有一项女子不可攀登。小至粒子,大至宇宙,而且女子的成就丝毫不比男子差。在这里,女性通过自己的工作,通过自强、自立、自爱,使其自身的价值得到了充分的体现,这就是,她们不仅直接推动了人类社会的进步,而且,她们的成就激励着自己的男友,自己的丈夫,自己的孩子更加努力地工作。因此,女性的最大价值,就是自我存在的价值和自我实现的价值。她通过自身而不是他人证明自己的存在。

与改革开放三十多年前相比,甚至即使是跟 1993 年我写那篇"女性的价值"的文章的时候相比,中国发生了世界公认的翻天覆地的变化。从世界范围来看,中国的地位和力量再不容人小觑。从国际社会来说,我们经常能够听到像 Chiamerica、G2、BRIC 等这样的一些似乎非常抬举中国的语词。我前些时候收到一本不知从哪里寄来的杂志,打开一看,刊名就叫 *Chidia*,即中国印度,很有意思。从国内来看,刚才王梦奎主任在演讲中提到国务院发展研究中心主办的"中国发展高层论坛",从 2000 年第一届开始,除了有一年不在国内所以没有参加以外,其余的 11 届我都参加了。据我的观察,不论是论坛议题还是参会人数层次,我们都可以看到国际社会对中国问题的关注程度是越来越高。总之,在世界经济的舞台上,中国完全不是像过去那样可有可无了,哪个国家都或多或少地想跟中国拉上关系;而与此同时,世界上恐怕也没有哪个经济体能够像中国这样,将 5000 年的厚重历史,计划经济向市场经济的艰难转变,占世界人口总数 20% 的文化习俗、教育程度、收入水平呈现巨大差异的近 14 亿人口,经济总量居世界第二,但人均 GDP 却占世界排名 100 位左右等这些如此令人震撼的数据交集在一起。当然,也正因为如此,才注定了21世纪中国的故事令世界着迷,我想,这样的故事也当然应当包括6亿多中国妇女的地位、角色、价值等这样的话题。而在我看来,将女性问题放到中国经济、社会的转型这个大背景下来观察应当是一个很有意义的视角。

改革开放以来,中国经济、社会的转型涉及方方面面,而从劳动分工与性别角色相关的角度来观察,我认为以下六个方面的转变是非常值得重视的:第一,产业结构从农业、制造业向服务业,特别是金融服务业的转型;第二,要素的集约程度从劳动密集型向资本技术密集型的转变;第三,劳动方式从体力劳动为主向智力劳动为主转变;第四,供求范式从生产者主权向消费者主权转变;第五,经济形态从实体经济为主向实体经济与虚拟经济并存转变;第六,社会的联系方式从传统"面对面"向网络空间转变。

由于上述转变,相对传统社会来说,现代社会的分工依据发生了重大的改变。农业社会之所以有"男耕女织"的劳动分工,是因为这种分工能够很好地适应男女生理上和体力上的要求。在发生了上述转变之后,许多领域和工种对体力和生理方面的要求就会大大降低,性别的约束由此也就大大降低,可以说,这个时候,由悟性、个性、毅力、勤奋等智商或者情商方面的差异所导致的结果会大于性别所导致的差异。

不仅如此,上述这些转变使得妇女的价值和力量得到更加有力的释放。通常来说,女性特有的细腻、耐性、严谨、钻研、刻苦等特性在诸多领域,如管理、营销、金融、财会、法律、网络经济、国际文化交流等方面都有更突出的表现。

事实上,虽然在中国,对女性的"社会歧视"还是存在的,特别是在就业、升迁等方面,但据我个人的观察,与包括发达国家在内的许多国家相比,中国妇女的地位还是不错的。我举一个例子来说。大约是1998年,我应邀去韩国学术界做一个学术访问,同行的还有北大和中国银行的另外两位专家。因为对方是首先邀请我并请我再邀请其他两位学者的,同时可能我的语言交流能力也好一些,所以到了韩国以后,每次与对方教授团见面时似乎总是我在唱主角。参加学术交流活动的韩国方面的二十多位大学教授全是男性,并且几乎全部都留学欧美名

校。因此,对方感到很惊讶,说是中国大陆一共来了三位学者,而这位女教授还是个"头儿"。然后他们问我这是否是特例,我说不是,就我们北大经济学院来说,女教师的比例就很高。所以他们得出结论,中国知识界妇女的地位要比韩国高很多。

无独有偶,前些日子我出差时在飞机上看到《参考消息》上的一个报道,似乎可以印证这些韩国教授十多年前的观察。一份由一家权威国际会计事务所发布的2010年的商业报告说,中国身处管理岗位的女性中有19%担任首席执行官职务,在39个接受调查的国家和地区中比例高居第二,大大高于8%的世界平均水平。该报告还显示,目前中国女性担任高级管理职务的比例达34%,超过了2009年全球31%的水平。而全球女性担任高级管理职务的比例目前为20%,比2009年的31%有所下降。这表明,随着经济实力的增长,中国社会为女性发展提供了更多的机遇。另一项研究显示,中国女性在事业方面的雄心要高于其他国家的女性。研究还发现,75%的中国职业女性都希望担任高级管理职务,而美国这一数字只有50%。

作为一位曾在"文化大革命"中下过乡的城市知青,作为经历过"文化大革命"之后高考的"新三届"学生和也曾漂洋过海去镀过那么一点金的学者,我虽不敢说自己对人生有多深刻的理解和洞察,但多少还是有一些思考和感悟的。

首先,我认为,灾难、痛苦、自强、自立、自信、自尊等都是没有性别标签的。灾难不会因为你是女性而放你一马;病痛不会因为你是女性而减少一分;厄运不会因为你是女性而不降临于你;好运也不会因为你是女性而对你格外垂青。但如果你拥有自信、自强的精神,拥有勤奋、坚韧的意志,拥有宽厚、仁爱的胸怀,你就能像男性一样获得他人和社会的尊重。

其次,活出自己的精彩,做最好的自己。这里面最重要的一点就是不要人云亦云,不要从众,不要随大流,不要总跟别人比。我觉得我从小受过母亲的教诲中至今最受用的一条就是"不要跟别人比,做好自己的事情就行了"。不同的人有不同的基因、不同的条件、不同的环境,在名利上老跟别人比的话,一是可能会越比越泄气,越比越没有信心,越比越生气。二是若老生活在别人的阴影下,就活不出精彩的自己来。如果一定要比,跟自己的过去比好了。只要每天在努力,只要自己用心在做事就行了。

最后,善待自己。我们有些女性好像有了事业就不得不忽略家庭,或者说承担了很繁重的工作就不能有多彩的个人生活。我承认对于一个事业较为成功的女性来说,要平衡好家庭和事业、生活和工作的确是一个很难的问题。但也不是做不到,关键是看你自己有没有这方面的意识。善待自己表现在一定要给自己一些空间,一些时间;表现在你不仅要关注你身边人和你家人的身体、健康等,而且至少是要平等地关注自己的身体和健康。善待自己实际上就是关爱自己的家庭成员,就是为你的员工、为你的朋友减少麻烦,就是为社会做了贡献。为什么这样说呢?因为如果你很优秀,而由于身体健康等各种原因不能正常工作的话,它所带来的机会成本会是很大的。这对家庭和社会来说都是净损失。

从上面我所讲的这些内容来看,似乎强调的都是自己,看起来很本位,很自我,但集体是由个体组成的,没有个体就没有集体。如果我们每位女性都能自尊、自强、自立、自信,都能做最好的自己,都能善待自己,都能最大限度地发挥自己的能耐,那么,由一个个个体所组成的我们这个女性集体就必然是坚不可摧的。

最后,感谢大家抽出宝贵的时间听我谈了一些我对女性这个话题的一些体会。祝大家身心健康,工作顺利,事业有成,家庭幸福!

2011年3月26日在"第八届中国经济女性发展论坛"上的演讲

## ·访谈录·

  她是我最要好的朋友之一,属于那种很"爽"的女性,且才且貌、且优雅且干练,曾任中央电视台"经济专家论坛"特邀主持人。在北大读完博士,她理所当然地留校任了教,责无旁贷地被任命为北大经济学院保险系主任,不负众望地在一无教员二无学生三无教材四无培养计划的情况下迅速组建起一个有相当水准和规模的保险系。

——"未雨绸缪"话保险

# 记北大经济学院保险学系的年轻主任孙祁祥

几年前,北大搞了一个"北大人与北大精神"系列讲座,请了老中青三代学者作报告,孙祁祥被邀请参加。"我不行,博士刚毕业,又不是什么名人,讲什么呀?"孙祁祥对前来邀请她的同学说。最终,她还是被"逼"上了讲台。

"为了明天的辉煌,要安于今天的寂寞。"出人意料的演讲,收到了意想不到的效果。演讲结束后,她被热情的学生们围了一个多小时。

现在,已是北大经济学院保险系主任的孙祁祥提起几年前的这一幕,感触仍然很多。当年,她以凝结她生活经历的"安于寂寞"四个字作为演讲的主题,而在以后的日子里,每当她在学术研究方面取得成果时,她就越发体会到这四个字所蕴涵的无穷魅力。

## "厚礼"馈赠女知青

孙祁祥有过各种各样的梦想,却从来没有想过成为一名经济学家。

她小时候爱看电影,对影片片头的工农兵形象中那位头扎毛巾、手举麦穗的农家女印象极深。因此,当父母和叔叔阿姨问她长大了干什么时,她总会不假思索地回答:"当农民阿姨。"

随着年龄的增长,"军装绿"成为她心目中的"英雄本色",当军人

成为她的新梦想。有一年部队招小兵,尽管在所有报考者当中,孙祁祥的条件最好,但她最终还是因"鼻炎"落选了。以后她才知道,落选的真正原因是她父亲当时是"走资派"。

以后,她参加了学校的宣传队,学拉二胡和小提琴,在校乒乓球队打了几年球,又梦想成为小提琴演奏家和乒乓球运动员。再后来,她迷上了写诗词,"五言"、"七律"、"南乡子"、"菩萨蛮"、"自由体"……此时,她又梦想成为一名诗人。

小时候的梦想除了当"农民阿姨"以外,没有一样得以实现。

1973年,孙祁祥高中毕业后去了农村。4年里,作为知青队长的她,几乎干遍了农村里所有的农活:插秧、犁田、放牛、养猪、修水利……在孙祁祥的入党评议会上,一位带领知青劳动的七旬老农这样评价她:"小孙这孩子能吃苦。"很平常的一句话,孙祁祥至今不能忘怀。

下乡第一年,她们四个知青去20公里以外的公社所在地运种子粮,平均每人的担子都在50公斤以上。当时她不到17岁,从未挑过哪怕只有5公斤重担子的她硬是咬紧牙关坚持到了最后。回来后她才发现,磨破的肩头上渗出的血水已将衣服和皮肉粘在一起了。

"我的这段生活经历与许多饱经沧桑的人比较起来简直算不上什么。但它很重要。生活本身就是一笔财富,当我们说应当笑着面对人生、热爱生活时,它不仅包含着享受生活带来的甜美,更重要的是,要学会品味生活中的苦酒。只有这样,才能以更大的热情去创造更美好的生活。"二十多年以后回忆这段往事,孙祁祥仍然显得有些激动。

## 不经意间破"冷门"

上大学以前,孙祁祥曾爱好过文学、历史和哲学,却唯独没有接触过经济学。当年填写入学志愿时,她接受了父亲的建议,报考了兰州大学经济系,这一年孙祁祥23岁。本科念完后,她又考上了该专业的硕士研究生,毕业以后留校任教。在留校的第二年,孙祁祥就因科研成果突出而荣获"兰州大学首届校长基金奖"。

孙祁祥在一篇题为《根本出路在于改革国家所有制形式》的论文中,提出了传统的国家所有制形式在理论上是与商品经济对立的,是短缺经济的主要根源;传统的国家所有制改革是政治体制改革成功与否的关键;改革传统的国家所有制不等于改变社会主义的公有制特点。这篇论文发表在《金融时报》上,在当时引起了很大的反响。

1988年,经济理论界在武汉召开了纪念党的十一届三中全会召开10周年理论研讨会,就在这次会议上,她第一次见到了后来成为她博士生导师的著名经济学家萧灼基教授。

"萧老师为人非常和蔼,没有一点名人的架子。"孙祁祥回忆道,"他详细问了我的学习和工作情况,然后说'你报考我的研究生如何?'"

"我当时没想过一定要考,只是北大的名气大,家里人也都鼓励我考,我想就试试看吧。"

一年以后,孙祁祥以优异的成绩考上了北大,从那一年起,她便把根深深地扎在了这片沃土里。10年后的今天,孙祁祥已成为国内外知名的青年学者,有几家公司开价几十万年薪请她去工作,她都婉言谢绝了。她这样说:"外面的世界的确很精彩,但我仍钟情北大。因为这里有兼收并蓄的学术环境,有才高八斗的学术大师,有天赋很高的莘莘学子……"

1991年,"北京大学首届研究生学术十佳"评选,孙祁祥榜上有名。1994年,她又被评为"北京大学首届优秀中青年学术骨干"。

## 连珠炮弹无虚发

在对我国经济运行的实际状况做了深入分析与研究后,孙祁祥感到我国改革以来的经济运作较之改革以前有了很大不同,许多经济指标和经济变量所反映的内容都有了很大差异。那么,这些变化是怎样产生的?各个经济指标和变量之间有什么样的内在联系?它们对于我国经济体制的性质产生了什么样的影响?如果不了解这些问题,

我们就不可能清楚我国的经济体制改革究竟跨出了怎样的一步？这一步在实现我国改革目标的过程中地位和意义如何？我们应当怎样总结以往改革的经验，避免可能出现的失误，将改革进一步向纵深推进？

基于这样一种认识，她选择了"模式转换时期的收入流程"这样一个难度很大的研究课题作为她的博士论文。在这篇论文中，她依据马克思主义的经济学理论，借鉴西方经济学的某些分析方法，建立了一个收入流程的分析框架，对我国从传统体制下的收入流程到模式转换时期的收入流程做了多层次、多角度的分析，提出了"总量膨胀、结构失衡的三大循环效应"、"经济主体收入量影响资源配置率"、"风险约束最佳宏观控制"、"外赋权利与宏观失控"等命题，并在此基础上提出了若干政策性建议。

孙祁祥的这篇论文在由多位著名经济学家参加的答辩会上被认为是一篇"选题新颖、内容丰富、见解深刻，具有开拓性和创新性的论文"。这篇论文于1993年由中国金融出版社出版，并荣获1994年度北京市第三届哲学社会科学优秀成果奖。

党的十四大以后，市场经济的观念逐步深入人心，但也存在一些肤浅的认识，针对这种情况，孙祁祥发表了题为《市场经济与竞争机会的平等》的论文。孙祁祥认为：竞争机会平等的程度是衡量一个社会市场经济成熟度的重要标志。因此，对于当今的中国来说，要建立市场经济体制，首要的问题不在于建造了多少个有形市场，放开了多少种产品的价格，减少了多少指令性计划指标（虽然这些都是前提条件），而在于怎样尽快建立起一个竞争机会平等的机制，真正做到竞争活动的参与、竞争规则的公正、竞争过程的透明、竞争结果的有效。而从这个意义上来说，中国建立市场经济的任务比西方国家的任务更为艰巨。她由此进一步分析了这一过程的艰巨性，提出了许多新颖的观点。

这篇文章一经在《经济研究》上发表，由《新华文摘》全文转载，在社会上引起了广泛重视。1996年荣获"首届陈岱孙经济学论文奖"。

## 创保险成竹在胸

1993年年底,北大经济学院进行学科调整,在原有专业的基础上,新成立了国际金融、国际贸易和保险学专业。在广泛征求意见的基础上,院领导任命孙祁祥为保险学专业主任。从那时起,北大经济学院保险学专业就与孙祁祥的名字联系在一起了。

相对于其他院校来说,北大保险学的研究和教学起步很晚。无教材、无教师、无课程、无学生的"四无"状况,是孙祁祥面临的严峻挑战。

1994年,孙祁祥来到美国印地安那大学商学院,师从美国著名保险学家约翰·贝尔斯,开始访问学者生活。以她在经济学方面的深厚功底和勤奋好学精神,她很快就进入了保险学领域。在学校的访问学习结束以后,她又到美国的林肯国民保险公司实习。经过实际考察和对比研究,她对发展中国的保险业有了更为清醒的认识。

回国以后,孙祁祥立即投入到保险学专业的建设工作中。在不到3年的时间里,她除了繁重的行政、教学任务以外,还撰写了大量学术论文,其中有三篇被收入文献性丛书《中国改革二十年》。她撰写的《保险学》脱颖而出,连续两年被国家指定为全国高校推荐教材。两本翻译著作中的一本已交中国社会科学出版社,另一本也正在进行最后的审定工作。

1997年8月,孙祁祥应邀参加在美国圣地亚哥市举行的美国风险管理保险学年会。在大会上,她宣读了她的有关中国保险市场发展的论文,由此成为在此学会上第一个以中国大陆学者身份发言的学者。国外同行对她的评价是:"孙博士具有将中国的保险教育和西方的保险教育结合在一起的非凡能力。"

《中华英才》1999年第15期(总219期),张涛文

# 北大名师访谈

**记者**：孙老师，作为著名的经济学家，您一开始是怎么对学经济感兴趣的？

**孙祁祥**：其实，我选择学经济是很偶然的。1979年上大学时我还想选中文系呢。因为从小就对语文很感兴趣。我后来开玩笑时说上中学的时候有几件事情很为当时沦为"走资派"和出身成分不好的父母争气：第一件是乒乓球打得不错，读中学时，连续四年获得过全校女子冠军（注：1990年孙老师在北大攻读经济学博士学位时还曾得过北大研究生女子乒乓球赛的亚军）；第二件是语文成绩一直很好，作文一直是被作为范文在班上宣读的；第三件是有一年选课代表，因为我各科成绩都非常好，被全班同学选为语文、英语、数学各科的课代表。我对哲学也很感兴趣，因为1975年搞"批林批孔"，老在讲哲学。我十几岁的时候家里就订过《哲学研究》。虽然对高深的哲学也是似懂非懂，但就喜欢把自己搞得深沉一点（笑）。历史我也喜欢。唯独对经济学没有概念。我父亲是一个老干部，上过"抗大"，在20世纪50年代当过中国人民解放军长沙军政干校哲学教员训练班的主任，我上大学时用的《资本论》还是他50年代的保存版本。所以他当时建议我说：搞改革开放，经济肯定很有用。我父亲是一位很开明的人，尊重子女的意愿，通常不强迫我们做我们不喜欢做的事情。但如果子女征求他的意见，他也会给我们提一些建议的。所以我听从了父亲，1979年以第一志愿考到兰大经济系。

**记者**：说到兰大，不禁想起在北京的经济学界活跃着一批来自大西北或在那里受过教育的经济学家，他们被称为"西北军团"。您觉得在兰大的学习经历对您以后学术研究有什么影响？

**孙祁祥**：兰大很注重基础教育，这给我的教学研究打下了较好的理论基础。那里的老教授非常认真、严谨，课讲得很有水平。另外我很感谢兰大老师在教育时言传身教、一丝不苟的治学态度。我的学生说我很认真，不论是上课还是指导他们做论文，我想这首先就是兰大老师给予我的。

**记者**：后来1989年您考入北大并师从萧灼基教授，您能不能简单回忆一下这段学习经历？

**孙祁祥**：我感觉萧老师是一个思想解放、博闻强识、非常聪明的人，他进入一个新的学术领域往往很快。当时我在北大读博士的时候，萧老师开了一个书单让我们去读。那一年他就招了我一个博士生，与前两届博士生加起来一共六个人，而且都是工作过的。当年我毕业的时候获得了北大的研究生"学术十佳"，学校请获得"学术十佳"的研究生和他们的导师去开会，当时萧老师非常高兴，他开玩笑对我说："我沾你的光了。我当上了'学术十佳'的老师。孙祁祥，你轻轻松松就拿到了博士学位。"但现在回想起来我还是有点遗憾，觉得我当时还应该更加刻苦一点。虽然也读了不少书，但就像萧老师告诫我们的，真正可以专心读书的时候就是在校学习期间，工作以后就很难找到那么多时间读书了，现在想起来师长说得真对。

> 6月初北大高考咨询开放日，通向南门的"五四路"上各个院系密密匝匝地划地为距。好容易才找到经济学院，只见孙老师握着一个中学生模样的女孩子的手，对她身边的母亲不停地说："现在保险方面的人才太缺乏了，太缺乏了！"

孙老师现任北京大学经济学院副院长，保险系主任。她1996年撰写的《保险学》出版当年就被教育部指定为全国高校推荐教材，至今已经是第10次印刷。今年《保险学》再次被列入教育部的"十五规划教材"。孙老师还兼任国内多家大型保险公司的特聘专家。

**记者**：孙教授，最近连续发生了两起空难事故，而遇难的大多数人连20元一份的航空意外保险都没买，更没有为自己和家人购买其他保险。请您分析一下国人保险意识淡漠的原因是什么？

**孙祁祥**：保险的发展首先和一个国家的社会、经济形态相关。中国传统的农业社会是自给自足经济，以实物进行交易。西方的工业社会是商品经济，盛行货币交换。以自然经济为特征的农业社会和以商品经济为特征的工业社会至少有三点不同：首先，自然经济社会重实物、轻货币，商品经济社会则重货币、轻实物；其次，农业社会重人情、轻契约，工业社会重契约、轻人情；最后，农业社会重近期、轻长远，工业社会重长远、轻近期。这几个不同点和保单有非常直接的关系。保单作为 written contract（文字合同）比较符合西方的契约精神，合同一般是长期性的，特别像寿险合同。保单本身就是货币，它的赔款、给付在绝大多数条件下都是以货币为表现形式的。保单的这种契约性和货币性都跟工业社会的这种生产方式相吻合，而与我们的农业社会是有距离的。中国典型的农业社会跟商业保险的精髓是有一定抵触的，而生活在西方特别是欧美的人则相对比较容易接受保险。

**记者**：您认为这与历史文化是不是也有一定关系呢？

**孙祁祥**：那是当然的。中国的传统文化认为，"不孝有三，无后为大"。为什么呢？无后就无法续香火，无法传宗接代，无法给父母养老送终。有人总结到，中国的家庭模式被称为"反馈"模式，西方的家庭是"代际"模式。中国文化讲究宿命论，"富贵在天，生死由命"，这是对待风险的消极思想。但保险是防范风险的一种积极的手段。商业保险是在全社会范围内来进行风险转移和损失分担，而家庭养老模式是在一个家庭里面通过家庭储蓄来进行的。另外，中国搞了30年的计划经济，政府从摇篮到墓地全程保障，就不需要个人掏腰包来买商业保险。前些年在国有企业流传着这样一个顺口溜：党是我的妈，厂是我的家，个人有点啥，工厂全包下。我们搞了几十年的改革，人们的这种思想还是比较根深蒂固。

**记者**：我在采访您之前买了几份保险，我发现保险带来的最大的好处就是，现在活得比以前要安心得多，因为我有保障。但我的很多朋友都表示，他们不想买保险，并不是因为交不起保费，而是担心"买保险时是爷爷，出险赔偿给付时是孙子"。为什么他们会有这样的担心呢？

**孙祁祥**：你实际上提出了我国经济生活中很重要的一个现实问题，即信誉问题。市场经济的基石就是诚信和法制。保险是一个以承诺性商品的交易为特点的行业，它不像我们购买实物商品，一手交钱一手交货就完成交易。保险跟证券、银行这些金融部门（虽然它们经营的产品也以无形性和承诺性为特点）相比较起来，它的诚信尤为重要。银行经营的是货币，商业银行最主要的就是存贷款业务；证券公司经营的主要是股票、债券这种所有权的凭证。而保险经营的是风险。它们之间的区别在哪里呢？货币和证券是均质的，而风险是不均质的，每个人所面临的风险都不一样，这座大楼和那座大楼的风险是不一样的。第二个区别是，货币、证券是人见人爱的"趋利商品"；但保险是人见人避的"避害商品"。但是，无时无刻不在的风险可能性就与人们对风险的避讳性产生了很大的矛盾。由于大部分人都不会主动到保险公司去买保险，因此就需要保险公司的从业人员或者营销人员到保险需求者那里去讲：你需要保险，因为你可能会遇到风险。消费者在保险市场中类似于经济学中买方市场的地位。所以，人们对于保险行业的要求就要高于对银行和证券部门的要求。第三个区别是，保险具有长期性的特点，尤其是寿险。保险的失信带给消费者的灾难往往是终身性的。但在现实生活中，信息非对称导致购买保险场合的欺诈行为很多，即使在欧美这样非常发达的市场，也有15%—30%左右的保险理赔跟欺诈有关，所以保险很注重"道德风险"和"逆选择"，并要求保险人做各种理赔前的取证工作。人们经常抱怨保险公司在卖保险和索赔时的态度和速度存在很大的差异，这是因为信息非对称导致的严重欺诈使得保险公司不得不这样做。

每天骑着一辆破旧的女车，上下班背着布包匆匆来往穿梭于校园里，在今夏35摄氏度的高温天气里也不例外。这就是孙老师给我们的印象。孙祁祥老师于1993—1994年在中央电视台"经济半小时"栏目特约主持"经济专家论坛"节目。1994—1995年作

为高级访问学者赴美国进修保险学,在国际保险学界享有很高的知名度。她是美国保险学会亚洲唯一的学术主持人,兼任亚太地区风险与保险学会的常务理事。

**记者**:听说您曾经多次婉拒国外大公司的高薪聘请,您当时是怎么想的?

**孙祁祥**:1995年我刚从美国回来时,一家香港猎头公司来找我去做某美国公司驻北京代表处的首席代表,开价年薪30万人民币,此外还提供每年去国外旅游休假和其他很好的福利。我说不行,我告诉他:我当时出国的主要目的就是为了北大保险学科的建设。不是说离了谁就做不了,但因为个人的目的而离开这项工作,这不符合我做人的原则。后来猎头公司的那个人说,"孙老师,我能冒昧地问问你在北大的月薪是多少",我说,"几百块钱吧"。她听了说:"孙老师,如果你来公司,至少是日薪千元,而你现在是月薪百元。虽然我没有挖动你,但你是一个值得我敬重的人!"而且就我个人而言,我比较喜欢教师这个职业。大概在1995年吧,北大有一个关于"女大学生的角色定位"的讲座请我去参加。有一个女生问我:"孙老师,我们同学曾在一起议论,说您这么优秀为什么不下海经商?"我回答她说:"因为我喜欢学校,我喜欢学生!"这是我的真心话,我本性很喜欢学校的氛围。之后又有很多公司来挖我走时,我都婉拒了,我觉得在学校里可以很好地发挥我的专长,最重要的是我喜欢北大,我觉得校园生活很充实。

**记者**:北大每年有很多毕业生选择了出国继续深造,想出国的在校生也相当多。请您结合您的亲身经历和经验谈一谈本土派与海归派哪种人才更适合中国保险业现在的发展?

**孙祁祥**:我觉得不能绝对地说海归派更适合还是本土化更适合,必须看这个"海归"对中国的国情是不是很了解,这个"本土"是不是很关注国外的事情,有没有很开阔的眼光。我觉得这不是贴上一个标签就可以分清楚的。一直在国外待着的人未必就一定真正了解外国的情况,所谓"不识庐山真面目,只缘身在此山中"。我本人的所有的学位都是在国内拿到的,我就是一个本土派。这些年来在国外学习或参加各种学术活动时,经常有人问我是不是在美国生活过很多年,或者在美国获得的学位,我都会很自豪地说我是在北大毕业的。纯粹的海归派,如果他们经常回国,或者一直关注中国发生的事情,研究这方面的问题,这样的人就很重要。纯粹的本土化人才若对国外的情况很了解,能够把西方的东西和中国的理论与实践结合在一起,这种人也非常难得。

**记者**:您认为保险专业的大学课程应该怎样设置才能培养真正适应未来中国保险业发展的人才?

**孙祁祥**:首先需要最好的老师给学生上最好的课程,把国外能够被证明优秀的课程引入到我们的教学中来,然后联系中国具体的实际教授给学生;其次,要进一步与国内外的保险公司加强合作,让学生在校期间可以到那里去实习,更好地了解国内外保险业发展的最新动向和保险实务的经验。我们现在有保险学社,这就是学生自己办起来的社团组织,我很支持他们。通过这个学社,老师和学生可以有更多更好的交流的机会,而且还可以邀请业界人士来做讲座,跟学生们沟通,回答学生提出的问题。

**记者**:假如坐在您面前的我们是即将离开校园、跨入社会的保险专业的毕业生,来向您辞行,此刻您最想对我们说些什么?

**孙祁祥**:首先,应该大处着眼,小处着手。其次,不要做不切实际的幻想。这可能和现在的很多理想教育不太吻合。现在很多精英教育都告诉孩子们"不怕不做,就怕不想",可我的个性是"理想不多,但一旦做一件事情就力求做好"。

最后,是金子总会发光。不要对自己估价过高,不要老感觉到世界对自己的不公平,这样就总有失落感。有人经常引用拿破仑的话来教育他人:"不想当元帅的士兵不是好士兵。"我从来都不以为然。老觉得自己是当元帅的料,而不好好当士兵,那怎么能够当上元帅呢?所以我比较注重实干,注重真实的能力和水平,而不是总在幻想机遇。我认为,在"公开、公正、公平"的环境下,机遇会垂青那些具有真才实学的人的。

2003年4月20日

# 十年耕耘打造北大保险品牌

1993年12月,北京大学经济学院成立保险系,博士毕业留校仅一年的孙祁祥被老教授推荐为系主任,白手起家,开始了一个全新专业的创建;

1994年9月,北大保险系招收第一届本科生,尚在美国印第安纳大学商学院访学的孙祁祥给她未曾谋面的学生写了一封信,告诉他们,"你们选择了一所很好的学校,也选择了一个很好的专业,保险业是大有前途的";

1995年8月,孙祁祥回国,一家美国公司开出30万的年薪和各种优厚的待遇,邀请她加盟。孙祁祥婉言谢绝了。在她看来,外面的世界或许很精彩,但她钟情于北大,钟情于这里兼收并蓄的学术环境;

1999年,国家教育部进行专业目录调整,保险被并入金融专业,但教育部最终批准5所高等院校的保险系可以单独招生,其中有创建不到6年的北京大学保险系;

2003年9月,北京大学中国保险与社会保障研究中心成立,孙祁祥出任中心主任,北京大学保险研究拥有了一个更为广阔的平台。

将完美主义奉为人生哲学,对自己所做的任何事情都力求完美与专业化的孙祁祥如此诠释"机遇的哲学":"做什么事都不要好高骛远,从平常小事中踏踏实实地充实自己,积累自己,只要每件事都力求在你能力范围内做好,等机会来了,你就能够抓住它。"

即将来临的暑假似乎并没有让北京大学经济学院副院长、风险管理与保险系主任孙祁祥获得片刻歇息,也没有让她日常忙碌的工作划上一个休止符。

7月9日,她将飞往香港,参加在那里举行的第41届美国国际保险学会年会。在这个云集国际保险业各界名流的会议上,孙祁祥将以学术主持人的身份主持数场分会。

根据规则,大会组委会每年将根据包括与会者匿名评分在内的各方面情况调整全球学术主持人的人选名单。而美丽、博学的孙祁祥因口碑好,连续六年被大会邀请以学术主持人的身份参加这个国际保险界规格最高的会议。

## 保险选择了我

目前,我国保险专业书籍中有两部经典之作,业内不少人都从中获益:一本是中国社科出版社出版的《风险管理与保险》译著,一本是北大出版社出版的《保险学》教材,这两部著作都是由孙祁祥主译和撰写的。《保险学》自1996年第一次出版以来,已经再版了三次,重印了10余次,先后获得过中国教育部推荐教材、北京市哲学社会科学优秀成果奖、国家"十一五"规划教材、北京市精品教材等多项奖励。

作为北大保险学专业的创任主任,孙祁祥在保险学界树立了卓越的名声。然而,在采访中,听她讲起当年"创业"的历程,才知道其中有许多偶然的因素。用孙教授形象的说法,是"保险选择了我"。

1993年,北京大学经济学院成立保险专业,博士毕业留校仅一年的孙祁祥被院里任命为主任。在此之前,她研究的领域一直集中在宏观经济理论和经济发展战略,对保险可以说是"两眼一抹黑"。

一切都是白手起家,收集资料,搞专业设置,做学科设计,拳打脚踢地忙碌了大半年之后,孙祁祥飞往美国印第安纳大学商学院,开始了为期一年的访问学习。

幸运的是,在这短短一年的学习过程中,除了一般听课以外,孙祁祥还"吃到"了教产险的约翰·朗教授和教寿险的约瑟夫·贝尔斯教授给她开的"小灶"——一对一的授课。这两位都是美国保险学界的权威,都曾经担任过美国风险管理与保险学会的主席。这之后,她又到美国林肯国民集团公司进行了为期几个月的实习。经过在美国这一年的理论学习与实践活动,孙祁祥很快进入了保险领域。

1994年9月,北大保险系开始招收第一届本科生,尚在美国印第安纳大学商学院访学的孙祁祥给她未曾谋面的学生写了一封信,告诉他们,"你们选择了一所很好的学校,也选择了一个很好的专业,保险是大有前途的"。

## 发轫于寂寞

1995年8月,孙祁祥结束学习按时回到了北京。当时的北大经济学院院长晏智杰教授告诉她,"你按时回来太好了。你走后,好多人对我说,不应当放你出国,因为你的条件很好,不会回国的。我对他们说,孙祁祥会的,怎么样!"

那是一个"下海之风"吹遍全国的时代。许多高校的教师也纷纷"下海"。一些公司也诚邀孙祁祥加盟,一家美国公司曾开出30万的年薪和各种优厚的待遇。对于当时月薪400多元的孙祁祥来说,这个年薪也算是相当高的了。但她平静地拒绝了,在她看来,外面的世界或许很精彩,但她钟情于北大,钟情于这里兼收并蓄的学术环境。

连续几年的潜心创业,北大保险系逐渐获得学界和业界的认可。1999年,国家教育部搞专业目录调整,其中的一个调整就是将保险和金融专业合并,按金融大专业来招生,但教育部批准了全国5所高等院校的保险系可以单独招收本科生,其中就包括成立不到6年时间的北京大学保险系。

## 学术生涯的另一个拐点

2003年9月,由北京大学保险系发起设立了中国保险与社会保障研究中心,孙祁祥出任中心主任。中心成立后,连续两年组织大型的学术论坛和双周讲座,不仅丰富了北京大学的保险品牌内涵,还为保险业界和学界交流提供了一个很好的平台,在国内外业界和学界产生了很大的影响。

谈起创办中心的初衷,孙祁祥说和自己2000年至2001年在美国哈佛大学经济系、美国国家经济研究局做访问学者的那段经历有关。那是她学术生涯的另一个转折点,让她接触到了社会保险领域。

那是一次工作会议后的午餐,孙祁祥偶然地同赫赫有名的哈佛大学教授马丁·费尔斯坦先生坐在了一起。在席间随意的攀谈中,孙祁祥对中国保险市场的深刻见解和纯正的英语给费尔斯坦先生留下了深刻的印象。于是,费尔斯坦先生邀请孙祁祥赴美做访问学者。一次普通的午饭谈话让孙祁祥踏上了许多人梦寐以求的哈佛之路。

费尔斯坦教授曾是美国里根总统经济顾问委员会的主席,小布什总统的高级经济顾问,在社会保障领域具有相当的造诣和影响力。在他的影响下,孙祁祥到哈佛后的研究视野也拓宽到了社会保险领域。

一年学习结束回国后,孙祁祥在《经济研究》上发表了《空账与转轨成本——中国养老保险体制改革的经济效应分析》一文。该文入选"北京大学首届文科论坛",并获得北京市第七届哲学社会科学优秀成果奖一等奖。

## 授人以鱼,不如授人以渔

孙祁祥在多年的教学生涯中曾获得过很多荣誉,但最让她看重的是2002年在北京大学学生自己举办的"我爱我师"十佳教师评选中,她

以第二高的得票数获得"北京大学最受学生爱戴的十佳教师"。

孙祁祥教学讲求视野和方法,她认为视野的宽窄可以带来完全不同的思维方式。在北大保险系的研究生课程中,有一门是由孙祁祥教授用英文讲授的《风险管理与保险学》。在课堂上,她会把每年参加各种国际会议上所了解到的最新信息告诉学生,以扩大他们的国际视野。

孙祁祥常说,大学教育与公司培训是有区别的,大学讲"education",公司讲"training",两者的目的和目标不一样。大学教育是解决"why"的问题,而公司教育是解决"how"的问题。大学阶段主要应当教什么?应当给学生一个深厚的知识基础,给学生学习新知识的能力,给学生一个开阔的视野。古人说:"授人以鱼,不如授人以渔。"如果学生能够掌握开启知识大门的钥匙,对他们来说是受用终身的。

在被问及最欣赏什么样的学生时,孙祁祥坦言综合素质高是她最看重的。"北大学生在智力方面总体上是很优秀的,但这并不意味着综合素质一定都很高。因为综合素质不仅是指成绩好,分数高,还在于学习时的悟性,是否具有团队意识、沟通能力、表达能力以及管理能力等。这几项素质如果能够兼得,那一定是最优秀的"。

## 不积跬步,无以成千里

在学生眼中,孙老师近乎是完美的,美丽、智慧、时尚、有目标、有理想……对于这一系列的褒奖,孙祁祥自己并不十分认同。

她说:"我做事情并不完全凭兴趣。就拿保险来说,我至今说不上十分挚爱,如果让我自己选择,我可能会继续留在宏观经济领域做研究。"

当年做博士论文的时候,没有电脑,孙祁祥手写了24万字的毕业论文——《模式转换时期的收入流程分析》。该论文在1993年由中国金融出版社出版并获得北京市第三届哲学社会科学优秀成果奖。"做那些研究的时候,我感觉很兴奋,即便是后来转到了保险领域,也是更喜欢做战略方面的研究。"孙祁祥说。

"因为自己不聪明,我一般做什么事都非常认真。"虽然是一句戏言,但做事认真确乎成为孙祁祥极为鲜明的个性特征。学生交来的毕业论文,她会认真地修改,甚至包括标点符号。为了能在忙碌的行政工作中抽出时间做研究,她经常是早晨五六点起床,争取上班前两三个小时的宁静。

能够取得今日的成就,孙祁祥认为更多的是靠"责任感"和"使命感",同时,她认为是因为自己有一支非常优秀的团队。孙祁祥说:"我很幸运,遇到了这么好的同事和学生。没有大家的努力,纵使我有三头六臂,也不可能完成哪怕是一个方面的工作,何况我们这么少几个人还做了不少事情。我们这个团队的团结和效率在学校也都是有口皆碑的。"

《中国保险报》专访,2005年7月,段庆文文

# 十佳教师评选活动之孙祁祥老师专访

**问**：今年的诺贝尔经济学奖得主最近刚刚评选出来，是今日的一个热门话题。您心目中，什么样的经济学家称得上是很顶尖、一流的经济学家呢？

**答**：作为顶尖的经济学家，他们的理论功底自然非常深厚，研究方法非常前沿、新颖，而他们做出的东西确实对这个学科有很大的贡献，能够使经济学理论往前推进一大步，也能使他的理论、他的研究成果为社会、为人类做出贡献。人们可以用他们这些理论去研究、去解释许多经济学现象。诺贝尔经济学奖获得者肯定都是这样的一批"人尖"。诺贝尔经济学奖自1969年设立以来，获奖的经济学家虽然来自不同的研究领域，但在这一方面上都是具有共性的，都对经济学科的发展、对社会的进步做出了重要的贡献。

**问**：在我的心目中，学经济和搞经济的人都是很"牛"的人。您觉得学经济，对您的生活有什么影响吗？是不是使您理性的成分多于感性成分？跟其他人相比，是不是感觉学经济学的人有些能力特别突出？比如，对某些现象的直觉。

**答**：是改革开放和经济建设高速发展的时代背景将经济学推上史无前例的历史新高度，使搞经济建设和学经济学的人有了"用武之地"。经济学至少在中国经历了一个从非显学到显学的发展过程。我记得"文化大革命"刚结束我们考大学时，经济学并不是很热门。而当时的年轻人更喜欢文史哲。只是随着改革开放的深入,随着中国在世界上特别是经济舞台上扮演越来越重要的角色,经济学才在中国越来越成为一门显学。

至于学了经济以后是不是都是"牛人",我觉得不应该有这种说法。每个学科都有其各自的特点,有着其他学科不可比拟的地方。只不过,由于现在比较特殊的环境,大家都关心大到国家建设、小到个人理财的经济问题,使得人们觉得现在经济学很"实用"、很热门。于是,很多人都去学,觉得学经济学的人都很"牛"。其实看看其他的学科,如国学、哲学、美学、文学、社会学等,每个领域里都有自己精妙的学科体系,奥妙无穷的知识。

当然,学了经济学对于观察问题、认识世界是有很大帮助的。比如说,举一个最简单的例子,经济学是一门关于选择的学科。就是说,人们的需求是无限的,而资源是有限的。如何在有限的资源里进行最优的选择?经济学告诉你怎么去做。这对人生是很有启示的。从某种意义上,经济学也可以说是一门方法论的学说。比方说我今天十点钟要接受你们的采访,那我就不能去做别的事情了。对不对?这里有一个机会成本的概念。一个人做出这样一个选择时,就不能做另外一件事情了。讲小了是一件具体事物的选择,讲大了是人生规划,都是一样的道理。时间是有限的,资源是有限的,如何在有限的东西里做出最佳的选择。经济学会告诉你一些方法。

**问**:您是做保险这方面研究的专家,您对中国保险业的发展走势有什么看法呢?

**答**:这是个很大的问题。说中国保险业的宏观走势,那肯定是很好的,将来肯定是很好的一个行业。从数据上看,中国在1980年恢复保险业时只有4亿人民币保费的规模,到2006年年底发展到5400亿;公司由1980年的1家公司发展到现在的100家公司,其中包括40多家外资公司。这个发展势头非常强劲。为什么呢?发展不是凭空的,是有坚实基础的。保险业的发展是与中国的宏观经济走势分不开的。改革开放近30年来,中国的GDP年均增长率保持在9%以上,中国可以说是世界各国都看好的一个市场,当然也包括保险市场。另外,保险业

对专业技术水平、管理的要求越来越高,这是与国际市场的发展趋势相一致的,也是与行业本身的技术含量、专业技能要求相匹配的。可以说选择这个行业,也是很有前途的。

**问**:您对元培的导师制有什么看法?

**答**:我觉得,导师制这个制度很好,我们跟学生有这样一个联系、沟通的渠道。在全校选择导师时,也是很注重导师良好的专业知识结构和背景的,从某种意义上说,这些导师也都是各个学科的领军人物。在一个元培班里,集中了这么多位导师,这对元培的学生来讲,是件幸事,因为他们可以从不同的导师身上汲取知识、营养。学生通过与导师的接触,在选择专业时,也可以更理性,更加贴近自己的兴趣和了解社会对这个学科的要求。就像经济学讲选择,用在你们这里很贴切、很形象。你们在较大的学科范围内,比较理性地做出选择。对你们来说,比其他专业的学生更有优势。因为有的学生进入北大以后,可能不太喜欢现在学习的专业,即使目前在改革、在搞专业调整,也很难有在大范围内选择的机会。而你们显然就更幸运一些。

从导师的角度来讲,因为既然选的导师都是各专业的领军人物,很优秀的老师,那他们本身的工作就会比较繁忙。从我自己来说,我就是教学、科研、行政"三肩挑"的老师。因为非常忙,与学生交流的时间就相对有限。当然,我还是尽可能地尽到自己作为元培班导师的责任,比如每学期的专题课,接受学生的咨询、采访等。从学校的角度来说,今后也是否可以选择一些虽然目前可能在这个学科里并不十分有名,但学术潜力很强的、时间相对充裕的、有激情、年富力强的导师。也就是说,在导师的选择上可以更宽泛一些。

2007 年 10 月 17 日访谈记录,陈韵竹、崔璨采访,崔璨整理

# 传授知识、开阔眼界、训练能力
## ——采访孙祁祥教授的特色教学

**摘要**：孙祁祥老师的课堂形式多样,活跃而紧张,很受学生的欢迎。通过上孙老师的课,学生普遍感受到了综合能力的训练,特别是对他们走向社会帮助很大。在这篇访谈中,孙老师全面阐述了其关于互动、启发,书本以外教学,注重解决问题能力等先进的教学理念与方法。

**记者**：首先对孙老师能在百忙之中抽出时间接受我们采访表示感谢。

如何做好教学工作是一个很大的题目,有一些普遍的原则、方法,教学理论。实际教学工作中不同老师、课程也有不同的吸引学生注意力,让学生掌握得更牢固的手段。孙老师是教经济学的,经济学有它的特殊性,涉及各方面的知识与能力,社会实践性也很强。孙老师您觉得自己在课程建设、在教学过程中有哪些比较满意、比较出色的地方?

**孙老师**：我感觉做好教学工作很重要的一点,就是老师对这个职业要热爱。对于我来说,有一些机会去做别的工作,比如说去政府部门,去公司等,但我仍然选择了教师这个职业。因为我热爱这项工作。我觉得教师是一个让自己充满活力、永远保持求知状态的职业。不仅是"利他"的,其实也是很"利己"的。学生每年进到大学里来,都是十八

九岁、优秀的年轻群体,虽然你的年龄在增长,但要教好他们,就要不断地与他们交流,去理解他们,这使你永远保持一个青春的状态,一个求知的状态。

作为一个老师你要爱这个职业,然后你要以一个有人格魅力、学识魅力的好老师的形象出现在学生面前,你才能容易让学生接受你。

至于要教好学生呢,当然你要去想很多的办法。算下来,我教书也有20年了,一直在不断的摸索、实践。具体来说,有以下体会:

最重要的是你要认真地备好课,所以我们说,给学生一碗水你自己要有一桶水,这是千真万确的。虽然有些课程我可能讲过很多遍,但每次上课前,也都要认真地备好这堂课。所谓备好课,和备不好,会有不同的感觉,感觉在哪?你要备得很充分,有些问题你就想到了,比如在哪个地方你需要加个案例,哪个地方你需要加一些数据,哪个地方你需要加一些引用的东西,你在讲的过程中就会非常流畅、非常生动;但如果你没有备好,你就会感觉到有时候突然停顿一下,你想引用一个什么东西,才发现突然一下子想不起来了。当然这也跟平常自己的积累有关,有些人积累很少,备课就更需要时间了;有的人积累多,到时候可以旁征博引,很多东西可以信手拈来。因此,平时的积累和认真备课都是非常重要的。

**记者**:已经讲过的课,您每次备课还要添加一些新的内容吗?

**孙老师**:对,要添加新的内容,需要根据学科和实践的发展来充实、调整一些内容。

**记者**:讲课过程中您是怎么做的呢?

**孙老师**:我觉得最重要的一点就是说,你跟学生要有一个互动。你不能把自己知道的一切东西,滔滔不绝地倒出来,学生静静地整堂课一个小时坐在那儿听,这样很累的。要跟学生有互动,启发式的教学,我喜欢这种方式。

很多的时候,我给学生讲一些东西之前首先要对他们提问。如果你简单地讲课,他可能会很被动地接受,但在这之前没有思考的过程,记忆力就没有那么强。比如说我要讲保险,先问:大家知道什么是保险吗?同学们就会去想了。有人就会提到买保险,做什么事情采取一些防范措施等。这个同学在说,其他同学在听,其实大家都在互相启发。他们讲的内容五花八门,你作为老师再去总结一下:从这个角度讲,这个同学讲得很对,从那个角度讲,那个同学讲得很对。然后你再把你的定义告诉同学们,这就是一个有深刻印象、能引起思考的学习过程,对不对?我觉得利用启发式的教学,对于开启学生的智慧,激发他们学习的兴趣和热情是非常有帮助的。

我在教学中间特别喜欢互动,就是我跟同学们有经常的交流,除了刚才说的启发,还有案例教学方式。很多的案例我给他们,然后让他们分析,让他们分成几个小组去辩论,让他们给出答案,老师最后总结。我经常会听有些同学下来跟我说,我们每次在辩论的时候,都认为已经从各个方面想了所有的办法,但老师最后在总结的时候我们才发现,老师讲的那种思路或处理问题的方式的确是比我们要高出一筹,我们就觉得学到东西了。这种收获也是在大家充分辩论,在一起讨论的基础上得到的,单纯地讲课不行。

这里关键的一点是,作为一个好老师,你要有能力去驾驭这样的讨论或辩论。对这样的问题你自己有很深很全面的了解,或有很丰富的生活体验,并且有很高超的语言方面的能力才行,打铁还得自身硬嘛。组织一场讨论课,对老师的智力、能力、专业素质的挑战都是很大的。现在的学生真的是很聪明、智商很高的,他们接触各种各样的机会也很多,如果老师没有办法驾驭这样的讨论的话,那几场讨论下来,讨论成一锅粥了,大家吵完以后,反而不知道是怎么回事了。学生就会说,哎哟,我们通过这种讨论也罢,案例教学也罢,收获不大。我感觉有些老师就有这样的问题,他让学生讨论,自己就坐在那,学生讲完以后老师基本上没有太多的评论,他也没办法去做出评论,或做的评论可能还没有学生的精彩。

老师的作用就是,在整个讨论完了以后,能够非常清晰地在更高层次上把问题总结出来。我举一个例子,很简单的一个案例,是美国的。案例是这样说的,有一个委员会在开会讨论一个机场的防火设备的建立问题,这个新建的机场,现在没有防火设备,要建立一个,但是没有经费了。委员会在讨论,那现在怎么办呢?在离机场大概有十公里的地

方有一个社区,它有一套很好的防火设备。现在委员会委员需要讨论的问题是:如果机场失火,怎么解决这个问题?是把这个社区的防火设备运到机场来?还是现在就把它挪到机场与社区中间一点的位置?怎样兼顾机场与社区的安全?大概就是这么一个案例,很简单。我就问学生,现在假定你们是委员会的委员,问题被提出来了,你们怎么去解决这个问题?你们会提出什么问题来?……学生们非常踊跃,提了许多问题和解决方案。后来我总结的时候说,怎么没有人问这样的问题:机场都能建,而防火设备的预算却没有考虑进去?这是怎么回事啊?非常简单,但却是一个最直接、最核心、最相关的问题,而在这之前没有任何一个学生提到这个问题。所以,我试图帮助学生看到问题的本质,提高"问好问题"的能力,思考问题的能力。如果这样做下来,日积月累就会形成一种良好的思维习惯。

**记者:** 您有没有遇到过学生问的问题,您准备不充分或回答不出的时候?

**孙老师:** 有呀,但这个很正常。我发现在西方,特别是美国的课堂上,与我们有很大的不同。在美国课堂上,老师是鼓励学生问问题的。哪怕你不鼓励学生问问题,学生也会问;而在中国老师一般不太鼓励学生问问题。为什么呢?因为中美文化不太一样,中国文化里面有一个东西叫师道尊严,好像问问题,特别是争论就是去挑战老师,要是让老师下不了台怎么办?而西方不这样。据我观察,你问了问题,美国老师通常会有三种回答方式:第一种是直接解答;第二种会说,你问了一个很好的问题,现在我还不知道结果,回去查查资料,然后再告诉你;第三种回答就是直接说"I don't know!"学生也不会说,这个老师怎么这么笨哪,怎么就说这个问题你也不知道呢。但是我们中国学生可能就会有这种想法,原因在于我们传统的教育里面,老师被赋予了一种无所不能的职业形象,如果说你答不出来,学生就会认为你没有很好地履行一个教师的职责,不符合作为教师的资格。实际上不是这么回事,教学相长嘛,老师也不是无所不能的,作为老师你也有终身学习的必要,对不对?

我很欣赏国外那种状态,答不出来也没关系。所以我就跟学生说,你就问问题,万一我答不出来没关系,我答不出来回头我查查。而且在学生问很好的问题的时候,我会鼓励他。学生就会想,即使老师没有答出这个问题来,但老师会认为他问了个很好的问题,别的学生也会认为他很聪明,也很有成就感。在我的课堂上,我一直不断地在鼓励他们问问题,课堂气氛还是很活跃的。

**记者:** 如果学生问了一个问题,您很坦然地告诉他您还没有仔细研究过,这种情况您觉得会损失师道尊严吗?

**孙老师:** 我觉得不会。有些老师有降低自己威信的顾虑实际是一种误区。老师自己也是处在不断学习不断追求这样的一个过程中间,老师不可能知道所有的东西。再说你面对的是几十、几百个学生,有人突然从一个角度去问一个问题的话,你之前没有从这方面想太正常了。所以我们要给老师和学生灌输这样的观念,就是要鼓励学生问问题,这可以加强教学相长的过程和效果,有助于学生去学习,有助于老师更好地教课,因为他知道学生在想什么问题,他根据学生提出的问题,去进行下一步思考,改进他的教学。

**记者:** 我非常同意您的观点,大家都做学生那么长时间,真正水平高的、讲得好的老师都很坦诚。说以后再研究一下,或暂时没有想深入,我们觉得确实没什么,不懂装懂反而降低老师的威信。

请您接着讲授课方面的体会。

**孙老师:** 我觉得除了互动、启发、案例讨论等教的方式以外,我特别重视对学生书本知识以外的东西的传授和他们综合素质的拓展,比如说演讲能力的提高。每个学期,不管是本科生的课还是研究生的课,我都要安排几次小组报告或者演讲,用英文讲的 presentation。我要求同学们去查资料,回来小组进行讨论,讨论完以后在课堂上当着老师和全体同学做这个演讲。我规定时间,应该怎么去讲,事先给他们提示。讲完以后,我对他们每个人都要做出评论,对每个小组也都做出评论。

通过这样一种方式,能取得几个方面的效果:一个是锻炼研究能力,首先是要选题。我只给他们一个大的方向,比如我说我们现在要做一个关于风险的 presentation,那你怎么根据一个方向去选一个具体的题目,这是对你选题问题能力的一个锻炼。你选了一个好题目,体现了你知识的积累和你的科研能力;如果你选的题目不是特别好,那就说明

你这方面有欠缺。选完题,就要查资料,到哪里去查,怎么去查,浩如烟海的这些资料,哪些用哪些不用,在这些资料中间,怎么把它串起来,怎么把它浓缩在十分钟甚至八分钟的演讲里面,这对你又是一个挑战,是一个训练的过程。

第二个方面锻炼的是合作能力。我要求同学们成立一个团队来做这个演讲,三五个人在一起讨论,这是训练合作能力。我一直告诉学生,今后的社会是一个靠合作能力而不是单打独斗生存的社会。你知道怎么去跟别人合作,怎么去吸取别人的长处,怎么去避免自己的短处,这是一个非常重要的学习过程。

第三个方面是评判能力的锻炼。一个人讲完后,我要求其他的同学做出评论,给他打分,选题怎么样,内容怎么样,材料组织怎么样,他的演讲怎么样,再按百分制打出分来。打出分来还做出评论,你为什么给他 90 分,你又为什么给他 80 分。这个工作的目的就是,你学会去评价别人,怎么去评价,从哪个角度去评价。最后是我的评论,他们的优点在哪里,缺点在哪里。

演讲能力是将来不管你在哪个岗位工作都非常重要的一项技能,在公众场合讲话,你怎么用你的身体语言、手势、眼神去跟听众交流。我们有一些学生在讲之前会特别紧张,是由于他没有做过这方面的训练。他会看着 PPT,或看着他的演讲稿,很怕和观众进行眼对眼的交流。那我就告诉他,这是非常重要的一步,你必须跟你的观众有眼对眼的交流,然后你要用你的身体语言,用手势去加强你的演讲效果,诸如此类。讲完以后,我能感受到学生明显的提高,他在做这个演讲之前是什么状态,在做完演讲的时候又是一个什么状态,到学期末我再来看,完全不一样。

**记者**:您的学生们对这种训练的反应如何?

**孙老师**:我做了很多年这种方式的教育,得到了特别好的反馈。很多学生毕业以后或在找工作期间给我写信,有的说,孙老师,你的这门课是我在学校里学的最好的一门课之一。因为它不单单是教会了我们某一门课的知识,还教会了我们跟知识相关的一些有用的技能、知识的运用能力,就比如我讲到的演讲能力,比如我讲到的团队精神,比如我讲到的查找文献、选题的技巧等。

我记得前两年有一个学生,他找工作的时候,同学们都说他是"大牛",因为他基本不像别的同学撒了网去找,他说我的目标很明确,从商去麦肯锡,从政去商务部。后来他投了简历以后,麦肯锡也要他,商务部也要他,最后他去了商务部。他回来跟我说,孙老师我们上了您的课,收获特别大。他说我在北大呆了5年,上这门课很多东西对我来说都是第一次,真的学会了很多有用的东西。他去麦肯锡面试的时候,当时主管就问了所有面试者一个问题,让他们对广州汽车市场的状况进行分析。他说他以前虽然没做过这样的分析,但是我在课堂上经常教他们这些方法,他就按我讲的那些方法做下来了。他说当时看到别的学生就坐那儿不知从哪里入手。

还有去年的时候一个学生去一个银行面试,她说他们到第三轮面试时,主考官问她一个问题,让她在两分钟之内回答出对于中国银行界状况的分析。两分钟状况的分析,从哪下手?她说,当时我想孙老师你在课堂上跟我们说,有些事情让你去分析的时候你必须找到它的几个侧面,比如宏观角度、中观角度、微观角度;或者是供给、需求角度;或者是政府、市场、企业角度等,这样给人感觉思路很清晰。她说,我当时就是这样做的。主考官一听,感觉我的知识很全面,思路很清晰。哪怕我讲的和主考官想的不是完全一样,但是我让对方感觉到我的思路很清楚,逻辑性很强。

再比如,前些年我有两个学生被沃顿商学院录取了,那一年,沃顿的风险管理与保险学项目一共就招了他们两名中国学生,这种情况据说在沃顿商学院的历史上也是第一次。他们去了沃顿就给我写信说,在面试过程中,包括很多次电话面试,如果没有孙老师您在课堂上对我们的训练,我们根本不可能过关。因为面对面说英文有时候都感觉到很难,更不用说是电话采访了。

**记者**:您平常这种讨论、演讲训练都是用英文吗?

**孙老师**:是的,我那一门《风险管理与保险学》的课程是采用英文教学。开学的第一堂课我对学生说,现在每个人用英文介绍一下自己,我看很多学生当时就非常紧张。二三十个学生坐在那,有的是外头来的

学生,还有的在国外已经拿到硕士学位了。当众用英文介绍自己都有些紧张。但一个学期以后,学生们的专业知识、英文水平、演讲能力等各方面都明显提高。

我经常收到毕业的学生给我反馈回来的这些信息,这对我也是一个极大的鼓舞。学生很聪明,书本上的有些东西他们自己看书都能学会了。因此我觉得,要多教一些书本以外的东西。

我在教学方面还特别强调眼界问题,就是在学生学习期间,用各种方法开阔他们的眼界。我觉得,如果一个人的眼界开阔的话,他看事物自然就要深刻得多,全面得多。一方面,我去国际上开会,访问交流,演讲的机会比较多,我就把国外的一些东西直接带到课堂上,他们不用出国门,就可以从课堂上,从老师亲身的讲述中得到启发。另一方面,我会请一些在某个领域很有名的教授或者在专业领域里面做得很好的高管给学生做讲座。很多人的讲座可以说是他一生经历的浓缩,或十几年事业的总结,他用这一个小时来给学生们讲,这信息量有多大,对吧?学生会在很短的时间里,汲取大量的信息,同时也开阔他们的眼界。

所以我们说"见多识广",各个方面你都多去接触、去看、去听、去说,你见多了,看起来就不一样了。我曾经看过一个电视主持人大赛,最后进入决赛的有两个女主持人,当时主持人说,好,现在让你们俩模拟主持一场国际烹饪大赛。一个女孩先说:"烹饪大赛现在开始了,你看主持人出来了,五号师傅现在也出来了,他手里端着一盘京酱肉丝。"另外一个女孩接着说:"你看,六号师傅也出来了,他手里端着一盘萝卜炖白菜。"……主持人做点评时说:"这可是国际烹饪大赛呀,你们俩现在一个京酱肉丝,一个萝卜白菜,这国际大赛怎么就这些东西啊?"当时我就在想,刚从校门出来的这些学生,她们只吃过这些东西啊,她们没吃过鲍鱼没吃过鱼翅什么的,说不出来啊,对不对?她们受自身知识所限,受能力所限,只能说出她们知道的这些东西,本身的视野决定她们所能发散出来的东西。但是如果她们走遍世界,成为美食家,那她们说出来的东西就会不一样了,这就是眼界决定的。经过我自己多年的国际交往,我越发感觉到眼界和视野对学生的重要性,所以我是在不遗余力地想通过我这样一种能力或通过我自己的这种资源,给学生提供这样一种能力拓展的机会。我做副院长主管国际合作,经常会请一些人,包括我们前段时间请的外交部翻译室的领导,麦肯锡的高层主管,国际货币基金组织等这些人来,让学生跟他们近距离地接触,了解以前他们所不了解的许多事情。这对他们扩展眼界无疑是很有帮助的。

总结起来,作为一个老师,你要给学生方方面面的东西。首先你自己要有激情,要试图使自己成为一个合格的老师,让同学信服你;然后,你在课堂上采取各种手段和方式,去增加、扩展学生的视野,去教会学生学习的能力,提出问题、思考问题、分析问题、解决问题的方法等。除了这些课程以外,你还应该给学生一些相关能力的训练,比如我刚才讲到的演讲能力,英文的运用能力。甚至讲更广一点,情商方面的培养,就是与人打交道、接人待物这方面的能力。现在又讲"灵商",就是"spiritual quotient"。我觉得智商、情商、灵商,这些都是非常重要的东西,在学校里,作为一个好的老师,不应当仅仅教给学生一点书本上的东西,而应当是一个发散式的,给学生一个全面的、综合的、立体的教育。让学生毕业以后,成为有健全人格的人,智商、灵商、情商都很高的人,知道怎么去善待自己也知道怎么去善待别人,能很好地与别人交往,能创造愉悦环境的人。

作为一个老师你要以身作则,比如在我们这个系里头,我的老师、同事、学生对我的评价是说我非常严厉,但另一方面我会很好地把周围的人团结在一起。大家觉得我们在一起共事非常愉悦,而且很有活力,很有凝聚力;学生也一样,他们会觉得孙老师您一直是非常严厉,有时候他们要是做不好的话,论文做不好或课堂上迟到,我都会很严厉地指出来。因为我觉得,在学生成长的过程中,可能他自己没有意识到,一个细节都可能会影响他的进步。所以有时候一个小错误我也会毫不留情地指出来。但另一方面,我跟学生又相处得很好。作为一个老师,做人处事上也得做出一个表率,让别人看得到。除了在把你的知识教给学生以外,你要用你的精神去影响学生。很多学生毕业以后给我写信说,感谢孙老师,感觉在学校学的不仅仅只是书本上的东西,有些事情以前我们可能没有很在意,但是工作以后觉得特别重要。

**记者:** 您教的学生在课堂中可以学到很多实践性很强的方法。很

多学生确实有这样的问题,觉得什么都知道,但是一遇到实践问题、实际工作问题一下子就蒙了。关于解决问题的能力方面您能否再举一些例子?

**孙老师:**能力的训练实际贯穿于整个教学过程中。比如说我讲到社会保障制度,很普通的一个问题。我们用的是美国的原版教材,讲完这一章我就跟同学说,现在美国的制度有很多是一些具体的内容、项目,有它的一些前提条件。现在,请你们考虑一下,假定要你在中国建立一项社会保障制度,比如失业保险制度,你需要考虑哪些因素?这样同学就会想了,美国的有哪些因素,在中国,哪些是基本的东西,应当是相同的,哪些具体内容会有差异,等等。像这样的一种教授方式,能使他学会举一反三、触类旁通。他将来去面试的时候或将来他去工作单位以后,搞个规划什么的,就不觉得吃力了。这种教学方式是启发学生们把这些条件、因素重新归纳,这是一个重新提炼的过程,它无疑要比简单地陈述知识印象深刻得多。

再比如说在课堂上我会讲着讲着突然在一个学生面前停下来对他说,现在我是你的客户了,你是银行职员,或保险公司职员,你给我推荐几种产品,并且讲出理由来。这个学生可能从来没有遇到过这样的问题,突然在课堂上被老师这么一问,脑子一阵紧张,马上去思索我应当怎么去答老师的这个问题。既然已经有了这方面的经历,将来到了就业市场上,在做面试的时候,他可能就不大会发蒙,虽然题目不是一样,但情景是类似的。

比如我请一些人来做讲座也是这样,不仅是人生的体验感悟,人生的经验积累,而且,第一,我还让学生观察演讲人是怎么组织问题的,是怎么进行演讲的,这也是一个学习模仿的过程;第二,他讲完以后你要问问题,你要去思考你怎么去问问题,你在问问题的时候,别人也在问问题,别人的问题好在哪里,不好在哪里,这又是一个学习的过程。

再比如我在研究生的课上,除了刚刚讲的那些方面的训练以外,我还要求他们读一些经典的文献,每个学期要交两篇读书笔记,交完读书笔记我要给他们一个分数,这是记录在最终考试成绩里面的。我要求他们做读书笔记的一个目的,是要求他们去琢磨这些经典文献是怎么写出来的,我要求他们:第一,查查相关的文献,读了这篇以外,相关的,让他们自己去选,选完以后读其中两篇。读完以后得写出读书报告来,这个文献资料讲了什么问题,它的精髓之处在哪。第二,他们认为这篇文献有什么样的一些问题,比如说有些问题没讲清楚或者有些问题应该讨论,但是这篇文献没有讨论。我所要达到的目的是什么呢?我希望学生能够敢于对权威人士提出自己的看法,而不是盲从。而且,学生每学期读完文献以后写的一些东西,有些写得非常好,有的就成了他们硕士论文的一部分。我觉得这是很好的一种教学方式。

**记者**:也就是说您平时就很注意给他们很多的训练。

**孙老师**:对他们的素质拓展可能是有帮助的,但不是非常具体的东西,太具体了就成培训了,那不是大学教育。所以大学教育我还是强调方法、视野、知识体系以及全面的综合素质的拓展和培养。

**记者**:您提到关于国内外大学教育的差异,印象深刻的一件事情就是国外学生和老师之间的讨论和国内不太一样,他们问问题的讨论非常普遍。除此之外,您觉得国外的教学方法和国内相比还有什么印象深刻的地方?

**孙老师**:就是国外大学要求学生阅读大量的文献,这点我们国内的大学还没有做到。而且我感觉到我们的课程体系,我们的培养方式和国外相比有缺欠之处。特别是在研究生这个阶段,很多课程课时可以压缩,比如60学时的课你压缩到40学时,但是你把其他20个学时的课让学生去读经典的文献,这样的话对他们来说是一个提高研究能力水平的极好的方式。而我们现在大量的时间都花在老师单方面的传授方面,我觉得这不太利于研究生科研能力的培养。国外本科生看文献的时间也比国内的多。

**记者**:您教学方法是多种多样的,请专家教授、讨论、演讲,但总课时是有限的,它跟课堂讲授是不是会产生一定的矛盾,教学计划会不会受到一定的影响呢?

**孙老师**:我们这个讲座一般是额外的,不是在教学体系里面的,比如我这学期安排了60个课时,基本上60个课时是我自己在讲。我可能在这个学期里面举办了五到十场讲座,学生拣你感兴趣的来听,作为

一个加强性的补充,所以没有什么太大的矛盾。

**记者**:您现在也做教学管理工作,老师不是说每个人的责任心、知识水平、专业能力等都特别平均,可能有些老师有这方面或那方面的教学上的问题,从管理的角度讲有哪些好的措施来鼓励他们不断地提高教学工作水平呢?

**孙老师**:是的,我做教学管理工作已经5年了。在采取措施去提高教师授课的积极性、能动性、主动性方面,我们有正面激励和负面惩罚两个方面。所谓正面的,就是说,哪个老师讲得好的话,当面表扬或大会表扬;所谓负面的,那就是说惩罚性的,我们有一项学生助管工作,就是请学生做这门课教学的助理管理人员,他听取学生的意见,来告诉老师,学生认为你的课讲得怎么样。到每个学期末,学生助管要给我写一份东西,我要给每个老师,一对一地给一份。这比学校的教学评估要详细,学校那个就是一个指标,是个什么好老师,他讲课进度怎么样,他的授课是不是枯燥,是不是有内容,诸如此类,我们这个就要具体写出来。有些助管就写得很详细,这个老师优点是什么,缺点是什么,怎么样,需要哪些方面改进,学生可能就会觉得更好。对于老师来说,你再不喜欢,你现在已经在这个职位上了,我觉得人总有自尊心的吧,长期以来,每个学生给你写的都是这几方面的缺点,学生觉得作为老师你不合格,你不会觉得滋味儿很好吧?

《教学通讯》"名师名课"栏目专访,2007年12月

# 宁静淡泊　高飞安翔

**问**：孙教授，您好！从您的学术经历看，最初您从事的主要是宏观经济方面的研究，并且也已颇有成就。那么，您为什么会选择转到保险领域呢？

**答**：说实话，这个问题经常被人问起（笑）。不过，回想起来，似乎并不是我选择了保险，而是保险"选择"了我（笑）。我在兰州大学读完本科和硕士，然后留校教书，再后来到北京大学读博士，在这十几年的时间里，我的专业一直是经济学，主攻方向为宏观经济学、经济发展战略。

我在兰大硕士毕业留校后的第二年，就有幸因为在科研上取得的一点成绩而获得了"兰州大学首届校长基金奖"。1987年，我撰写的一篇题为《根本出路在于改革国家所有制形式》的论文，提出传统的国家所有制的形式在理论上是与商品经济对立的、是短缺经济的主要根源，传统的国家所有制的改革是政治体制改革成功与否的关键，改革传统的国家所有制不等于改变社会主义的公有制等观点。这篇文章以加编者按的形式发表在《金融时报》头版，在当时引起了反响，这也给了我很大的自信，激励我进一步努力探索。

1989年，我考到北大经济学院攻读经济学博士学位。有了几年不受干扰的读书时光，真是感到很幸福。在那个时期，我很认真地读了许多书，做了一些研究，还荣获过"北京大学首届研究生学术十佳"的称号。

在对我国经济运行的实际情况做了深入的分析与研究之后,我感到,中国改革以来的经济运行较之改革之前有了很大的不同,使得许多经济指标和经济变量所反映的内容都发生了重大的变化。那么,这些变化是怎么产生的?各个经济指标和变量之间有什么样的内在联系?这些变化所产生的结果(包括积极的和消极的)是什么?如果不了解这些问题,我们就不可能搞清楚我国的经济体制改革究竟迈出了怎样的一步,未来又该如何推进。基于这样一种认识,我选择了"模式转换时期的收入流程分析"作为自己的博士论文题目。在这篇论文里,我综合马克思主义的经济理论和西方经济学的分析方法,建立了一个收入流程的分析框架,对我国从传统体制下的收入流程到模式转换时期的收入流程做了多层次、多角度的分析,提出了"总量膨胀、结构失衡的三大循环效应"、"经济主体收入量影响资源配置率"、"风险约束最佳宏观控制说"、"外赋权利与宏观失控"等命题,并在此基础上提出了若干政策建议。这篇论文于1993年由中国金融出版社出版,并获得了北京市第三届哲学社会科学优秀成果奖。

1991年,我在《经济研究》上发表了《市场经济与竞争机会的平等》一文,这篇论文通过对西方市场经济理论和中国实际的分析,提出市场经济的核心是竞争机会的平等机制,而竞争机会的平等包括四项内容,即竞争活动的参与、竞争规则的公正、竞争过程的透明和竞争结构的有效。要看市场经济体制是不是真正地在中国建立起来,一个重要的衡量指标就是看竞争机会平等的机制是否在经济生活中运行。这之后,我又陆续在《改革》、《管理世界》、《经济学家》等刊物上发表了多篇论文,引起了学术界的关注,同时也给我带来了一些荣誉,包括"首届陈岱孙经济学论文奖"和"北京大学首届中青年学术骨干"(1994年)、"北京市跨世纪理论人才'百人工程'培养人选"(1995年)等奖励及称号。

不敢妄言自己取得了多大的成就,但是,这些荣誉是我学习和研究生活的一种记录,透过它们,能够看到我孤灯下的苦读、沉寂中的思索和收获后的喜悦;当然,也可以看到,在经济学这个领域,我做得还是挺有滋有味的。至少,转换专业并不是必然。之所以转到保险,主要还是"时势"造就的。

1993年年底,北大经济学院进行学科调整,在原有专业的基础上,新成立了国际金融和保险学两个专业。院领导在广泛征求意见的基础上,决定任命我为保险学专业主任。我当时只是一个毕业刚一年多的、还算是青年的教师(笑),而保险学于我是一个完全陌生的领域;与此同时,相对于其他院校而言,北大保险学的研究和教学起步得很晚,保险系可以说是白纸一张,有很多案头工作要做。因此,说实话很犹豫。但在当时的院长晏智杰教授找我谈了两个多小时的话以后,那份信任还是让我接受了这份任命。正是从这个角度来讲,我一直说,走入保险领域直到今天,是保险选择了我;是机遇光顾了我。我也很感谢院里对我的信任。

**问**:从自己熟悉的研究领域,转到一个新的陌生专业,可能并不是一位学者乐见的事情,因为这意味着重新开始,也意味着需要克服很多困难。但是,您还是成功地成为当前中国保险学界的著名专家。您是怎么做到这一点的呢?

**答**:"保险学界的著名专家",这个头衔实在是过誉了。我觉得,自己只能称得上是一个认认真真做学问的保险理论工作者吧。

在受命出任北大保险专业(后更名为风险管理与保险学系)主任之后,我到了美国印第安纳大学商学院,师从美国著名的保险学教授约翰·朗和约瑟夫·贝尔斯,开始了为期一年的访问学习生活。得益于在博士生期间英语口语基础比较好的优势,到美国后语言交流很快得以过关,使我能够集中精力学习、交流并到处收集相关资料,还参加了不少业界的国际研讨会,结识了很多业界和学界的权威人士,受益匪浅。后来,我到美国林肯保险公司实习,并跑了一些大学,看人家的保险学教学是怎么做的,慢慢地对办好北大保险学系有了比较清晰的思路和具体设想,而通过实地考察和对比研究,对中国保险业的发展也有了一个较为清醒的认识。这一段在美国的学习经历,对于我日后在保险领域的研究和发展来讲,是基础性的。而说到这段经历,我要特别感谢我的两位美国老师。约翰·朗教授曾任印第安纳大学商学院保险系的主任,在财产和责任保险学方面造诣极深,约瑟夫·贝尔斯教授则在美国的人寿和健康保险领域都有很深的造诣。我到印第安纳大学的时

候,这两位教授已经退休,不过他们都自愿为我单独授课,因为在他们看来,"教授祁祥,就等于间接地教授了更多的中国学生,这是我们人生的一种极大乐趣"。他们不仅将我领进了保险学的天地,而且让我更深刻地理解了教师这个职业的内涵。

当然,"师父领进门,修行在个人",在美国的学习经历为我在保险学领域的学术生涯奠定了一个良好的基础,但是,想有真发展,还是要下真功夫,这不仅需要一种安于寂寞的心态,也需要一种执着、勤奋的精神。

在我看来,保险学本身并不是一个狭窄的专业,它包括了经济学、统计学、金融学、会计学、法学等多个学科的应用,既有很强的理论性,也有很强的实践性,要很快地深入保险领域、做好保险学的研究,就必须有快速学习的能力、综合各类知识的能力和解决问题的能力,这需要有一个开阔的学术视野,并因此能够触类旁通地阅读和思考。这时,我也发现自己以前的经济学研究经历对于从事保险学研究来讲其实是非常有帮助的,因为那段经历不仅给我了比较扎实的经济学理论功底,而且很好地锻炼了我的思维能力以及独立研究、发现并解决实际问题的能力。事实上,这也是北大保险系,甚至整个北大经济学院一直坚持把"宽口径、厚基础"作为学生培养基本目标的一个重要原因。也是从这个意义上讲,我一直认为,从经济学转到保险学并不是我学术生涯的一个全新的开始,说"继续进步",也许更为恰当一些。

**问**:在您转而从事保险学的教学与研究以来,在保险理论及中国保险业发展战略等领域发表了大量的学术论著,并且主持了国家社科基金、国家发改委、中国保监会以及国内外著名保险公司的多项科研项目。能否请您跟读者朋友们分享一下您的研究心得?

**答**:在美国的理论学习和实践考察,帮助我对中国保险业有了一个比较清晰的认识。回国后,我一边展开教学和系里的行政工作,一边潜心做研究,所写的第一本保险学方面的专著就是1996年出版的《保险学》。这本教材后来获得了很多荣誉称号,包括1999年的北京市第五届哲学社会科学优秀成果奖、国家教育部全国高校推荐教材、普通高等教育"十五"及"十一五"国家级规划教材及北京市高等教育精品教材。

这让我感到很受鼓舞,也很开心。

除了编写教材、翻译一些国外的经典保险学著作(包括特瑞斯·普雷切特等人合著的《风险管理与保险》、肯尼思·布莱克与哈罗德·斯基博著的《人寿与健康保险》等)之外,我就保险投资、保险监管、金融综合经营、入世对中国保险业的影响、中国保险业的可持续发展等问题也都做了比较深入的研究,发表了一些文章。受以前宏观经济研究背景的影响,我更多地偏爱用宏观的视角和战略的眼光,全面地、长远地、动态地去研究中国的保险市场。

历史经验表明,一个国家保险业的快速、健康及可持续发展取决于各种条件,我曾将之归结为六大和谐环境,即和谐的供求环境、竞争环境、监管环境、经济环境、政策环境和社会环境。经过二十多年的发展,总体来说,上述各种环境越来越朝着有利于保险业发展的方向发展,特别是监管环境、经济环境和政策环境。比如说,中国有占世界 1/5 左右的人口,有的强劲的经济增长势头,本身就为商业保险创造了巨大的需求,而正在进行的经济体制转型和政府对保险业发展的鼓励政策等,也都是促进保险业发展的重要潜在因素。但是,要将这些潜在的有利因素真正转换为使保险业增长的现实因素,却并不是容易的事情。

自保险业恢复发展以来,其增长速度大大高于世界平均水平,但在发展之初,这个市场却缺乏公正和规范的竞争手段与竞争规则,市场的发展路径也存在着许多问题,特别是,公司的业务发展以单纯追求保费高速增长、市场份额的扩大为中心,采取了一种以保费增长为特点的"数量扩张型"的发展战略。"保费导向"使得整个公司经营业务活动表现出三个主要特点。第一,展业方式的粗放型;第二,保单设计的粗放型;第三,公司内部管理的粗放型。在保险业发展初期,数量扩张的经营战略似乎带有一种必然性,但是,长此以往,必将给保险业的持续稳定发展带来一系列的问题。比如,由于公司重展业、轻服务,就会损害保险业在消费者心目中的形象,也就不利于提高老百姓的投保意识。人们不把钱投到保险领域里来,保险市场这块蛋糕就不可能做大。

鉴于此,我在 1996 年接受《中国证券报》记者采访的时候就表示,中国保险业要走规范发展和创新发展之路。我认为,规范发展应当是

政府、企业和消费者通力合作的结果。从政府的角度来看,它需要制定和完善各种法律制度,并由一个强有力的、高效的监管机构付诸实施;从保险公司来说,每一个公司都应当建立和健全完整的内部规章制度,并特别重视消费者的咨询和投诉;在政府监管和公司内部管理之外,我国还应当加强行业协会在管理保险市场方面的力量和责任。此外,在当今这样一个大变革的时代,创新是一个世界性的潮流,这个潮流出现在各个国家、各个行业、各个部门和各个企业。谁要是不能跟上这个潮流,就必然在激烈的竞争中败下阵来。因此,保险业的发展必须时刻关注公司组织机构的高效,产品的推陈出新,以消费者为中心、以服务为向导的市场观以及管理手段的现代化。可以说,这篇访谈文章很好地总结了我转入保险领域之后的研究心得,全面地概括了当时我对中国保险业的认识。它在当年10月16日的《中国证券报》上整版刊出之后,引起了国内很多学界和业界人士的共鸣,也使得我有机会进一步地与同行交流。

大家都知道,与中国其他金融产业相比,保险业的发展有一个非常特殊的地方,那就是,在它尚且年幼、远未成熟的时候,就必须面对不可逆转的全球化潮流,而根据入世协议,保险业的开放程度也高于其他金融产业,甚至高于其他发展中国家保险业开放的力度。当时理论界和实务界对此有很多讨论,有人认为,把强大的外资保险公司引入中国市场,好像是"引狼入室",因此,在开放保险业的过程中,必须特别重视对民族保险业的保护,要有政策倾斜;也有人认为,利用对外开放带来的"鲶鱼效应",反过来能够促进民族保险业的发展。在我看来,要提出正确的应对策略,就必须对加入世贸组织对我国保险业的影响做出科学的判断。因此,我结合中国保险业的实际情况和宏观环境,撰写了"The Impact of WTO Accession on Chinese Insurance Industry"一文,发表在美国 *Risk and Insurance Review* 这份刊物上,全面分析了加入世贸组织对我国保险业发展的有利和不利影响,发现加入世贸组织给中国保险业带来的机遇远大于带来的挑战。外资保险公司虽然有经营技术、管理经验、企业规模的优势,但中资保险公司具有本土文化优势,文化是社会长期发展过程中所形成的,是各种因素中最难以移植的因素,并且外资保险企业在中国面临着与中资保险企业同样的经营环境,因而加入世贸组织不会给保险业带来太大的冲击。中资企业完全有能力充分发挥"后发优势"的作用,利用那些已经为外资保险公司证明有效的技术,而外资保险企业的技术优势、管理优势将会随着时间的流逝而逐渐消失。但是,我们要密切关注加入世贸组织给我国保险市场带来的不稳定性,并要采取相应措施防范和消除保险公司偿付能力危机的形成与发生。这篇文章于2003年发表在 Journal of Risk Management and Insurance Review 的第六卷上(这本刊物是由美国风险管理与保险学会主办的,美国以及世界各国许多国家的保险学教授是该学会的会员),引起许多关心中国保险业发展问题的国内外人士的关注。我被编辑部告知,这篇论文也成为该刊物当年下载率最高的8篇论文之一。以后我还陆续收到许多在国外攻读博士学位的学生的来信,或者索要论文,或者请教问题。

随着时间的推移,在我和我们系全体师生的共同努力下,北大保险系很快在高校中站稳了位置,打出了名声,也开始有很多公司找我们为他们做发展规划、做培训项目,中国保监会、国家发改委等政府部门也邀请我们系做一些战略规划性研究,包括"十五"和"十一五"规划的课题研究。

十年前,我提出保险业要走规范发展和创新发展之路,十年后的今天,这个观点仍然适用,这可以看做是现实对理论工作者理论观点的肯定,但这绝对不是一名理论工作者所乐见的事情。目前,中国正处于一个经济与社会大变革的时代,变革将带来更大的不确定性,保险制度的引入和完善是顺理成章且必不可少的。我曾经提出,保险的主要正面角色是风险管理者,但搞不好的话,也会在某种程度上扮演着风险制造者的负面角色,而且这一负面角色还不能忽视,因为保险本身是人们在灾难发生之时托付希望的一种特别的制度安排,一旦被人们所依赖的这个体系发生危机,对公众心理和社会和谐的破坏力将会表现出一种"乘数效应"。我和同事的共同研究表明,中国目前的保险业在发展的过程中面临许多风险,其中最可能威胁其未来健康发展的主要有公司治理风险、市场投资风险、公众信心风险和资本补给风险这四大风险。

其中,公司治理风险是一项基础性风险,市场投资风险、公众信心风险和资本补给风险将分别重点影响保险公司资产负债表的资产方、负债方和所有者权益方,这四大风险中的任何一项爆发都有可能威胁保险公司的偿付能力,置保险公司于破产境地,给保险业发展造成破坏性影响,更不用说如果多项风险同时爆发了。中国保险业面临着难得的发展机遇,但在这个发展过程中,我们一定要重视保险业的风险控制问题,以保险业的稳健来保障整个经济社会的稳定,履行保险业神圣的制度责任。

总之,实践对理论提出了很高的期望和要求,作为一名保险学方面的理论工作者,我们不能有丝毫的懈怠。

问:近年来,除了商业保险研究之外,您对社会保障制度的发展也涉猎颇深。您发表在《经济研究》上的论文《"空账"与转轨成本——中国养老保险体制改革的效应分析》引起了很大的反响,并获得了北京市第七届哲学社会科学优秀成果经济学类一等奖。请谈谈您对当前中国社会保障制度改革的认识和体会。

答:养老保险制度的改革是一个世界性课题。我国城镇养老保险制度改革是以1984年国有企业推行退休费社会统筹开始的。1995年3月国务院发布的《关于深化企业职工养老保险制度改革通知》基本确定了基本保险实行社会统筹和个人账户相结合的制度。1997年国务院颁布了《关于建立统一的企业职工基本养老保险制度的决定》正式确立了以社会统筹与个人账户相结合为标志的混合型养老保险体制。从理论上讲,这一体制体现了公平和效率的结合,是具有历史意义的变革。然而,在我国的实践中的运作来看,个人账户只是一个名义账户,其中并没有资金,由此形成业内人士所言的"空账"问题,已经引起了人们广泛的关注。更为严重的是,不仅个人账户是空的,而且近些年来,绝大多数省份社会统筹账户当年也往往收不抵支。"空账"问题导致混合型体制在实质上仍然是现收现付体制,如果不正视和解决这一问题,"空账"规模将越来越大。对"空账"问题的研究由此也成为了理论界探讨的热点。为什么会出现"空账"问题?如何解决这一问题?这是中国现行养老保险体制面临的一个很重要的问题。这些问题如果解决不好,中国的养老保险体制改革将难以为继。

2001年,我应美国哈佛大学经济系马丁·费尔斯坦教授的邀请,去美国国家经济研究局(NBER)和美国哈佛大学做访问研究。费尔斯坦教授在社会保障领域具有相当的造诣和影响力。在他的影响下,我的研究视野也进一步拓展到了社会保险领域。在这段访问期间,我完成了《"空账"与转轨成本——中国养老保险体制改革的效应分析》一文。这篇论文通过对退休人员的增长比例与在职职工的增长比例、现行养老制度覆盖的人群分类、保费收缴率、缴费基数等现象、指标、数据的层层深入分析后发现,当初我们在设计混合型养老保险体制时,没有采用有效的方式来处理转轨成本,而是期冀通过加大企业统筹费率的方式来逐步将其消化,由此造成目前这种以"高费率"起始、"低收入"终结的格局。也就是说,试图通过加大企业统筹费率的方式解决转轨成本问题是造成"空账"的根本原因。因此,弥补"空账"必须从解决转轨成本入手。

在深入分析了目前中国养老保险体制在实践中出现的主要问题以后,我认为,变个人账户由"空账"到"实账",是中国养老保险体制改革成功的关键。只有个人账户真正有积累,才有可能进行投资,由此真正从现收现付制转变为社会统筹与个人账户相结合的混合型体制。而处理转轨成本又是个人账户从"空账"转变为"实账"的关键。"转轨成本"与"空账"之间的因果逻辑链条就在于:如果不解决转轨成本问题,个人账户就很难以目前的"空账"转化为实账,而如果"空账"问题不解决,现有体制在实质上就仍然是现收现付体制,它所改变的只是以往由企业支付退休人员的养老金改为由社会(比如说,从县级统筹逐步向省级统筹过渡)来支付。或者说,如果没有解决"空账"问题,现在的改革就只是解决了传统的现收现付体制与市场化改革的矛盾(如企业负担不均、职工无法流动等问题),但它并没有解决现收现付体制更为致命的问题——支付危机,而仅仅只是推迟了支付危机发生的时间。

认识到这些问题后,我提出,政府应当负担转轨成本,这是实现个人账户由"空账"转变为"实账"的前提。与大部分发展中国家一样,中国由于现收现付体制的覆盖面相对很窄,其转轨成本也是相对很小的,

仅仅占到国内生产总值的54%左右。而大部分中等发达国家和发达国家的转轨成本平均占到其国内生产总值的90%—240%左右。在政府承担转轨成本以后，目前企业和个人的缴费水平将会大大降低，由此将提高新的养老保险体制对人们的吸引力。

由于这篇文章较好地揭示了"转轨成本"与"空账"之间的因果链条关系，并指出了目前中国养老保险体制改革的根本性问题，得到了理论界的肯定。该文发表在《经济研究》上，并获得了北京市第七届哲学社会科学优秀成果一等奖。这也算是我做社会保障制度方面研究的一个良好的开端吧。

对于中国而言，社会保障制度本身的变革与发展构成了改革的重要组成部分，而且能够产生深远的政治、经济、文化和社会影响。如果在基本思路和制度设计上有缺陷，带来的危险将可能是致命的。2004年，由我作为课题组组长的北大课题组研究发现，当前中国的社会保障制度改革，之所以会面临许多困境，一个主要的原因就是，在全力推进市场经济体制建设与完善的同时，将建立居民经济风险分散制度安排的思路和注意力局限在"社会保障"上，在一定程度上强化了居民对政府提供保障的预期，弱化了居民的主体参与意识。而在实践中，老百姓又没有能够得到他们所希冀得到的保障，由此导致了改革进程中的种种摩擦与冲突。鉴于此，我们课题组在国内理论界首次提出在中国"建立个人经济保障体系"的观点，并提出建立以"城乡连通，多层整合"为特征的新的个人经济保障体系，而这个体系的核心特征就是要求政府、雇主和个人在个人的经济保障中都扮演相应的角色，都应当有所作为，而不能像传统体制那样，政府包揽居民"从摇篮到墓地"的所有一切，这就要求政府从某些领域部分退出。这个观点提出以后，引起了学术界和业界的较大反响。当时国内有数十家报纸和网站转引了这篇文章。

然而，风险是客观存在的，政府从某些原先承担风险的领域退出，不等于风险也从这些领域消失。实际上，风险不仅不会消失，而且由于中国的特殊国情而变得更加严峻，典型的表现形式就是由人口规模这个因素所带来的风险。我们知道，中国的人口基数很大，又是典型的"未富先老"国家，据有关资料显示，发达国家在进入老年型社会时，人均 GDP 一般都在 5 000 到 1 万美元左右,而我国目前的人均 GDP 仅为 2 000 多美元;此外,随着生活水平的提高和医疗技术的进步,人口高龄化的趋势也日益明显。这样的一个人口状况,使得由超长存活所带来的经济资源不足或匮乏的长寿风险,由经济发展、环境恶化所引发的各种新的疾病风险、由高龄化所带来的长期护理风险等都将变得十分严峻。既然这些风险并不因政府在某些领域的退出或部分退出而消失,于是,我们需要回答的一个问题就是:谁来进入这些领域,谁来承担这些风险。我认为,商业保险公司无疑是承担上述诸多风险的最佳主体。它们能够在很大程度上弥补在养老、医疗等领域由于政府部分退出所导致的经济保障的缺位。

于是,问题又回到了商业保险。在我看来,对商业保险的研究离不开对中国社会保障制度改革历史进程及内在问题的深刻理解,而社会保障领域中一些问题的解答,又离不开对商业保险的研究。这也是为什么我们在规划北大保险系课程的时候,不仅包括了商业保险课程,而且要让学生学习社会保险;这也就是为什么我一直倡导和促进保险和社会保障领域的思想交流,并在 2003 年成立了北大中国保险与社会保障研究中心。

**问**:我们注意到,您不仅在国内学界和业界有很高的声誉,而且参与了大量的国际学术活动,在国际保险界也有很大的影响力。例如,作为亚太风险与保险学会的副主席,作为美国著名的国际保险学会的学术主持人,而且据我们所知,在这个学会中,您是目前唯一的一位连续八年来作为学术主持人的亚洲学者。在您看来,这种国际的背景对您的学术生涯有什么特别的影响吗?

**答**:我学习保险就是从美国开始的,所以,从一开始,我就有了将自己的研究视野扩展到国际的良好起点。

1997 年 8 月,我应邀在在美国圣地亚哥举行的美国风险管理与保险学年会做演讲,那是我第一次在国际会议上发言,大会组织者告诉我,我也是第一位在该学会年会上演讲的中国内地学者。那次参会的经历留给我的印象也是很深刻的。一次会议,汇聚了来自世界各地的风险管理与保险学专家,就几天的时间,你可以看到他们在分享、交流、

探讨自己最新的研究成果,而在你发言之后,你可以听到各种意见和建议来完善你的研究,那真是一次非常宝贵的学习机会。从那以后,我便更加重视这种参加国际会议的机会,并且积极支持我们系的青年教师参与这些国际交流活动。

2000年,国际保险学会(International Insurance Society, Inc., IIS)邀请我参加他们的年会并担任学术主持人。IIS成立于1964年,是保险界规模最大、层次最高的跨国保险机构,其公司会员及个人会员遍布全球90多个国家。该学会每年召开一次年会,就国际保险界共同关注的当前保险业的热点、重点问题进行探讨。而这个年会不仅设有大会演讲,还有分会场研讨,每个分会场都有一位业界主持人和一位来自学术界的学术主持人。做这个主持人是很具挑战性的一件事情,这不仅是因为会议组织者要从全球挑选主持人,而且每次会议之后,主持人都要接受参会者的匿名考核。IIS有一套专门的学术主持人评价体系,每位参会者都要就一系列指标对主持人打分,而这些分数汇总之后的结果决定了这位主持人能不能在下一年度继续担任这个职位。所幸,我至今还没有被IIS解聘(笑),据说这是因为我每年的排名都比较不错。参与这项工作,使得我有机会接触很多来自世界各地的业界精英,与他们进行深入的交流和讨论。这种机会是很让人兴奋的,我不仅可以看到中国的保险市场越来越受国际保险企业的重视,而且可以看到国际保险市场的新趋势和新发展,看到不同国家的不同做法。这无疑给我的研究以很多新的信息、新的启发,大大拓宽了我的视野。

当然,参加这种类型的会议还有一个重要的好处,就是将我所了解的中国、将我所了解的中国保险市场真实地呈现给世界。交流总是相互的,所谓的开放并不只是打开国门、让我们了解世界,它还必须包括这样一项重要内容,就是让世界了解我们,消除对我们的误解和偏见。我记得,在参加了1997年的美国风险管理与保险学年会之后,有一位国外的同行给了我这么一个评价:"孙博士具有将中国的保险教育和西方的保险教育结合在一起的非凡能力。"我将这种褒奖视为一种动力,一种铺就国际交流之舞台的动力。所以,我也经常接受一些国际机构和国外大学的邀请,去给他们做演讲。这样做一方面可以从国外获取许多有用的信息,另一方面也可以让外国同业更多地了解中国,了解北大,我认为这是一件非常有意义的事情。

**问**:您刚才提到,国际保险市场发展及社会保障制度建设中的各种经验教训,对于中国问题的研究而言是非常宝贵的。您是怎么看待国际经验的重要性的?

**答**:从一开始,我就认识到了中国保险业与世界保险业,特别是与发达国家保险业之间的差距。说起来,现代保险业已经有三百多年历史了。我国的保险业从英保险公司于1805年进入广州算起也已发展了两百年。但是,从保险业兴起到1949年,我国的保险业,特别是民族保险业一直处于一种"惨淡经营"的局面。新中国成立之后,保险业得到了一些发展,到1959年又被停办。再次恢复时已经是20世纪80年代的事情了,也就是说,中国的现代保险业真正有所发展,也不过就是20多年的时间。而国外发达保险市场的发展没有经历过这样的波折,在经营理念、风险意识、风险技术和操作经验等方面都有深厚的积累,社会基础也十分雄厚,这意味着,我们的保险业跟它们的差距是整体性的、全方面的。与世界的距离,不仅是我们前进的动力,而且给理论和实践工作者提供了一个很好的学习机会。首先,在中国入世后,与国际惯例相矛盾甚至背道而驰的政策和实践模式必将因不适应新的形势而遭到淘汰,遵循国际惯例、与国际接轨本身就是中国融入经济全球化浪潮的当务之急;其次,我们可以去研究和学习其他许多国家在发展过程中积累下来的一些被证明是行之有效的经验和做法,并从它们失败的教训当中总结出一些经验,这不仅能够节省技术成本,而且可以减少实践中出现失误的机会;再次,了解国际保险业发展的最新趋势和特点,看到这是发展趋势,我们今后必须这样做,否则,我们在新形势下就无法与国际金融集团竞争,这可以促使我们提前动员各界人士一起来认真研究,想战略,想对策,更好地为将来做好各方面的准备。

可以说,国际经验以及国际研究能够让我们具有的研究视野,对于中国问题的解决是十分重要的。不过,尽管我自己很推崇国际经验的学习和借鉴,但是我更强调中国国情,且一贯如此。不能说国外成功、在国外流行的在中国就一定成功,国际上出现了某种潮流,中国就一定

要紧跟。土壤不同,条件不同,使得橘生淮南为橘,生北则为枳。盲目照搬、全盘引进,反而会造成水土不服,效果适得其反。

比如,在2004年10月,中国保监会和证监会发布《保险机构投资者股票投资管理暂行办法》,打开了保险资金直接投资证券市场的大门之后,很多人对此寄予很高的希望,认为保险资金入市可以满足其投资需求,解决长期以来一直存在的保险资金追求投资收益与投资渠道狭窄的矛盾,同时稳定证券市场。但是,如果深切地考察中国的发展现实,我们就会发现,保险公司现在的很多问题并不完全是因为保险公司没有进入资本市场所导致的,保险公司自身的原因,包括内部风险控制机制、技术、管理、诚信、人才等问题所造成的负面影响可能更大;实际上,股市投资也有很高的风险。保险公司要真正解决盈利能力、偿付能力方面的问题,关键还在其本身;另一方面,保险资金可以稳定股市这个结论也是从西方较为成熟的保险市场和资本市场上得出来的。因此我提出,有关部门绝不能因为有了保险机构投资者的进入,而对其稳定股市的作用做出较高的预期,进而放松或者放缓其他方面应当进行的制度建设。如果资本市场的投机性仍然很强,保险机构的理性选择可能仍然是短期操作而不是长期持有,那么,它对股市的影响恐怕是很难用一个"利好"就能概括的。所以,对现阶段的中国而言,保险资金运用难题的解决,有赖于整个资本市场的成熟和完善,而资本市场的稳定,也需要成熟的机构投资者,保险资金入市要取得预想的效果,就必须寻求保险资金和资本市场的互动双赢。这个结论有很强的政策含义,而它就是在密切结合中国实际情况过程中得出的,如果在这里仅是考虑国际经验,我们就必定会走弯路、犯错误。

问:除了在学术刊物上发表文章之外,您也经常在报刊上发表一些时事评析类的专栏文章。目前《中国保险报》开设的"北大保险评论"专栏,就是您积极促成的。您做这些工作的动力来自于哪里呢?

答:我想,这种动力可能是来自于一个保险理论工作者的"私心"(笑),我希望保险业有大的发展,我希望保险业能够得到广泛的关注。在我刚刚转到保险领域的时候,大概只有一两家媒体关注保险,大众对保险的认知和理解程度也非常之低。而在我看来,国民保险意识的提高,需要社会,特别是媒体的协助,而媒体也通过其舆论监督功能促进保险业的规范发展。所以,从1996年8月份起,我就应邀经常为《中国证券报》"保险周刊"写一些文章,进行保险知识的传播和介绍。当然,随着保险业的逐步发展,保险在媒体和公众的视线中所占的份额也越来越大,我也逐渐地将注意力从保险知识的介绍转移到了保险时事的评析与透视。

在我看来,中国保险业的发展,不仅需要业界和政界人士的努力,学者也应该做出自己的贡献,而这种贡献不应该只是局限于在学术期刊发表研究结果,而且应该以学者的身份、从专业与学术的角度、本着独立客观的态度,就中国保险市场发展和社会保障改革中出现的重大、热点、焦点问题进行透视和评析,向社会呈现自己对一些现实问题的思考,为保险业界、学界、监管界及其他关心中国保险业发展的人士提供观察市场的"第三只眼睛",促进人们正确认识保险业,为他们提供一些新的视角和参考意见,而大众媒体正是实现这一目的的一个很好的途径。

也正是出于这样的考虑,我不时针对我国保险市场环境的新变化新问题、保险市场的新趋势新动态,写一些通俗易懂的时事评论文章在报纸上发表,并力求以生动明快的语言,阐述高远的立意。这种文章一直很受读者的欢迎。到2003年8月,我在组织筹建北大中国保险与社会保障研究中心的时候,有了这样一个想法,就是与我国金融市场上有重要影响力的权威性新闻媒体进行一种制度化的合作,比如,在报纸上开辟一个时评专栏,由北大保险系的教师、博士后和博士研究生针对保险业内的时事进展和重大问题发表评论。这个想法得到了《中国证券报》的大力支持,他们马上就在该报纸的保险版开辟了"北大保险时评"专栏。后来,《中国证券报》进行版面调整,取消了保险专版,我们又转而同《中国保险报》合作,开辟了"北大保险评论"专栏,从2005年3月初一直持续至今。令我感到高兴的是,《中国保险报》的负责人对我说,"北大保险评论"是读者最爱看的评论文章之一;与此同时,我也经常得到一些监管部门和业界人士的反馈,说是这个专栏的文章很能启发他们的思考,对他们的工作很有帮助。每当这个时候,我都会觉得

很开心,因为我觉得,自己确实为中国的保险业做了一点点事情,而这种欣喜又不断促使着我去做类似的事情。

问:北大保险系可以说是您一手从无到有地建立起来的,而在这短短15年的时间里,这个系已经成为国内最优秀的保险系科之一。您是否可以跟读者朋友们分享一下您在这个过程中得到的经验和体会?

答:说北大保险系是我一手建立起来的,那着实是不敢当。因为不是我一个人在做事情,而是很多人一起来做事情,是群体的力量造就了今天的北大保险系。如果说在这个过程中我做了比较重要的贡献的话,我想,主要是自己作为首任系主任,为学科体系的建立做了许多基础性的工作,为学生们提供去公司实习的机会和国际交流的机会,特别是为中青年教师的成长创造了一些有利条件。例如,利用自己的学术关系,与国外大学联系,从国外保险公司找寻资金,选送青年教师到国外进修;鼓励青年教师参加国际学术研究机构和国际学术会议,用自己筹措来的资金资助这些青年教师到国外、境外参加国际学术会议;鼓励、资助青年教师进行科研工作;可以这样说吧,在这些方面我是做了大量的工作,花费了大量的时间和精力。以至于有时候我的家人对我说:"你花了很多时间在这方面,耽误了自己的科研,可能别人还看不到。"但是,我觉得,做这些事情可以很好地帮助我们的教师和学生开阔眼界、提高理论素养和理论高度,让他们的观念总是最新的,从而能更好地帮助保险系前进。每次看到招生的时候保险系总是能吸引很多优秀的学生,我就觉得自己的努力都挺值的。

要说我有些什么经验和体会的话,我想,可以借用我从别人那里听到的一句话来概括,那就是,要做成功一件事情需要"一个好领导,两个好搭档,三个好帮手",或者用更简洁的一句话来概括,就是要有一个精诚合作的团队。我自认为我是一个比较称职的领导,而更幸运的是,我所在的这个团队非常团结,成员也都十分优秀,做事情的效率非常高,大家在一起也都非常愉快、开心,这是很难得的。目前,我们系只有7名教师,但要承担本科、研究生、博士生的教学工作,同时还要承担大量的科研课题;同时,这些教师也都是我们北大中国保险与社会保障研究中心的骨干,还承担着组织"北大赛瑟论坛"、"北大保险与社会保障双周讲座"等各种学术活动的工作。虽然工作量很大,但是,我们大家都把这些工作视为打造北大保险品牌的重要内容,每一个人都兢兢业业,做每一件事情都力求完美、从不忽视细节。有了这样一个优秀的团队,再加上北大这么多优秀的学生,没有什么困难是不能克服的。

**问**:您在保险学界和业界有很高的知名度,现在又担任着北大经济学院副院长、教育部高等学校经济学类学科专业教学指导委员会委员等各种行政及社会职务,还担任一些国际组织的重要职务,国内外一些重要学术期刊的匿名审稿人,多家公司的独立董事。我还听说,您曾经做过中央电视台"经济专家论坛"的特约主持人;从北大和经济学院的网站上也经常看到您策划、主持的许多颇具影响的大型系列学术活动。作为一名"多栖"学者,您是如何在理论研究和社会活动之间取得平衡的?

**答**:说实话,我觉得挺难的。我是老师,在学校里要教课,还要指导研究生,这就占去了一大块时间。而作为一名老师,自己也必须在学术上不断取得进步,这一点即使没有别人强迫你,自己也会对自己有所要求的。教学和科研是一个老师的职责,是我天天必须要做的东西,也是我必须放在首位的东西,不管多忙,课必须要保证上,而且要上好,科研也必须坚持做。我还要和国内外的同行进行交流,取长补短。要和一些大的企业、公司进行交流和合作,因为将来我们的学生要毕业、系里要从外面争取研究资金、学生和老师要到外面去实习,作为一个系的负责人,我需要外界的这些渠道。前面也提到了,我也经常在报刊上发表一些评论文章,而这些都需要时间。从 2002 年起,我开始担任北大经济学院主管教学和外事工作的副院长,从而不得不把更多的精力放在许多例行的行政事务工作上。此外,也"主动"做了一些我认为能够提升经济学院形象,能够为师生,特别是学生创造更多机会的事情,例如你提到的一些大型系列学术讲座,如"外国驻华大使眼中的中国经济","财经高管论坛"等。但人的精力是有限的。其实,由于精力、时间的原因,很多事情我也不得不放弃。国内的就不说了,说说国外吧。比如前些年美国风险管理与保险学会的提名委员会主席曾希望我进入该学会的董事会,并告诉我,如果我接受这份工作,那么,我将是该学会自1932

年成立以来的第一位欧美地区以外的董事。再比如去年的时候,国际保险学会的主席给我写信邀请我出任该协会的大使,负责整个亚洲地区 IIS 的工作,应当说,这些工作都是责任很重的工作,但它们也代表着一种荣誉,体现着这些著名学术机构对我的一份信任。然而考虑再三,我都婉言谢绝了。因为我担心没有足够的时间来做好这些工作。我觉得我是这样一个人,最怕辜负别人的信任,一旦答应做一件事情了,就会全力以赴。同时,我这个人做事情也非常追求完美,希冀把每件事情都能在自己的能力范围以内做得最好。而要做得好就得特别注意细节,这都是十分耗费时间和精力的。除了院里的行政工作以外,我还承担着你刚刚提到的其他许多社会职务。能拥有这些职务,是大家对我的信任,所以我也不能有丝毫的懈怠。怎么办呢?只能是提高自己的工作效率吧,再就是牺牲自己的业余时间了。我现在很少有什么节假日和周末,一个轻松、"无所事事"的周末对于我来讲可以说是一种奢望。

**问**:您从事教学和科研工作近二十年,获得了许许多多的荣誉。您是怎样看待这些荣誉的?

**答**:作为一名高校的教师,作为一名研究人员,我当然希望自己的努力能够得到肯定。所以,每当我得到一项奖励或者荣誉称号的时候,我的喜悦都是发自内心的。但可以说,我并没有为所谓的"荣誉"、"名声"所累,因为我做每一件事情的时候并没有想到我一定要获一个什么奖,一定要怎么样怎么样。许多人说我活得潇洒,很"阳光",这主要是因为,虽然我通常不会设定"远大目标",但我会认真努力地做好手中的每一件事情,结果是得到奖励、得到大家的认可后,我会把它们看做是上天额外给予我的东西,这就会令我很满足和开心。

不过,在众多的荣誉当中还是有一项是我特别珍视、特别在意的(虽然我本来也没有奢望过),那就是 2002 年我当选为北京大学"最受学生爱戴的十佳教师"。

在我博士毕业的时候,很多人建议我从商或者从政,1995 年从美国结束访问学习回国之后,也有几家外企用非常优厚的薪水和福利待遇邀请我"下海",但是,我仍然选择回到校园。我觉得,教书育人其实也是在培养一种产品,这是一种与众不同的产品,它不会随着岁月的流逝而磨损、贬值,而是随着日子的历久而更加成熟。"得天下英才而教之",是一种幸福,与优秀的学生对话交流,其中的感觉更是很难从别的角色中体会到的。学校的物质生活虽然相对清贫,但是精神富足,和学生们在一起,你也会永远年轻。

所以,当我得知自己高票当选为"北京大学十佳教师"的时候,内心的激动是难以名状的。北大的"十佳教师",是学生们一张张选票普选出来的,这是学生给予老师的最高评价。能够得到学生的肯定,我真觉得很欣慰、很骄傲!

《生产力研究》2008 年第 20 期,凌燕文

# 中国保险业的态势与发展思路

## 中国保险业发展现状与保险意识的提高

**记者：**目前，随着改革开放的深入，保险业也日渐"火"起来了。近几年来，不仅新成立了20多家保险公司，而且还有几家外国公司在国内设立了分公司并开始营业。此外，国外许多保险公司也特别看好中国市场，纷纷来华开设代表处，等待申请开业。您是怎样看待中国保险业的发展的？

**孙博士：**中国的保险业正处于一个很有利的发展时期。如果保险业能够健康、快速地发展，它将对我国的改革开放、经济发展、充分就业、科技进步、社会安定等起到强有力的保障作用。

**记者：**那么，我国目前的保险业是怎样一种状况呢？

**孙博士：**可以说，中国的保险市场现在正处于做蛋糕的时期。我这里用蛋糕来比喻我国的保险市场。做蛋糕，实际上可以理解为创造保险市场。因为无论用什么指标来衡量，我国现有的市场都是很小的，我国的保险领域还存在着大量的空白地带。这里我可以列举几组数据。从保费收入来看，1994年，我国保费收入为49.2亿美元，占世界份额的0.25%。同期日本的保费收入为6061亿美元，美国为5941亿美元。我国不仅大大落后于美日等发达国家，也落后于印度（为52.5亿美元);从保险密度来看(即人均保费),日本为 4 850 美元,瑞士为 3 587 美元,印度为 5.7 美元,中国为 4.1 美元,居世界排名的第 68 位;从保险深度来看(即保费与国内生产总值之比),日本为 12.83%,南非为 12.77%,印度为 1.29%,中国为 0.97%,居世界排名的第 62 位;从参保人数来看,中国的 12.1 亿人口中,参加各类人身保险的只有 2.5 亿,不足总人口的 21%,这中间还是以各种意外伤害保险为主,参加财产保险的不到 7%,而发达国家投保人身险的一般占到总人口的 80% 左右,其中大部分人投保的是终身寿险产品;从保险从业人员来看,美国有 2 亿多人口,保险从业人员和与保险有关的人员达 200 多万,我国 12 亿多人口,保险从业人员只有 13 万多人。从以上列举的这些数据可以看出,我国潜在的市场规模是相当大的。这也正是为什么外国保险公司看好中国市场,纷纷在华抢滩设点的一个重要原因。可见,从目前来看,无论是已经进入或将要进入的外国保险公司,还是已经设立或将要设立的国内保险公司,都是在加快创造我们的保险市场,而不是在分享它的市场份额。

**记者:**根据您描述的状况,您看怎样才能尽快将我国保险市场这块蛋糕做大呢?

**孙博士:**我们知道,市场是由供给和需求这两方面组成的。在一个较为成熟的市场中,供给可以创造需求,需求也可以创造供给。它们两者是互为条件的。因此,将蛋糕做大,既取决于供方,也取决于需方。

我们先来看需求方。影响一国保险需求的因素最主要的有以下三点:(1)风险因素。保险是经营风险的行业,因此,风险是保险存在的前提和基础,保险需求总量与风险之间存在着正相关关系。(2)经济发展水平和速度。世界经济发展的历程表明,一个国家保险业的发展水平和能力是与其经济发展的总体水平相适应的。换句话说,在其他条件不变的情况下,经济发展水平越高,人们的收入水平越高,对保险的需求就越大。(3)人们的风险意识和保险意识。风险意识和保险意识越强,人们对保险的需求量也就越大。反之则反是。

再从供方来看,影响一国保险业发展的供方因素最主要的也有以下三个:(1)社会可用于经营保险的资本量。假定其他条件不变,经营

资本与保险供给能力成正相关关系。经营资本越多,供给能力越强。当然,这个条件与需求条件中的一国经济发展水平和速度也是密切相关的。(2)从事保险经营的人才的数量和质量。这里主要指保险经营所需的专门人才,如风险评估员、精算师、承保员、理赔员、保险中介人等。(3)一国政府所实施的金融政策对保险业的影响。

从现实情况来看,我国有12亿多人口,有强劲的经济增长势头,正在进行经济体制的转换,政府实行鼓励保险业发展的政策,等等。这些都是保险业发展的潜在因素。但是,不论怎样,上述这一切潜在因素能否真正转换为使保险业增长的现实因素,将取决于一个关键的条件,这就是老百姓的风险意识和保险意识。老百姓的风险意识和保险意识不增强,其他的所有有利条件都是难以转化为保险业增长的现实因素的。一句话,人们不把钱投到保险领域里来,保险市场这块蛋糕就不可能做大。

　　记者:我国老百姓的风险意识和保险意识为什么不强呢?

　　孙博士:这里面有历史的原因。由于对社会主义公有制理解上的偏差以及对保险业认识上的偏差,我国从1953年就开始停办许多保险业务,到1959年全部停办了国内保险业务,直到1980年才恢复国内保险业。实行了几十年的计划经济体制,国家对职工从摇篮到坟墓无所不包的做法养成了国民对政府的强烈依赖心理。也正是因为这样一种长期的实践,使得许多老百姓不知保险为何物,保险有什么样的用途。西方许多国家的保险业之所以那样发达,是因为人们在孩提时就从家长那里知道保险的必要性和重要性了。再大一些,他们就能从他们所生活的外部环境中体会到风险和保险的含义来。我在美国时曾经随意问过许多小孩子,让他们给我列举出几种保险的名字,每个人都能很快地说出几种。不怕你笑话,我这个经济学博士在转入保险领域之前,关于风险和保险的知识可以说几乎是等于零的。

　　记者:那么,如何才能消除意识方面的障碍,提高国民对风险和保险的认识呢?

　　孙博士:一方面需要通过各种途径,例如,授课、讲座、出版书籍等形式和各种大众传播媒介来介绍和宣传保险,不仅使人们逐渐认识到保险在转移风险、分担琐事方面的重要功能;也要使人们认识到保险,我这里所说的主要是寿险,与银行储蓄存款、股票、债券一样,也是一种投资工具。另一方面,我认为也是更重要的方面,就是保险公司本身的"言传身教"。从某种意义上甚至可以说,保险公司的自身形象如何,关系到保险业的发展。

**记者:** 对此您能否再谈具体一点,我想这是读者比较感兴趣的话题。

**孙博士:** 这可以从保险产品与一般商品的区别说起。我们知道,人的本性是"趋利避害"的。宋代的朱熹曾经说过:"如知寒暖,识饥饱,好生恶死,趋利避害,人与动物都一般。"如果我们用一个形象的说法,世界上的产品可以分为两大类:满足人们"趋利"需求的产品和满足人们"避害"需求的产品。一般的实物产品可以满足人们作为消费者"趋利"的需求。比如说,消费者对与电视机、洗衣机等消费品的需求是一种现实的需求。人们需要它们,是因为它们能为消费者带来现实的"享受"——不论是精神上的还是物质上的。而像保险这种以"承诺"作为其最大特点的产品,总的来说,它的本质是"避害"的,但这种"避害"产品只有在人们发生了保险事故、遭受损失时才起作用,换句话说,人们才会产生对它的需要。而在当初购买的时候,人们并不能看到并马上享受到它现实的好处。因此,在大多数情况下,人们会自己主动到商店去购买实物商品。此外,还有一个非常重要的原因,这就是世界上人们一般都很忌讳谈论死伤这些事的,尽管这是一个客观存在。你为你的亲戚朋友买一件礼品,诸如鲜花、相册、家电等,他们会很高兴收下的。但如果你买了一份保险,比如说意外伤残保险给他们,那就可能要担待一些"意外"了。亲戚朋友可能会想:"怎么地,咒我发生意外事故啊。"可是,任何一种产品在完成生产阶段之后,都要进入销售阶段,最终到达消费者的手中。这才算是一个生产过程的完成。如果保险产品开发出来以后没有到达消费者手中,这个生产过程可以说是没有完成的。那么,怎样才能做到这一点呢?这就需要保险人自己通过各种途径将产品"送"到消费者手中,使得消费者对未来"避害"产品的需求得以提前实现。所以,保险界有这样一句名言:叫做"保险是卖出的,而不是购

买的",说的就是这个意思。既然如此,"卖方"在这里起着一种非常关键的作用。然而不幸的是,在我国大部分消费者本来就对"卖方"不熟悉的情况下,又由于以下一些问题的存在,更加重了消费者对保险的疑虑。

从我所接触到的一些情况来看,消费者反映最多的问题主要集中在以下三个方面上:第一,有些保险营销人员业务素质低,缺乏职业道德,为拉保户可以说不择手段,由此败坏了整个营销员的整体形象,进而使公众对保险业产生误解。营销员可以说是连接保险公司和投保人的桥梁。他们既可以为一家公司创牌子,也可以砸掉一家公司的牌子。第二,有些公司在理赔上,能拖就拖,能少赔就少赔,并想方设法拒赔,使消费者对保险的保障作用及产品的"承诺性"产生怀疑。用一些消费者的话来说,投保时,如沐春风,索赔时,如临寒风。第三,强行出售保险。目前,尽管国家有关部门三令五申不准强行出售保险,但有些部门还是利用职务之便这样做了。这样做的结果是使消费者对保险产生了严重的逆反心理。上述问题的存在,使本来风险意识就不强、保险知识非常匮乏的普通老百姓对保险业更是心存疑虑,顾盼再三。

另一方面,有些保险公司本身的违规行为严重,由此导致了保险市场的混乱局面。这种违规行为主要表现在以下几个方面:首先,越权行为。其中之一是机构越权。未经主管机关批准而擅自设立保险基层机构。其次,挪用行为。据调查,保险公司责任准备金的管理一直是一个很大的漏洞。大量的准备金被挪用,其用途大致包括发放贷款,进行投资,填补专用基金缺口等。再次,虚假行为。它的突出表现是虚假存款,制造虚假赔案,以赔款为名支付各项费用,等等。

所以,在中国保险业如何发展这个问题上,我主张从一开始就应当强调规范发展,而不能单纯追求一种数量型的、水平扩张式的发展。在这种规范发展中,同时要伴随着具有强烈创新意识、创新内容和创新手段的发展。

## 中国保险业要走规范发展和创新发展之路

**记者**：规范发展和创新发展，是一个非常好的思路，您能不能把具体含义谈得更细一些？

**孙博士**：规范发展的含义是，保险业的发展必须在政府的监管下，依法、健康、有序地发展。在这方面，世界保险业的发展也给我们提供了许多有益的启示。在西方早期的发展过程中，保险业由于行业本身的不成熟，经营基础差，保险人之间的不正当竞争，加上政府监管的不利，出现了十分混乱的局面，许多投保人的利益受到损害，由此败坏了保险业的声誉。在这种情况下，各国政府开始干预保险业，通过立法来对保险业进行管理，由此规范保险活动。这样，才能使保险业从此获得一个稳定健康的发展。

**记者**：您所谈的是一个历史事实，您能不能在从理论上谈一下政府对保险监管的必要性？

**孙博士**：在现代经济中，由于经济系统构成的复杂性，垄断、不正当竞争、非对称信息等因素的存在，社会对财富方面分配公平、公正目标的追逐以及为缓和周期性的经济波动，保证充分就业和价格稳定，政府对经济活动的介入成为一种必然。也就是说，现代经济中的任何一个行业都可能受到政府的监管。但可以这样说，相对而言，保险是一种监管最为严格的行业。在西方保险业，甚至流行着这样一句话，叫做"保险是法律的产儿"。

**记者**：为什么会是这样？

**孙博士**：这主要是由保险行业广泛的社会性、技术要求的复杂性和保险产品的特殊性这三个原因引起的。首先，从广泛的社会性来看，保险是经营风险的一个行业，而风险是客观存在的，它遍及各行各业和千家万户。其次，从技术要求的复杂性来看，保险定价与一般商品定价是不同的，它需要非常专门的技术，这个技术是一般人无法了解的。如果没有政府的监管，保险人将很容易利用这一点来欺骗消费者，从而使被

保险人无法获得合理的保障条件。再次,从产品的特殊性这一点来看,保险是一种无形的产品。当投保人支付了保费以后,他并没有马上获得有形产品,如一台电视机,一个电冰箱,一片土地等。唯一的一件"有形"物品是"一张纸片"。因此说,保险人对投保人所承担的是未来的责任,是一种"承诺"。不仅如此,在很多情况下,这种承诺是一种很长期的。例如,在终身寿险的场合,许多保单的期限都长达几十年。而保险人能否真正承担起保险责任,实现其承诺,取决于它在未来是否具有足够的偿付能力。也正因为如此,投保人希望政府能够有效的监督保险人,使其在未来的某一时期能够履行其"诺言",向他支付保险金。

当然,如果保险业本身已经发展到一个非常成熟的地步,并且消费者也成熟,保险业的自律能力也会增强,政府也可以只是扮演一个"守夜人"的角色的。例如,目前,欧洲一些发达国家就已经逐渐放弃了政府对险种、费率等的监管,保险业有较大的自由度,但我国现在还远远达不到这一步。

**记者:**那么,从我国目前来看,如何才能跨上规范发展的轨道呢?

**孙博士:**规范发展应当是政府、企业和消费者通力合作的结果。但最主要的还在于政府和企业。从政府的角度来看,它需要制定和完善各种法律制度。然而,光有制度是远远不够的,还需要有强有力的监管机构。我国目前对保险业监管的力度是很不够的,这包括机构和人员的力量不足。因此,除了要加强中国人民银行的金融监管力度外,我国还应当尽快建立保险公司的评估机构,以便定期对保险公司作出评估,使消费者在购买保险产品的时候,能够理性地作出自己的选择。从保险公司来说,每一个公司都应当建立和健全完整的规章制度,公司内部需要设有消费者服务部,专门负责处理消费者的咨询和投诉。此外,我国还应当加强行业公会在管理保险市场方面的力量和责任。

**记者:**规范发展明确了,那么什么是创新发展呢?

**孙博士:**创新发展的基本含义是,保险业的发展必须时刻关注公司组织机构的高效,产品的推陈出新,以消费者为中心、以服务为向导的市场观以及管理手段的现代化。实际上,在当今这样一个大变革的时代,创新是一个世界性的潮流,这个潮流出现在各个国家、各个行业、各个部门和各个企业。谁要是不能跟上这个潮流,它就必然在激烈的竞争中败下阵来。去年我在美国林肯国美保险公司实习时,这家公司正在热火朝天地搞改革,实际上就是在进行从公司的组织制度、销售方式到管理方式和管理手段的全面创新。许多公司管理人员都向我推荐两本当时在美国非常流行的书,一本叫做《公司重建》(Reengineering Corporation),一本叫做《管理重塑》(Reengineering Management)。这两本书的一个中心思想就是谈美国的公司怎样进行组织、制度、管理和文化的创新,以适应现代社会的发展。对于我国保险业来说,重新发展具有很大的优势和可行性。我国保险业发展的历史不长,因此,历史积淀不深。相对于许多具有几十年、上百年历史的外国公司来说,创新相对很容易,因为"创新"本身意味着需要"革旧"。当然,创新也意味着要冒风险,但不冒风险,不实行创新发展,保险业是没有生路的。

## 中国保险业对外资进入要积极应战

**记者**:不管怎么发展,恐怕都要伴随着一个外国保险公司进入国内市场的问题。据我所知,目前国内对外国保险公司的进入还是有一些不同意见的。关于这个问题,您怎么看?

**孙博士**:国内有些人对外国保险公司的进入持一种反对的意见,主要原因据说是要保护民族保险业。我的观点是,民族保险业是需要保护的,但需要弄清楚的是,我们保护民族保险业的目的何在。我认为,保护的目的是为了它更好更快地发展。那么,民族保险业应当怎样发展呢?有两种发展方式,一种是关起门来发展,一种是在竞争中求发展。实践已证明,前一种发展方式既不可取,也是不现实的。在竞争中求发展才是我们现实的选择。而在竞争中求发展本身就应当包括在与外资的竞争中发展的问题。

外国保险公司的进入对我国保险业既会产生积极影响,也会有一些不利影响。但总的来看,我认为积极影响大于不利影响。外国保险公司的进入将为我国保险业带来全新的保险观念、丰富的业务知识和

成熟的管理经验,使中国保险业能够清醒地认识自身的不足,从而促进民族保险业尽快增强实力、完善自我。

退一万步来说,即使我们认为外资的进入是"弊大于利",因此,就应当关起大门,不让它们进来,这恐怕也是不现实的。因为,在当今这样一个经济全球化的世界中,我国与世界保险业的联系日趋紧密,外部环境也要求我国的保险业必须是,也应当是一个开放型的经营体系。此外,随着经济的发展,人口和财富的日益集中,科学技术的广泛应用,巨额风险的增加,也使得我国保险业必须了解国际市场,进入国际市场。当然,外国保险公司进入我国保险市场的进度、数量是要与我国保险市场法规的完善程度、管理部门的监管水平、国内保险公司的竞争能力、国民的保险意识、保险产品的配套市场等条件相适应的。如果不考虑上述因素,片面强调加快步伐扩大开放,其结果有可能适得其反。

总结以上我所说的,我对外资进入的一个基本观点是,以保护民族保险业的发展为由,拒绝国外保险业的进入是一种非常消极的态度。在竞争中求发展,才是一种积极的态度。我国的保险公司现在需要做的事情就是尽快地做好思想上、心理上和业务上的准备,积极地应战。与此同时,也要看到我们自己的优势。

**记者:** 听说您在国外保险公司实习过一段时间,从您的观察来看,您认为外国保险公司和我们本国保险公司的优势和劣势分别表现在哪些方面?

**孙博士:** 尽管我在国外公司实习过一段时间,与国内的一些保险公司也打过一些交道,但我所了解的情况还是很肤浅的,很可能是一些现象。不过,这些现象也许也能说明一些问题。从总体上来说,我认为,外国的保险公司从资金实力、产品开发技术、展业方式、业务管理等方面来说,与我国的保险公司相比,都存在着很大的优势。换句话说,这些也都是我国保险公司所欠缺的。不过这也难怪。西方国家的保险业已有相当长的历史了。假如我们从1667年英国的巴贵设立世界上第一家火险公司算起,英国的保险业发展已达300多年。其他许多发达国家保险业的历史也都至少在一二百年之上。而我国从1980年才恢复国内保险业,满打满算不到20年的时间。用一个形象的比喻来说,外国保险公司好比一个壮年人,而我国的保险业才处于儿童期。拿一个壮年人和一个孩子相比,差别自然是很显然的。但我国保险公司也有自己的优势,这些优势主要体现在以下几个方面:

第一,后发优势。如果把中国的保险业放到整个世界经济的范围来考察,它的确存在着发展历史短、管理落后、人才缺乏、经验不足等方面的问题。但任何事情都有两个方面。后起者所具有的一个最大优势就是可以直接学习前人的经验、吸取前人的教训,少走弯路,用较短的时间实现跨越式发展(当然,这要建立在后起者愿意学习前人的经验和吸取前人的教训的基础上)。例如,美国在1759年就建立了第一家寿险保险组织,到1794年建立了第一家商业寿险公司。但经过近一百年的发展,直到1952年以后才出现了寿险产品的革新产品,像变额寿险、可调整的寿险、可能寿险、变额万能寿险等。对于我们这样一个新兴的保险大国来说,完全可以直接学习和借鉴这些新的方法和思路,而不必再去含辛茹苦地摸索上几十年或上百年。在此基础上,可以根据中国的具体国情,设计出为自己所需要的产品来。

第二,本土优势。这可以从保险产品的销售方式来看。我在前面谈到了"保险是卖出的,而不是购买的"道理。既然保险产品需要通过庞大的中介机构送达到消费者手中,因此,在很大程度上可以说,谁拥有这样一个庞大的销售网络,谁就具有业务发展上的优势。而在这一方面,我国国内的保险公司无疑有着本土优势,它们已经建立了相当广泛的销售网络。比如中保集团,国内的分支机构已达5 000多家,并且与许多保户建立了长期的、固定的联系。新建的一些保险公司与一些潜在的保户有着千丝万缕的关系。这一本土优势是外国保险公司很难与之相比的。

再谈得比较现实一点。既然保险是一种"承诺",正如我在前面所谈到的那样,在许多场合,例如寿险的场合,是一种需要经过相当长的一段时间以后,消费者才能得到的"承诺",那么,假定其他条件都是一样的,仅仅从政策确定性和连续性这个角度来看,消费者也可能更愿意购买本国保险公司的产品。当然,如果国内公司不能很好地利用这种本土优势,不能提供好的产品和服务,这种优势也会转化成劣势。

**记者**：最后我想请您对我国的保险市场做一个综合的评价。

**孙博士**：概括起来说，中国的保险市场是一个发展历史很短，但具有众多有利发展条件的市场；是一个发展速度很快，但与潜在的市场需要相比，市场的供给规模还非常小的市场；是一个有了一定的竞争，但垄断程度还很高，竞争处于低级层次的市场；是一个有了基本的法律制度，但相关的配套制度还很不健全的市场；是一个年轻的，然而充满了发展机遇的市场。

孙祁祥博士从国外进修、研习保险归来之后，在北大教授保险课程，潜心研究保险理论，冷静观察和思考国内保险业的发展。1996年10月，《中国证券报》记者就国内保险业发展过程中的一些问题与她进行了一次长谈，本文即是这次访谈的主要内容。原文载于《中国证券报》1996年10月16日第10版整版

# "未雨绸缪"话保险

她是我最要好的朋友之一,属于那种很"爽"的女性,且才且貌,且优雅且干练,曾任中央电视台"经济专家论坛"特邀主持人。在北大读完博士,她理所当然地留校任了教,责无旁贷地被任命为北大经济学院保险系主任,不负众望地在一无教员二无学生三无教材四无培养计划的情况下迅速组建起一个有相当水准和规模的保险系。她频频往来于美国、日本、欧洲各国,参加各种年会、讲演、评论;她每学期担任起码 120 多个课时的教学任务;1995 年以来,她撰写和主编的三本专著和两部大部头译作已经或将陆续出版,其中《保险学》连续两年被教育部指定为"全国高校推荐教材",在不到两年的时间内三次印刷。她是博士生导师,是中国和美国几家权威保险学会的会员。但她还是我善解人意的朋友。几天前,她刚从德国飞回北京家中。第二天我打去电话,她爽快地答应接受采访。

**记者:** 15 年前我大学刚毕业的时候听说有个同学去了保险公司,觉得"保险"这个字眼是那样的陌生。如今,"保险"已经被愈来愈多的人所关注所接受。国内"冒"出了二十几家保险公司,寿险投保人数达到总人口的 13%。然而我看我们大多数人对"保险"的认识还是"雾里看花",朦朦胧胧。经常听人讲,我还没有那份闲钱为很久以后的事和猝不及防的事投资。特别是目前国有企事业单位职工还有"劳保"、"退

休金",何必自己掏腰包买保险?不知"退休金"占收入的比例是多少?

**孙教授:**我记得大约是去年吧,财政部、劳动部联合作出规定,今后,国有企事业单位职工退休替代比率将降低到55%左右。这就是说,退休职工干部必须寻找"替代"之外的其他给付来源。尤其是,长寿——人的平均寿命延长是世界性趋势。从我国看,20世纪50年代平均寿命是50岁左右,90年代上升到了71岁。人们要考虑退休以后那一段相当漫长的生活。国外有学者说当今人类对超长存活的忧虑超过了对死亡的恐惧——在生存水平、医疗水准低下的情况下人们恐惧早死,现在不同了,人们忧虑退休以后那二三十年的日子。这是世界性问题。除了从政府那里得到的社会养老金以外,需要你从年轻的时候开始为你的未来筹措。至于你刚才说到的"没有闲钱买保险",我要举出这样一些数据:1978年,我国人均储蓄22元,而目前人均3 000多元,总的储蓄盘子里居民储蓄5万多亿元。当然对存款构成要作具体分析,大部分人达不到3 000元,但无论怎样,"闲钱"是有的,基本消费余额是有的。储蓄只是"闲钱"中的一块,还有3 000多万股民,在股票市场上股票的流通市值达4 000多亿元。国债累计发行额是7 000多亿元,还债以后的余额我看也有3 000多亿元。再加上居民手持现金估计有五六千亿元。而我们的保费才多少呢?1997年才是1 080亿这么一点点。怎么就"没有闲钱买保险"呢?我不能同意这种说法。

**记者:**关键是人们不认可"保险",不知道它价值在哪里。人们知道钱放在银行能够拿到利息,知道钱买到股票可能赚到钱,唯独不知道保险能带来什么。

**孙教授:**是的。一个理性投资人固然要了解产品。问题是,把保险当成一种彻头彻尾的投资,这是一种认识误区。实际上,必须强调的是,保险的首要功能是保障,有些险种同时兼有储蓄和投资等功能。比如有这样的险种,每年或每五年有一定比例的返还,10%或5%,保单本身的保险金额再递增。这种保险同时具有两全性质——既保"生"又保"死"。这样的险种就具有储蓄性。而严格地说,有投资功能的险种在我国还没有。国外有所谓"分红保单"——保险公司拿保费去投资,投资回报率若高于许诺的保费回报率,保险公司即向投保人按比例返还一部分钱。还有一种"变额寿险",它的投资功能相当强,尤其在美国。投保人在保险公司单立账户,自己根据证券市场的变动情况进行投资,损益全是自己的。当然保单持有人也可以委托保险公司进行投资。

**记者**:"变额寿险",听起来很不错!可这下子保险基金不就成了投资基金,保险公司不也成了投资公司?

**孙教授**:不不!出售这种"变额寿险"的保险公司的主要业务是保险。这个问题说来有些复杂。按照我们的术语说,投保人可以用自己的"现金价值"进行投资。(孙教授顺手在便笺上画了一条曲线)她解释说,这是死亡曲线。随着年龄的增长,死亡率上升。早期的寿险实践是:投保人的年龄增大,保费上升,这叫做自然保费。在这种情况下,保险公司除了运营成本、支付赔偿和预定利润之外不会有什么剩余。

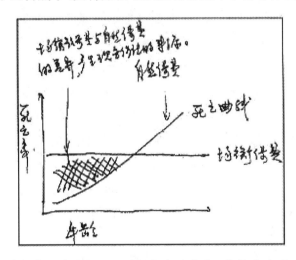

**记者**:不会有剩余吗?保险的原则似乎是:多数人分担少数人的损失。比如人身意外伤害险,1 000个人投保,通常只有一两个人获得赔偿。

**孙教授**:对呀!假定1 000个人投保,每人缴费2元,共2 000元。两个人获赔,每人1 000元,还是2 000元。哪里有剩余?保险公司也许收了2 500元,那500元是作为开支、成本和预定利润以维持其生存和发展的。在这样一种缴费情况下,保险公司是没有投资资金的,当年收的钱当年花出去了,这是早期保险公司的支付方式。以后,发展出"均

衡保费",或叫"水平保费":取一条水平线,保险公司在投保人的整个缴费期间都收取一定额度的保费。你看,阴影部分是投保人多缴的一块。这一块加上它的投资利润构成每个投保人的"现金价值"。"变额寿险"中的"现金价值"是投保人可用以投资的资金,所以说,变额保险具有很强的投资功能。但显然,自然保费与均衡保费,无论取哪一种缴费方式,保险的主要功能是保障而不是投资。如果你那么热衷于投资,你就购买投资产品(股票、证券、期货等)好了。此外还有某些具有特殊功能的险种,比如具有炫耀功能:马拉多纳的腿啦,伊丽莎白·泰勒的眼睛啦,理查德·克莱德曼的手指啦……保额几百万几千万。

**记者**:保险不是遵循"大数定律"吗?"马拉多纳的腿"有几条?几百万上千万的保额要缴多少保费?

**孙教授**:自然要有特别费率啦!一般财产保险费率在2‰到4‰左右,而这种保险的费率就高得多了,当然不可能是百分之百。在测算某一项险种时,一般应有很多的保险标的。所谓"保险标的",简单讲就是被保险的对象。根据大数定律,保险公司所承保的标的愈多,对未来损失的预测就愈准确,投保人的平均风险就愈小,缴纳的保费也就得以降低。而有些公司出售的特殊保险,实际上是一种身份、地位的显示。

**记者**:你为我们介绍了保险的首要功能和其他多种功能,以及保险的各个品种。那么,无论你对保险认识如何、接受与否,它必定要走进你的生活。随着市场经济的发展,保险必将成为今后一段时期我国发展最快的金融产业之一。

**孙教授**:市场经济本质上是"自我保障"式经济。子女上学、防病治病,退休后的生活,以至于丧葬、安抚等,从生到死的一切一切都不能再托望政府,需要人们自己现在来"未雨绸缪"。

**记者**:刺激保险需求,你认为应采取什么样的政策、措施?我是说如果把保险当做有力的金融手段,应当在政策上有所体现。

**孙教授**:政策上已有了很多变化,国有企事业单位的干部职工,虽然还享有医疗等方面的福利,但毕竟不是百分之百了。"十五大"已把公有制以外的那些方面称为"重要组成部分",一旦脱离国有部门,购买保险的动机就会直接、强烈得多。我亲戚中有人从国家机关辞职"下海",心态完全不一样了,常常问我:"我这样的人应当买什么样的保险?"此外,税收政策是人们购买保险的促进性因素,有些国家购买保险可以享受税收优惠——延期缴税甚至免税。这无疑是投保的强有力的刺激因素。这是值得研究借鉴的经验。

**记者**:你谈到借鉴国外经验问题,那么外资的进入对我国保险业的发展有哪些帮助?

**孙教授**:中国加入 WTO 的承诺之一是开放保险市场。自 1992 年起已有 9 家外资保险公司进入,速度是相当之快了。外资保险公司不论就资金实力、承保技术还是管理经验、人才培养等而言都是有优势的,它们无疑会把一种全新的观念和技术带进来。比如,友邦公司 1992 年进入,带进代理人制度,有人形象地把他们称作"跑街先生"——卖出一份保单提取一定比例的佣金,国内保险公司纷纷效仿,保费大幅度增长。

**记者**:谈谈你的经历吧!怎么搞起了保险?喜欢它吗?

**孙教授**:1993 年年底,院里任命我为当时的保险学专业主任。我倒没想干什么大事业,只是觉得它新鲜。没想到马上要做教学大纲,排入课程体系。读了 10 年经济学,从没学过保险课程。当我翻阅那些书籍时,所有的名词对于我来说都是新概念。我当时都懵了!照猫画虎总算把它们"歪"上教案。1994 年 8 月去美国的时候,我的保险知识几乎等于零。一听课,马上"遭遇"双重挑战——语言的挑战和专业的挑战。幸运的是,我遇到了两位好老师——约翰·朗和约瑟夫·贝尔斯。他们都是名气很大的专家,一个产险,一个寿险。他们自愿提出为我单独授课。我不是作为一般教员来美学习,我要统筹规划一整套教学方案和师资配备,压力很大。我在图书馆翻阅了大量与专业相关的书籍资料,又在林肯国民这样的大保险公司实习了解公司运作,这为我后来的工作打下了很好的基础。我的《保险学》一书于 1996 年 12 月出版,1997 年 4 月就被评为教育部的全国推荐教材(在 11 门核心课程中,参选书 400 多本,最后评出 20 本)。如果没有在美国的一年,我绝对写不出也不敢写这部书。因为正如我在后记中写道的:保险是理论性与实务性都相当强的学问。如果单凭二手翻译的资料去写,或许会像井底

之蛙那样自得其乐,但出去以后会知道完全不是那么回事。虽然我审视这本书时还是感到惴惴不安,但至少能壮着胆子写,写的时候有一点点踏实。我珍惜每一个学习机会,访问过美国、德国、瑞士、瑞典、日本、中国香港等国家和地区的很多大学,参加过国内外各种大型学术会议,与国内外大企业进行接触,为系里的教员、学生联系安排实习,还有我们的教材系列、科研课题,还有大量的行政工作……很多邀请抽不出时间去参加,很多采访不得不谢绝。

**记者:** 非常高兴你能抽出宝贵时间接受我的采访。你这样耐心地为我们讲解了这么多保险的要义、功能、品种,介绍了国内外保险业的这么多情况,我想《人民论坛》的读者们会十分感谢你的!

《人民论坛》专访,1998年第7期,胡欣文

# 如何看待外资保险的发展

近来,仅一个多月的时间,就有全球第五大保险公司——荷兰全球人寿保险公司与中海油合资,美国AEC旗下的三家保险公司同时大比例参股华泰保险,慕尼黑再保险和美国安裕再保险准备进入中国,6月7日美国友邦进京开店等。

不久前进行的一次调查共抽取了北京、上海、广州、成都各400个家庭,调查结果显示,仅有四成的居民对国内保险公司满意,有24%的被调查者坚定地表示将投奔外资保险公司。许多迹象说明,中外保险公司的竞争已经进入了面对面的"肉搏战"。日前,针对保险业的一些热点问题,记者采访了北京大学经济学院副院长、保险学专家孙祁祥教授。

**记者:**6月7日,美国友邦保险在北京开业,至此获准在国内开业的外资保险机构已达34家,其在上海、广州两地的寿险市场份额均超过10%,还有199个外资保险机构正伺机进入中国。请问您如何看待外资保险公司进攻中国市场的这种态势?

**孙祁祥:**第一,这是大势所趋。第二,积极的意义大于消极的意义。实践已经证明了这一点,很多行业的发展靠保护是不行的,保险业也是一样。第三,从1992年到现在,从保费的情况来看,我国的市场不算开放。有数据表明,在1999年亚洲的十几个国家(包括新加坡、日本、马来西亚、越南、韩国、中国等)中,从外资保险机构取得的保费来看,新加

坡是开放度最高的,中国是最低的。到2002年,外资保险机构的保费占中国市场的2%左右。开放不像大家所想象的那样,好像中国很大一块市场已经被外资保险公司垄断了。按照我们的统计口径,外资保险机构包括了各个分支机构,因此,单从外资保险机构的数量上来看,数量是不少,甚至超过中资的数量。

外资保险公司的到来,为中国带来了新的保险理念。客观地说,友邦等国外保险公司进入上海和广州,为当地的老百姓和保险公司上了生动的一课,它们告诉大家什么是保险,怎样做保险。严格来说,保险是"舶来品",国外已经做了几百年。我们国家的保险业仅经历了二十多年,产品种类已经很多了,许多都是从西方学来的。开放为中国的保险业带来了很多机会和正面影响,这对国内长期垄断的保险业有很大的促进作用,外资保险机构的进入带来了竞争,这有什么不好呢!

**记者:** 有数据表明,外资公司自1992年进入中国保险市场以来,业务发展迅速。2001年,外资公司保费收入32亿元。在已开放的上海和广洲地区,外资公司所占寿险市场份额达14.4%和11.8%,财产险市场份额为6.7%和1.5%。面对外资的全线进入,中资保险公司该学点什么?

**孙祁祥:** 以上海为例,1994年友邦进来的第一年,由于他们有着先进的个人营销制度,77万张保单中他们就占了70万张,在个人保险业务市场上友邦占了90%的市场份额。而中资保险公司由于没有这套制度,在市场上显得非常被动。但是中资公司如果要学,也会学得很快。在展业方式上,中资公司学得很快。通过两三年正面的较量,中资保险公司也逐渐学会了常用的销售手段,在市场份额上不但赶上了外资公司,而且还超过了外资公司。

以美国为例,保险市场很成熟,保险公司防范风险的技术水平已经很高了,老百姓的保险知识比较多,正常来说老百姓也很诚实,但他们也不得不诚实,因为制度使然。一旦有一次不讲信用的记录,他们将会付出很大的代价。所以保险公司一般也假定要求索赔的人是诚实的。而如果没有严密的制度,人们就敢于冒这个不诚实不讲信用的风险;因为他可以得到数倍的利润。

**记者**：一次调查结果显示，仅有四成的居民对国内保险公司满意，有24%的被调查者坚定地表示将投奔外资保险公司。这是否说明，在我国保险市场一直唱主角的个人营销制度（代理人制度）出了问题？您对此有何评价？

**孙祁祥**：关于个人营销制度，我们出现了一些矫枉过正、走极端的问题。这个问题我一直非常担忧。我们一味地强调市场份额、扩大经营规模，而营销员的培训则出现跟不上的问题。少数营销员的不好做法导致了很多人对整个保险业的误解或不满。如果套用中国的一句古话就是"成也萧何，败也萧何"，中国保险业则是"成也营销员，败也营销员"。因为中国老百姓对保险的认识多数是通过营销员得到的，一旦老百姓对营销员失去信任，那老百姓就会对中国整个保险业失去信任。1997年，我访问回国后发现了这个问题，当时我就认为营销员队伍扩张太快了，对营销员的培训太简单、太粗糙。这可能也是我们在学习外资保险机构的过程中要付出的代价。当然，当时的市场竞争很激烈，中资保险公司为了在激烈的市场竞争中保持一定的市场份额，拼命扩张规模也是不得已。

而对于代理人的问题，在美国如果是委托代理人为了卖出保单，把保单说的天花乱坠，甚至超出了保单上的内容，一旦出了问题，谁负责呢？保险公司负责。举一个简单的例子，在美国的法律中，低于17岁的孩子驾车是不允许的，在保险公司的保单中也明确写着，如果年龄不到17岁的孩子驾车出现问题，保险公司不负责任。如果一个代理人为了把保单卖出去，对一个未超过17岁的孩子说，没事的，你可以开车，出了问题保险公司负责。如果是这样，一旦这个孩子真的驾车出了问题，按照美国的法律制度，保险公司是要负责赔偿的。

**记者**：现代保险经纪人是开发保险市场的重要力量。在欧洲一些发达国家的保险市场，通过保险经纪人买保险的投保人占投保人总数的比例接近50%，在中国香港接近60%，在中国内地则不足1%。保险代理人存在种种问题，作为维护投保者利益的保险经纪人在将来是否还有成长空间？

**孙祁祥**：保险代理人和保险经纪人之间的区别就在于，代理人是为

保险公司代理产品业务的,他要为保险公司的利益负责。而保险经纪人是为投保者服务,帮助投保者选择保险产品。因此,经纪人是要维护投保者的利益的。我认为随着市场的发展,在中国保险代理人和保险经纪人会并存。在中国台湾,保险经纪人和代理人并没有严格的区分,不过在美国和欧洲有这个区分。现在的保险代理有专业代理和兼业代理,以后不应该有兼业代理。因为兼业代理带来的问题太多了,它和保险公司的目标函数差距太大了,不好管理。如果专业代理公司多起来,让它们相互竞争,大家就可以得到比较好的服务。

**记者**:前不久,华泰保险一次性出让22.13%的股权给美国AGE集团下的3家保险公司。据介绍,外方以1.5亿美元左右的价格获此股权转让。这是我国加入世贸组织后,中资保险首次以较大比例吸引外方参股。您对外资参股的中资保险公司有何评价?

**孙祁祥**:这是外资保险公司进入中国市场的一种方式。因为外资保险机构要在中国申请成立一家公司很难,很多国外保险公司在中国成立代表处十几年还没有拿到营业执照。这对于中资公司来说也是一件好事,因为外资公司会把他们好的管理方式带到中资公司里。因此,处理得好的话,对两者是双赢。对外资公司来说,参股中资保险公司是进入中国市场的快速通道。

**记者**:据统计,目前国内五大保险公司和包括四大国有商业银行在内的十几家银行都建立了业务合作关系,其中大多数保险公司(银行)都有一个以上的合作伙伴。请问您如何评价我国金融业混业经营问题?

**孙祁祥**:混业经营的前提是银行、证券、保险三者都有着比较强的自律,比较成熟,它们之间有着很好的防火墙,能够防止风险的发生和蔓延。对监管部门来说,需要有好的监管措施和手段。对老百姓来说,要有很强的风险意识。而我们国家目前这些条件都不存在。如果现在我们就搞混业经营,可能就会出现像美国30年代经济危机、风险蔓延的问题。美国为什么在那个时候把商业银行和投资银行分开?因为当时美国商业银行大量贷款进入股市而推高了股价,后来股市价格下跌,股市崩盘,由此影响了整个美国经济。从此,美国开始了长达66年的分业经营。美国也知道混业经营具有资源共享的优势,但是他们更知道混业经营带来的风险要远远大于分业经营带来的资源共享、规模经济以及为消费者提供更好服务所带来的收益。所以,中国也是如此。在现有条件下,还不具备那些条件,拔苗助长只能使得苗都死掉。

**记者**:作为我国的保险学专家,您认为中国保险业有哪些亟待解决的问题?

**孙祁祥**:中国加入世贸组织后,中国保险业面临以下几个问题:第一,保险公司合理的治理结构建设能否尽快完成?第二,保险公司目前的粗放型、数量扩张型的经营方式能否改变?第三,保险需求能否有效地吸纳保险供给?生活中有很多这样的例子,老百姓需要的保险业务没人提供,老百姓不喜欢的保险产品保险公司却在那里大力推销。比如,对于健康险,老百姓很需要,但是保险公司对健康险相对比较犹豫。因为保险产品和普通商品不同,你对某个保险产品有需求,说明你有发生这种情况的可能,保险公司就认为他们的赔偿概率高,盈利可能性比较小,所以保险公司就不愿推出这种产品。第四,我们总是说中国的保险市场空间巨大,13亿人口尚未开发,等等。其实,我们对市场没有细分。我们现在人均存款是14 000元,但是有数据表明,存款低于2 000元的人群占到43%,因此并不是说人人都可以买保险了。第五,人才外流问题。由于外资保险机构品牌好、薪酬高,中资保险公司的人才外流将成为一个严峻问题。中资保险公司如果没有好的信誉、品牌,没有好的人才,就得不到老百姓的认可,也就无法在激烈的市场竞争中生存下去。第六,市场的监管。如何让保险市场充满活力而又避免风险,这对保险监管机构是一个考验。

**记者**:如何看待中国保险市场的潜力?

**孙祁祥**:中国总体上经济增长速度很高,人均收入增长也比较快,人们的保险意识在增强,社会保障制度在改革,一些以前由政府做的事情在政府退出后,将给商业保险留出一个巨大的发展空间。中国有13亿人口,目前投保率比较低,这些都是中国保险市场的潜力所在。中国的保险市场如果没有这些潜力,你很难想象大量世界重量级的保险公

司会不远万里跑到中国来,他们是来赚取利润的。由此可见,中国的保险市场潜力是很大的。

《中国财经报》专访,2002年7月23日

# 全方位深层次解读中国的保险市场

孙祁祥：你们昨天给了我一个提纲，是五个问题。我从昨天全保会上所感也好，从我以前的一些思考也好，可以给你做一个系统的总结分析。有一些分析涵盖了你们的问题，有些也不一定只是你们采访提纲中的问题，我把对这次全保会报告的理解以及我对保险市场存在的主要问题，需要理论研究、需要实践推进的问题的看法，系统地谈一下。大概有七个方面。

第一，国有企业改制后的第二次创业与守业的问题

在今年及以后几年中，对于几家已经改制成股份制企业的国有保险公司来说，至关重要的是第二次创业与守业的问题。为什么叫第二次创业？在1980年恢复保险业的时候，只有一家国有企业，虽然到现在发展到了近60家保险公司，但国有企业仍占市场大头，它们通过改制增加了资本金，提高了偿付能力，股权也实现了多元化，这不仅对保险业有着非常重要的示范效应，而且给国有商业银行以及其他的国有金融机构的改革提供了一个非常有益的改革样本。去年，我们保险业的改革，特别是几家国有企业股权改造是很有作为的一件事情。这几家国有企业改造以后，用他们老总的话来说，叫做浴火重生、凤凰涅槃或叫脱胎换骨。我把它叫做第二次创业，因为它跟原来的国有企业相比已经发生了质的变化了，具有不同的企业性质了，从原来纯粹的国有到现在的股份公司，现在的老板不是单纯的国家而是众多的投资者了，

将来要把自己暴露在股东的监督之下。如果经营得不好,你需要面对的是股东用手投票和用脚投票的约束。在原先没透明的情况下,你如果搞不好,政府是你的老板,还可以瞒着公众给你做些事情,给你注资或是援助,但现在不行了,完全是市场在监督你了,如果股东不买账,企业做不好,就不单单是原先的几家国有企业本身的失败问题,而且还会引发消费者对别的保险公司和整个保险市场的信心危机,因为它们占的市场份额仍然很大。这对市场的影响就太大了。

第二,走进资本市场与利用资本市场的关系

这些年来,在保险经营过程中间,从上至下,大家对于保险业如何协调与资本市场的关系以及保险与证券市场的关系,有一个逐步深化的认识过程。1995年的《保险法》规定是不允许保险公司投资于证券的,后来逐步放开了渠道,从最早的允许保险参与银行间的债券市场,到允许保险公司购买中央级的企业债券,到允许定向发债,到协议存款,到1999年允许通过证券投资基金的方式间接进入股票市场,到这一次指导意见出台以后,允许保险公司以直接投资股票的方式进入股票市场,并且指导意见还提到保险公司是与证券公司一样的主要机构投资者。这些变化可以说对于未来保险业发展自己的业务以及进一步加强投资的能力、偿付能力等都给了非常好的政策。从理论上,我们可以预见,今后保险业的发展会有很好的起步条件,因为资本市场向保险公司放开了;但另一方面,有两个问题还需要注意:一是利用资本市场。并不是说保险公司入市以后,保险公司所有的问题就都解决了。任何事情都有两个方面,这是对监管者面临的两难选择:如果不让它们进入资本市场,它的钱放在银行里,就会面临负债风险,特别是在利率一再下调的情况下。但如果不加选择和不加监管地让保险公司进入资本市场,也可能面临着巨大的资产风险,因为一旦股票市场不行了,投入的资金就血本无归了。

所以,无论是对监管者还是保险公司,都是要在这二者之间进行权衡。1999年的时候,允许保险公司以投资基金的方式进入股市,但实际上保险公司并没有把这部分钱都用足了,没有达到5%或15%的投资比例,因此,根本没有那么多保险业的钱进入股票市场。而且当时很多外资公司说过,他们对于进入中国的资本市场是非常谨慎的,因为他们把中国的股市视为一颗定时炸弹,不知什么时候就要炸,在这种情况下,还能天真地认为保险资金能直接进入股市就万事大吉了吗?不是的,因为股市仍然是那样的一个股市,你不要去幻想一夜之间它就改造成了一个成熟的股票市场了。

从原来的间接投资到直接投资于股市只是在程度上有了一些变化,程序上更简便,但并不完全是一个质的变化。在这种情况下,既然原来间接投资时,可用于投资的资金额度都没有用满,现在改为直接投资,保险公司还是会非常谨慎地对待投资问题的。而且换个角度来说,对于保险公司并不都是"利好",因为当你偿付能力和投资有问题的时候,原来还可以找理由说是你不让我投资,现在可没有理由能找了,该向你放开的都已经开放了,该给你的也都给你了,你还没有搞好是就是你自己的责任了。所以,政府这样做其实很聪明,它把你该享有的权利给你,实际上保险公司是压力更大了,责任更强了。

走进资本市场和利用资本市场对保险公司来说一定要谨慎,此外,什么叫利用资本市场,如果我们只是简单地把资本市场作为一个组合投资的场所的话,只能把它叫做低层次地、简单地利用资本市场,我现在讲到的利用资本市场指的是在更高层次上的利用。我们应该借助于现在国际上已出现的保险风险证券化的一些理论研究成果以及实践成果来尽早地进行研究和实践,就是利用资本市场来转移保险市场风险,保险风险证券化的问题。保险风险证券化在西方国家出现已经有十多年了,它们利用成熟的金融工具,比如期权、期货、债券等衍生商品设计出了保险期权、保险期货、互换商品等用来转移原先仅仅是由再保险市场转移的风险,这实际上可以把保险业转移风险的能力大大地提高一步,原先只是在保险业界转移风险,从直接保险公司到再保险公司到再再保险公司,现在如果利用资本市场,转移风险的能力就能成几何级数的增长,从原来的只是在某一个地区利用现有的直接保险和再保险的体系有限地转移风险,到现在利用某一个国家或全球的资本市场来转移风险。现在既然资本市场对保险业已经开放了,我们就不仅要利用资本市场这个场所来进行初级的资产组合,而且要利用资本市场去转

移更大的风险。

第三,做大、做强与做深、做细的关系问题

从去年开始,保监会提出整个保险业要做大做强,我完全赞同这个目标和战略。中国的保险业整体来说是很弱小的,有三个比较的参数可以看出来:第一是与国际保险业相比较。虽然从1980年到现在,我国的保费从4.6亿元增加到去年的3 800多亿元,年均增长34%,高于世界上任何一个国家,公司发展的速度也很快,从一家发展到60家左右。但是,2002年世界保费总收入是26 000多亿美元,而在同年,我们国家仅为3 050亿人民币,也就折合380亿美元左右,对于我们这样一个有着13亿人口,GDP在11万亿左右的大国,保费仅占世界总保费规模的1.5%,很弱小。第二是与金融行业相比较。保险业发展20年来积累的资产、保费等与银行是没法比的,银行现有20多万亿资产,保险业还不到1万亿,居民储蓄存款是11万亿,保险的规模是3 000多亿保费。再看人均城市保费,假定按80%的居民储蓄和80%的保费都发生在城市里估算的话,人均城市储蓄应该是2万多元,但是保费不过700多元,相差了很多倍。第三是和整个国民经济比较。在中国每次发生大灾大难,人们首先想到的是财政,是政府的援助,而西方国家首先想到的是保险,这是一个巨大的反差,说明我们的保险太弱小,因为它的渗透力太低,很多人没有买保险。从以上的几个方面比较可以看出来,我们的保险非常弱,所以必须把它做大。

但做大做强并不是一个目的,而只是一个手段,把它做大以后是为了适应整个国民经济的发展。美国是一个经济强国,而它这个经济强国和大国是以强大的保险业作为支撑的,二者之间有着非常广和非常深的联系。所以,我们做大做强保险业就是为了保障我们整个国民经济,保障人类社会的进步和发展。如果说做大做强是我们的一个目标,是我们的一个战略指导思想,那就意味着在全国各地我们要大上市场规模,上保费。如果你在做大做强的同时,不在具体的、微观的、中观的层次上把它做实、做精、做透,做大做强是假的。对这一点如果认识不深刻的话就可能会产生三个主要的问题:一是会让各个保险公司特别是各保监局去促使人们增加保费,扩大市场份额,讲求保费的增长率。

如果要讲保费的增长率,最直接的一个后果就是容易导致价格战,因为只有通过价格手段的竞争才最容易产生更多的保费和占有更多的市场份额。进行价格竞争的时候,最有效的方式就是不搞创新,别人有什么产品就上什么产品,要是花时间去研究市场,调查市场,再去搞差异化战略,去研制别人没有的东西,瞄准自己的目标市场,那在保费上就可能落后了,最后的结果就是保险市场的产品同质化,市场创新能力和创新动力不足。所以,如果在做大做强和做实做深的关系上处理不好,不能统一认识,做大做强就可能会走偏,成了做空做虚了。

第四,商业保险公司如何处理商业经营的原则与社会责任的关系

这次全国金融会议上我们谈到保险的投保率很低,发生大灾的时候,保险的赔款很少,所以我们就要研制一些新的产品,去适应保险需求,保险消费者需要什么,我们就设计什么。以销定产的思路是对的,但是对于保险来说,也不能完全按照这种实业经济的思想来定调子。为什么?比如说是制造业,老百姓需要彩电,就应该生产彩电才能赚钱,当老百姓需要高背投或者等离子电视了,生产者的手段、目标就要不断地随着消费者的需求去进行转移才能获得利润。但是在保险业就不完全是这样的关系了。出险概率越高的消费者越希望购买保险,这就是保险业讲的逆选择问题:我如果身体很好,肯定就不愿意去投保,现在就因为得了癌症,才希望去投保。保险和电视机对于消费来说都是一种产品,但是它们的差别又是巨大的。第一,在电视机交换的场合,生产者把电视一卖出去,钱就收回来了,扣除掉成本,利润就到手了。而在保险的交换中间,把保单卖出去的时候,保险公司只是预先承诺,如果消费者发生了保险事故,由保险公司来进行赔偿。所以,保单卖出去的时候交易根本没有真正地开始,保险公司预先收到的保费不是利润而是负债,将来风险事故如果发生了,保险公司不但要把这个负债转给消费者,而且还要付出比保费大得多的保险赔款。所以消费者如果越需要一种产品,这种产品真正交易的可能性越大,保险公司赔的可能性就越大,如果在保险业里完全以需定产,那保险公司就要亏死了。因此,作为商业保险公司,在一定程度上可以说,提供消费者需要的产品和赚取利润这两者之间是有矛盾的。

那能不能说商业保险公司就应该哪种产品销售得越多就生产得越多呢？我认为，对于商业保险公司来说，你不能苛求它生产的东西、它在经营的时候、它在承保的时候，要完完全全地根据消费的需求——你需要，我就给你；你需要得越多，我就给你越多。它必须按照利润最大化、成本最小化的商业原则来经营。但这又出现了问题，要是按这个原则来经营，老百姓的社会责任怎么办？谁来承办这些老百姓需要而保险公司又不愿意提供的保险？所以，第一，商业保险公司有没有责任去承担那些不会给它带来利润，甚至可能给它带来亏损的业务？我个人认为，它没有这个义务，完全是自主经营、自负盈亏，承保与否都是自己的事。但是我又认为，一个好的商业保险公司也不会无视这种社会责任，因为它要通过这种社会责任来体现它的公众形象，所以没有一个商业保险公司说，我不做任何一个社会公益事业。但有一个前提条件：政府不能强迫它做。有人问，如果商业保险公司真的不做没有利润的业务，是不是就没人做了？那么一旦出了险，政府也要承担损失。我说，按照发达国家的情况来看，政府就应当做市场做不了的事。"政府不与民争食"，但是在民不愿意做的时候，政府就应该介入。美国是一个典型的市场经济国家，美国的商业保险也只在做它能够承担的事情。它不愿承担的风险，由政府资助保险公司做，或者政府完全自己做。所以美国有一半左右的风险是政府或由政府资助的代理机构来做的，比如，美国有联邦洪水保险计划、联邦犯罪计划、联邦储蓄保险计划等。美国政府在这方面很好地处理和协调了政府与市场的关系问题，各种风险都得到了有效的承保，这一点很值得我们借鉴。

还有一点，我也不相信，这些保险公司完全不做社会责任的事情，回到我前面的论点，如果说它只做纯粹商业保险的事情，它只承保那些有利润的东西，有人就要问，谁都不是傻子，你只给我承保那些、转嫁那些没有风险的业务，我下次就不找你了，这也是"周瑜打黄盖，一个愿打一个愿挨"的问题，只要你没有强迫，没有行政性的约束，你老是那么精明，我就那么傻吗？我下次一定找别人，又不是只有一家。所以我说，这种担忧不是特别必要的。这是第四个方面的问题，就是对于商业保险公司来说，有一个处理好商业经营原则和社会责任关系的问题。它引出的下一个话题就是在商业保险的体系中间,一定要有政府资助、政府主导以及政府参与的这样一些保险项目。它跟纯粹的商业保险项目是要有界限的,因为我们要让商业保险公司做它应当做的、做它想做的事情,不应当强加给它一些政策性的业务。否则商业保险也做不好、政策保险也做不好,保险的渗透率也不可能提高,保险的覆盖面也不可能扩大。

第五,混业经营趋势下保险业的发展战略问题

金融混业的趋势已经在国际上出现很长时间了,在欧洲已经有30年了,美国从1999年取消《格拉斯—斯蒂格尔法案》至今也有几年的时间了。现在人们普遍地同意这样一种观点,美国取消了《格拉斯—斯蒂格尔法案》以后,从法律上消除了混业经营的障碍。中国原来是完全的分业经营,分业管理,就在前几个星期,《商业银行法》和其他的一些法律已经透露出混业经营的信息了,这说明,许多学者也好、业界也好,都已经赞同这种观点了。这几年我也一直在研究混业经营这个问题。现在的问题是,对于每一个行业来说,都有一个从自身的本业出发去观察混业经营的问题,就是说,银行有银行的角度观察混业经营问题,它以自己为主体,看它如何与其他两个行业去协调。证券业也有同样的问题,以自己为主体,怎么样去吸收,怎么样去联合,怎么样与其他两个部门去协调。保险业自然也有这个问题。我觉得这是一个非常重要的问题。怎样看待它呢?

我们现在并没有严格意义上的混业经营。混业经营从低层次来说一般是产品的融合,即保险产品有银行产品的特性,银行产品有证券产品的特性,证券产品有银行产品的特性等这样的一个融合。高层的混业经营实际上指的是资本的融合,也就是说不同的部门通过资本的纽带联系在一起,成为一个金融控股公司,然后底下分别有银行、证券、保险公司等。我们现在在讲到银行保险的时候,很多人认为这就是一个混业经营的前奏、一个雏形、一个趋势,但更多的时候,我不把银行保险视为一个混业经营,因为它充其量就是一个渠道的概念。你想,它现在实际上做的是什么呢?就是通过银行这个柜台,把保险卖出去。因为银行的网络资源非常发达、客户很多,所以卖得快。也正因如此,所以

我说它是一个渠道。从哪种意义上能说它是银行产品呢？它不是。所以，为什么要把它与其他的销售渠道完全分开呢，如果我通过邮局卖不就是邮局保险、我通过电话卖不就是电话保险、通过网络不就是网络保险吗？都是渠道的概念，银行保险与其他的渠道有什么实质性的区别！只可能是，因为银行的网络资源发达、客户多，所以成本比较低。但现在的问题是，大家都在借助于银行这个渠道，就导致银行现在特别"俏"，它的地位非常高，"皇帝女儿不愁嫁"，你们大家都来找我，所以手续费从2%升到3%到4%，现在是5%。所以，尽管保险公司是把保险卖出去了，但成本上去了。保险公司若不从成本的角度去控制，那将来的危险就大了。

所以，我们要认真研究保险的混业经营问题。以我作为主体，怎样去收购、兼并银行，设计出真正意义上的银行、保险、证券产品，而不仅仅是一种销售渠道的概念。这是非常值得研究的问题。银行具有天然的优势，它的主营业务是存贷款，只要它有一个作为一般等价物、价值尺度和支付功能的货币功能在那，那么，它的优势就比保险不知要大多少倍。所以，如果我们不尽早地研究银行和保险的特点，而仅仅是依附于银行，未来在和银行业的竞争中我们会面临非常大的竞争威胁。

第六，监管者的职责问题

这一次全保会上，吴主席讲到，保监会已经从副部级升格成为正部级，各地保监办也升级成保监局，编制也多给了，全国多给了1 000多人，在全国机构进行精简的时候，中编办给保监会额外的这么多名额，机构也升格了，说明中央政府的确对保险业非常认可，也非常重视。但问题是，保监会到底是干什么的，人多了，是不是监管任务更重了？其实，在今年或以后的工作中间，监管职能的职责、定位问题非常重要，具体集中到两个问题上：管什么，怎么管？这两个问题一定要解决好。

今天上午开会的时候，我听一些地方保监局的人在讲话时谈道："我们省的市场增长率有多少，主体有多少，我现在人员只有20多个人，人手不够，现在有很多保险机构，我现在没有办法去管理。"听到这些的时候，我感觉到，他们还是观念没有转变过来。他们认为监管就是到现场去，看他们到底在做什么。按照这种方式监管，增加一倍或十倍的人也不够,因为主体还在不断地增加。我们要明确一个道理,管什么?这个问题解决不了,相应的怎么管的问题,你就没办法解决。或者你管得太多,阻碍健康的竞争,阻碍创新,扼杀了竞争力;或者可能就是市场混乱,管不过来,到底应该管什么?对于监管部门来说,是一个需要监管者重新定位的问题。

我个人的看法是,对于监管部门来说,我们现在强调市场监管和偿付能力监管并重。我同意这种基本的判断,但是我觉得,监管部门要明确:最大的、最重要的任务就是要创造、维护公平竞争的市场环境,这是第一位的任务,以此为宗旨。把这个定了位之后,其他的,保险业务增长多少,卖什么品种,你都不要管,但如果它搞违规竞争,无序竞争,你就去处理它、重罚它。保监会千万不要把市场增长率作为考核"政绩"的指标,如果是这样,市场就会走偏。公司和监管者统一来做大做强市场,最后其结果就是市场做虚了、做空了。所以说定位非常重要。

怎么管?前面谈到,监管部门感觉监管人员太少。我觉得,如果我们转变一下思路,学一些好的监管方法,就可能管过来了。举一个例子,我曾经看到过一个管理类的案例,说有个公园,里面有很好看的花圃,经常有游人去摘花,管理人员太少,几千个游人,管理不过来,不管吧,损失又很大。后来,他们转变了管理的角度,贴出一个告示,说凡发现有摘花者请告诉我们,奖励200元。这样,将几个人的工作无形放大到几千人的身上了。如果有人想摘花,就要注意后面的眼睛,这里面有激励机制。无形中将监管的力量扩大了无数倍。每个人都成为监管者了。有人可能问了,游人有没有权力成为监管者?我这是情况举报,这并没有违法啊。

此外,还必须保证监管机构有抽查的权力。美国每年在4月中旬的时候每个人都要填写税单,非常复杂,我在美国的时候曾问我的美国朋友是不是非常麻烦,他们说"这是黑色星期",每一笔都要如实填报,很麻烦。我问申报不全怎么办,他们说,其实不是100%全查,是2%和3%的抽查率。但一旦查到你没有完成如数申报,名誉、收入等方面都将受到极大地损害。这是一种高悬在每个人头上的达摩克里斯剑。每个人都会想,万一呢。这就叫事先的警示与事后的监查完美地结合在

一起。一方面明确,到底管什么,不是说管得越多越好。管少,管精,管该管的。另一方面,将监管的思路转变一下,这样就能将监管工作做好。

第七,系统性金融风险问题

我们一直谈系统性风险这个话题。对证券市场来说,有系统性风险,也有非系统风险,对个别股票,个别公司,个别行业,对金融市场来说,我们现在还没有研究透,到底怎么样影响保险公司。我们保险业是经营风险、管理风险的行业。但不是说,你的风险管控能力就一定比别的公司更强。内部有风险管理机制,要有转移风险的方式手段。现在,国际上出现了一些新的动向。比如说,对于保险业来说,自保公司的出现,是管理风险非传统的一种方式,还有整合风险管理。还有前面提到的保险风险证券化,都是防范保险业风险的一种手段,是一种手段上的创新。对于什么是影响金融业、保险业的系统性风险,我们更要细化。我们原来大都是从大面上来谈。但是,影响金融业的系统性风险和影响保险业的风险有共性,也有差别。风险如何传递,类型有什么不同,怎么发生转换,都需要深刻研究。对保险业来说,风险问题研究好了,才能更好地去管理风险。

香港《环球财经专递》2004年2月,陆建专访实录

# 保险业需要强大起来

6月26日,《国务院关于保险业改革发展的若干意见》正式公布,这一被称为保险"国十条"政策的推出,对于保险业发展有什么意义?我国保险业的现状如何,带着这些问题,本刊记者采访了北京大学经济学院副院长、中国保险与社会保障研究中心主任孙祁祥教授。

**问:**"国十条"对保险行业的发展有什么意义?

**答:**"国十条"是自保监会成立以来第一份以国务院名义发布的文件,它是对我国商业保险行业发展的纲领性意见。这一文件由国务院而非某一部门颁布,体现了国家对发展保险业的重视和决心。对保险业来说,这是一个重大的政策机遇,主要体现在:第一,发展保险业的重要性被提到了有关构建和谐社会的层面,这就从供给层面为保险业的发展提供了充足的动力;第二,从需求的角度看,我国目前正处于经济转轨和政策转型期,由此形成了很多新的风险源,损失发生的不确定性增大,这对保险业提出了极大的需求。所以我们讲,这是政策和市场机遇共筑发展利好。

**问:**我国城市储蓄已达人均2万多元,但城市人均保费只有300元左右,这说明了什么问题?

**答:**这说明保险业在中国还没有得到应有的发展。目前,我国银行资产50多万亿人民币,居民储蓄15万亿,保险资产却只有1.5万亿,人均保费300元只是一个更具体的反映,反映出保险行业在中国很弱

小。为什么会弱小？第一，与商业银行相比，我国保险业曾中断了20多年，至1980年才得以恢复，这是历史原因。第二，保险业自身的特殊性。银行产品提供的是储蓄、贷款、投资等金融中介功能，而保险所涉及的内容是风险。每个人都要面临风险，但在现实中，特别是生活在中国文化中的老百姓又很忌讳谈及风险，比如，忌讳谈我死了以后怎么样，发生了意外怎么办，所以，人们会主动去购买银行证券产品，却很少主动购买保险。第三，保险业自身的复杂性。由于保险业在中国的发展历史很短，人们不是很了解，而且保险的产品、条款及交易、理赔的过程都非常复杂。这也是人们不愿触及保险的一个重要原因。

问：您怎么看待"投保容易理赔难"的现象？

答：毫无疑问，这首先是保险公司的问题。有些保险公司确实存在欺骗、刁难消费者的情况，但也存在消费者缺乏对保险的了解等原因。保险的某些条款和做法，本是国际遵循的惯例，但在中国则被认为是无法接受的"霸王条款"和不公平的歧视，这些误解使消费者对保险公司产生负面印象甚至厌恶情绪。举个例子来说，在投保健康险时，保险公司会根据年龄、健康状况的不同，也就是视风险的大小而收取不同的保费，如患有糖尿病的人肯定会比健康的人的风险要大，收取的保费自然就要高一些。吸烟和不吸烟的人缴纳的保费也都不一样，而在我国就有人说：人家患了糖尿病，你就多收保费，这是歧视！还有人说，人家患糖尿病，正需要保险，你还要多收保费！公平地说，保险公司是存在很多问题，但是也有一些问题是由于消费者的误解，甚至是无知造成的。

问：2004年全球保费规模达3.2万多亿美元，中国则为500多亿美元，仅占世界总量的1.7%左右，这是否意味着我国保险业存在巨大的机遇？

答：差距并不一定就是机遇。有个故事说：一位鞋商去荒岛旅行，看到那里的人都赤脚，就说："这是巨大的商机，他们都需要鞋！"另一个鞋商来了却说："一点机会都没有，他们都不穿鞋。"这就是说，一种现象要两面看。如果一个国家的政府不允许保险业发展（像中国在1959年取消商业保险一样），不支持保险业的发展，换句话说，保险业的发展没有一个好的环境，那么，它即使再弱小，人们即使对它再有需求，保险业也是发展不起来的。

**问**：商业保险是社会保障的必要补充，"国十条"在这方面有哪些突破？

**答**："国十条"覆盖了目前我国保险业发展中最主要的几个问题，明确了农业保险、养老保险、健康保险、责任保险四大险种的发展方向，照顾到了广大农民和广阔的农村市场，强调了保险最原始、最基础、最根本的作用——保障。这就说明，社会保险在发展的同时，商业保险需要快速跟进，老百姓才能得到更全面的保障。同时，也需要拓展思路，商业保险的发展不仅是社会保障的必要补充，它在拉动经济发展方面也有相当大的作用。大家总在讨论国内需求为什么不足，一个很重要的原因就是人们对未来的预期不明确，实质上就是缺乏保障。如果商业保险能和社保一起为老百姓提供一个安全网，那么大家就敢去消费。消费上去了，经济发展的三驾马车——进口、投资和消费就能并驾齐驱，这对推动经济快速、健康的发展具有重要作用。

《时事报告》专访，2006年第8期，尚艳玲文

# 保险业的稳健发展,必须秉持十大理念

**题记**:北京大学经济学院副院长孙祁祥教授最近带领课题组完成了一项题为"经济、社会发展视角下的中国保险业:评价、问题与前景",提出了许多富有新意和启发性的观点,特别是有关保险业发展的十大理念。为此,本刊特别专访了孙祁祥教授。

## 理念一:保险的核心作用是保障

**本刊编辑部**:目前国内很多消费者都把保险视为投资品,认为购买保险是一种投资手段,希望以此获得较高的投资收益率。尽管他们在考虑购买保险时,最初的动机也确实是为了得到风险保障,但由于投保后出险的概率太小,尤其是寿险产品,因此,最后他们总免不了会将注意力集中到究竟能得到多少回报这个问题上,对此,孙教授您认为应该怎样正确看待?

**孙祁祥**:人们为什么要购买保险?正如胡适先生评价保险功能时所说的那样,今天预备明天,这是真稳健;生时预备死时,这是真旷达;父母预备子女,这是真慈爱;能做到这三步的人,才能算做是现代人。毫无疑问,保险的核心作用是保障。而目前国内很多消费者都把保险视为投资品,认为购买保险是一种投资手段,希望以此能获得较高的投资收益率。由于一些消费者对所购保险产品预期的主观性和片面性，所以，一旦现实和预期不符，他们就会归咎于保险代理人的误导或产品设计的不合理（当然，不否认这种现象的存在）。同时，在保险营销的过程中，也确实比较普遍地存在着因过分强调保险的储蓄投资功能而忽视其保障功能的现象。如果让这种情况蔓延开去，往往会演变成为对保险业的不信任和排斥，并直接损害保险业在消费者心目中的印象。

事实上，购买保险主要是为了使自己或与自己关系密切的人在遭受不幸时得到经济上的补偿，换句话说，保险是为将来可能发生的风险寻求可靠的保障而提前做的准备。如果对保险实现保障功能的方法用一句话概括，就是"我为人人，人人为我"，由此可以看出，保险机构与其他从事储蓄投资的金融中介机构有明显差别。尤其是寿险公司提供的产品，为人们因生老病死而带来的损失提供了切实的保障，因此它在人们的生活中发挥着重要的作用。

保险的本质思想可以归结为"汇聚"和"分摊"这两个词。从风险流的角度来说，保险将被保险人各自的风险汇聚至保险人处，然后再将汇聚起来的集合风险均摊给每一个被保险人，集合风险均摊之后就成为确定性的成本。从现金流的角度来说，被保险人向保险人缴纳保费，也就是均摊未来的预期损失，在损失事故发生时由保险人从汇聚的保费中向发生损失的被保险人支付保险金。这个机制之所以能够有效运作，其理论基础在于大数定律和中心极限定理。

保障功能为保险公司所特有，构成了保险产品最重要的内含价值，也成为保险公司核心竞争力的最主要内容。而储蓄与投资只是保险兼具的功能。从保险发展历史的角度来看，保险的储蓄投资功能是保障功能得到一定发展后衍生出来的，它不能脱离保障功能而单独存在，更不能超越和代替保障功能。如果保险失去了保障功能，失去了对风险的专业化经营，而只是单纯地强调资金储蓄投资和资产增值，就无疑是舍本逐末，保险业将失去核心竞争力。所以，保险产品应当以保障为基础和核心，真正发挥其家庭避风港和社会稳定器的作用。

## 理念二：保险机制是损失补偿与风险控制的统一

**本刊编辑部**：既然保险的核心功能是保障，那么，在市场经济条件下，要使保险的保障功能得到充分发挥，保险公司又该怎么做呢？

**孙祁祥**：我们提出的第二大理念是：保险机制是损失补偿与风险控制的统一。在较长的一个时期内，我国的保险业由政府垄断经营，定价的力量很强，而对成本控制的激励却较弱，保险公司倾向于靠提高保费来弥补成本，不太重视在整个保险过程中进行风险控制，承保前的费率调节较为粗糙，只按照几个笼统的条件进行费率分级，承保后又不积极地与被保险人协调预防性措施，由此形成承保之后就坐等理赔的局面，甚至只能通过惜赔来减少赔付。这种将损失补偿与风险控制割裂开来的做法不仅影响了保险业可持续发展的基础，而且也限制了保险降低风险成本作用的发挥。

可保风险中的损失都是人身和社会财富的净损失，经济补偿虽然能够在一定程度上解决燃眉之急，但从全社会的角度来讲，在很多情况下，尤其是在一些巨额损失面前，即使对个体有再多的经济补偿，损害事件也还是发生了，全社会的物质财富和人的生命也还是受到了威胁，因此，未雨绸缪才是最根本、最积极的做法。这里的风险控制可以界分为承保前控制和承保后控制两部分。承保前控制是指在承保之前，保险公司可以利用费率调节的市场手段进行风险过滤。由于投保单位的费率和风险成正比，这样就会促使被保险人在多缴纳的保费数额和采取安全措施所需的成本之间进行权衡，以达到风险成本的最小化。例如，美国的国家洪水保险计划之所以被普遍视为洪水保险的典范，成功之处就在于该计划包含了完整的风险控制过程。如果要参加洪水保险，必须满足一定的安全条件，比如不能在洪水高风险区进行开发建设等。而如果不参加保险，则无法享受多项贷款优惠，水灾一旦发生，也无法享受政府的灾难救援与救济。这种牵制使得洪水风险得到了根本的控制，洪水保险的作用也得到了高层次的发挥。承保后控制则是指在承保之后,保险公司可以利用自己的专业优势,在承保标的的损失预防和损失减少方面投入精力,而不是坐等理赔。例如美国在实施管理式医疗之前,由于医疗机构提供的服务是第三方付费,使得医疗费用上涨迅速,但管理式医疗的实施就使得提供医疗服务的目标与费用控制的目标相统一,家庭医生的工作重心也由单纯地提供治疗转移到了健康检查和健康咨询上,这样不仅通过强调疾病预防提高广大人群的健康水平,也使医疗费用的上涨在一定程度上得到了控制。

重视保险过程中的风险控制,一方面可以提高保险公司自身运营的安全性和高效性,强化保险公司的偿付能力和风险分担的能力;另一方面也可以有效地提高社会基金的利用效率,提高社会的防灾和减灾能力,减少社会财富在可预防的灾害和事故中的无谓损失。

### 理念三:现代保险业是人力资本密集型行业

**本刊编辑部:**现在社会上有这样一种流行的说法,认为保险公司所需要的无非是销售人员,因此,只要能将保单销售出去,无论什么样的人加入到保险公司的销售队伍中来都可以。您如何评价这样的说法?

**孙祁祥:**这确实是一种不正确但甚为流行的观点。这种错误的认识扭曲了保险业在消费者心目中的形象。实际上,保险业虽然不需要机器厂房,但却是人力资本密集型行业(这里的人力资本密集型也可称为知识密集型)。

一般认为,除了拥有大量高、尖、新的技术设备之外,人力资本密集型行业还具有以下特征:员工主要由具有较高的专业技术知识与技能的人员构成;产品具有较高的知识与技术含量;生产与管理的内容和环节主要依赖于知识与技术活动;企业的无形资产占有相当的比重。

金融业是典型的人力资本密集型行业,而作为金融业组成部分的保险企业的运转更是与人力资本息息相关。首先,展业环节需要高素质的人才,因为保险产品是一种无形的未来保障,不像有形产品那样可以具有一定的感观吸引作用,其消费动机几乎完全建立在理性思维的

基础上,因此,只有具备了保险、营销、法律、金融乃至证券、医学、心理学等相关知识,才能游刃有余地为客户全面解释保险条款,才能深入浅出地从个人理财的角度帮助消费者建立合理的保险计划;其次,保险产品定价、承保、理赔、资产管理等各个环节都需要具有专门知识和技能的专业人才。因此,人力素质和技能的整体提高是保险公司取得良好业绩的先决条件。

## 理念四:保险业既是"风险管理者", 又可能成为"风险制造者"

**本刊编辑部**:一直以来,传统的观点都认为,保险业在社会经济生活中扮演的是"风险管理者"的角色,但随着一些保险公司由于经营不善等各种原因而发生危机甚至破产的案例陆续见诸报端,人们开始逐渐认识到对保险业原先的角色定位是带有一定的片面性的。那么,究竟应该对保险业作怎样的角色定位才是比较全面和合理的呢?

**孙祁祥**:保险是对风险进行管理的有效手段之一。这样说并不意味着在现实中它就一定会完美地扮演着"风险管理者"的正面角色,在有些情况下,如果处理不好,它也可能制造出新的风险,扮演"风险制造者"的负面角色。例如,在保险市场出现系统性震荡或危机的情况下,与原先没有"覆盖广泛的保险制度"的状态相比,建立这样的制度之后发生的严重问题将带来可怕的"乘数破坏效应"。

出现这种现象的原因在于:首先,从保险的本源目的来看,它是人们在灾难发生之时托付希望的一种特别的制度安排。因此,如果这一制度根本不存在人们就可能会通过其他非正式互助手段来进行风险管理,而如果存在保险制度的话,人们就可能会将风险管理的希望托付给这个体系,但一旦其所依赖的这个体系发生危机,希望破灭的打击将是非常残酷的,对公众心理和社会和谐的破坏力将是巨大的。因此,从这个意义上说,保险体系的制度安全是一个更加重要的问题。其次,管理风险的保险机构不仅面临风险,而且由于其经营的特性,它所面临的风险所造成的危害可能还非常大。因为保险公司可以说是一个风险聚集单位,如果一旦发生问题,后果必然非常严重。这就如同一个大夫,他可以帮病人诊断病情,可以为他们治病,但这并不是说他就不会得病。从某种意义上来说,由于大夫接触大量的病源,特别像传染病,如果缺乏有效的防范手段,他得病的概率就可能比一般人要高。如果大夫得了病,一方面大量的病人得不到及时救治;另一方面,他还可能成为下一个重要的疾病传播源。

保险业自身面临的风险可以归纳为以下四个类别:公司治理风险、市场投资风险、公众信心风险和资本补给风险。这四大风险中的任何一项爆发都有可能威胁保险公司的偿付能力,置保险公司于破产境地,给保险业发展造成破坏性影响,更不用说如果多项风险同时爆发了。

中国正处于一个经济与社会大变革的时代,变革将带来更大的不确定性,因此,保险制度的引入和完善是顺理成章且必不可少的。保险业的制度责任就是要"以自身的稳健来保障整个经济和社会的稳定",这是保险业神圣的制度责任。

## 理念五:商业保险公司是社会责任而不是政治义务的承担者

**本刊编辑部:** 现在有些政府部门习惯于从维护自身利益的角度出发,要商业保险公司承担这样或那样的"政治义务",使后者十分为难。孙教授,您对此如何认为?

**孙祁祥:** 政策或者制度可能会给保险业的发展带来很大的机遇,为商业保险公司提供广阔的发展空间,但同时,如果政府要求商业保险公司承担过多的、本应当由政策性保险公司来承担的社会责任的话,则可能带来很大的问题。

政策性保险公司与商业保险公司的定位是不同的。政策性保险公司有责任体现政府的责任,即政治责任,而对于商业保险公司而言,如果政府在给予其政策支持的同时,要求其做一些本应由政府来做的事情,让其履行一定的政治义务,那么就会造成商业保险公司与政策性保

险公司在定位上的混乱,成为商业保险公司按照商业原则经营的障碍。商业原则就是边际收益等于边际成本,就是要获取利润,特别是对于股份制公司来说,就是要为股东负责,实现企业价值的最大化。商业保险公司所设计的产品,或者说它应该设计的产品,必须是能够为它带来利润的产品,而不是在其中强加了别的意志的产品。

当然,这也并不是说商业保险公司就不应当承担社会责任。实际上,一个优秀的公司,绝不是没有社会责任感的公司。保险的基础职能就是救人于危难之中,这恰恰是其社会责任的体现。不仅如此,很多保险公司还积极参与公益和慈善事业,这些自觉回馈社会的行为为其创造了良好的声誉和形象,赢取了更多的商业机会,保证了公司的长远发展。保险公司作为企业公民需要负担一定的社会责任,这是保险企业长远利益的重要组成部分,由于保险行业在全社会范围内进行的风险转移要基于广大消费者的信任,因此,保险人需要依靠承担社会责任来建立起社会公信力。实际上,一个成功的公司,不单单是保险公司,在其经营过程中都会非常好地去体现其社会责任,通过社会责任体现一种价值、品牌,获得公众的认可,然后获得更多的商业机会。

## 理念六:诚信是保险的生命线

**本刊编辑部**:改革开放以来,尽管我国保险业取得了飞速的发展,但在保险服务领域,诚信缺失的问题却依然比较突出,甚至已经对保险业的进一步发展构成了威胁,对此,孙教授您怎样看?您认为解决诚信缺失问题的最有效办法是什么?

**孙祁祥**:在我国保险行业高速增长的同时,诚信缺失的问题却威胁到了它的进一步发展。保险业的诚信缺失问题突出表现为:设计保单时的文字陷阱;出险时的惜赔或无理拒赔;对客户的误导宣传;借助行政力量强迫保险;展业、理赔两张脸等。有调查表明,从1997年到2005年,中国寿险保费年均复合增长率达到23.43%,但退保率也随之增长,2003年寿险退保率为6.83%,2004年为10%,不仅超过了保费增长率,且退保金额达到了 300 多亿元。2005 年退保金又达到 486.9 亿元,同比增长 56.18%,退保率为 3.78%。另据调查发现,在退保者当中,有 20% 是因为感到受骗。

诚信是保险的生命线。通俗地说,保险就是钱与纸的交易,这里的"纸"指的是保险合同。保险合同是保险人履行保险义务的承诺,承诺的基石则是诚信与法制。最大诚信原则是保险四大原则之一,是订立和履行保险合同的基础。"最大"的含义在于:保险双方当事人在民事活动中不得有丝毫的虚假,不得以欺诈、隐瞒和故意及不应有的疏忽来对待保险活动。保险活动在法律规范上对道德规范的要求要高于其他民事活动。

诚信是保险业生存与发展的内在要求,如果保险双方长期背离诚信原则,可能危及整个行业的长期发展。保险交易的发生从根本上来说,是基于投保人与保险人对对方诚信的信任,一些复杂性的产品和长期性的保险业务更是如此。保险合同的当事人只有最大限度地诚实守信,才能降低保险市场的交易成本。这是因为,相对于其他以合约责任这一无形之物作为商品的行业来说,保险市场上存在更为严重的信息不对称性问题,投保人比保险人掌握更多的保险标的方面的信息,而保险人作为保险服务的提供者则掌握更多的保险专业知识,保险市场的信息不对称导致交易成本增大,可能出现逆向选择或道德风险,间接或直接损害保险合同主体的合法权益。

诚信作为一种社会秩序,需借助自律和他律来实现。如果说,建立在道德和伦理秩序上的认同是自律的基础的话,那么,健全的法制则是他律的重要手段。完备的信用法律体系以及相关部门的严格执法等对失信行为都具有强大的约束力。

## 理念七:一国保险业的发展程度在根本上取决于该国的经济发展水平与民众的认可程度

**本刊编辑部**:我们注意到,目前在保险密度和保险深度这两个衡量

世界各国保险业发展的主要指标的名次排列上,我们中国是比较落后的,为什么会出现这种情况?我们又应该通过做出怎样的努力来改变这种情况呢?孙教授,请您谈谈对这些问题的见解。

**孙祁祥:**这正是我们要阐释的第七大理念,即一国保险业的发展程度在根本上取决于该国的经济发展水平与民众的认可程度。一国保险业的发展受到该国整体社会和经济环境的影响,其影响因素包括经济增长、通货膨胀、利率、金融市场的风险、居民的投保意识、人口状态、社会保险和福利、科技发展、法律制度等。这些因素所形成合力的方向和力度,决定着保险业发展的方向和速度。其中,经济发展水平和民众对保险业的认可程度分别是客观和主观层面的根本力量。

经济发展水平将对本国保险公司的供给能力、外资公司是否进入中国保险市场等产生决定性的影响。在此前提下,假定其他条件不变,如果居民可支配收入越高,财产价值越高,各项活动中所涉及的责任越大,则保险商品的消费量就可能越大。有研究表明,保费收入增长和GDP增长的总体发展趋势较为一致,存在较强的正相关性。其内在逻辑是,经济增长将提高人民收入水平,而收入水平的提高又可以提升人们对保险的需求。通常,保险业的发展速度要高于GDP的增长速度,即保险需求的收入弹性大于1,而且,越是发达国家,保险商品的收入弹性越大。如据瑞士再保险公司的研究,总体的保险商品的收入弹性是1.35。

客观力量只是一个方面,影响保险业发展的另一因素是民众的认可程度。保险作为风险管理的手段之一,在某些方面并不是无可替代的,民众保险认可度的低下势必影响保险业的发展。保险以大数法则和概率论为经营基础,如果民众缺乏投保意识,将直接影响其对保险产品的需求,从而影响投保的数量,影响保险公司风险分散功能的发挥。投保意识滞后是阻碍潜在需求转化、商业保险渗透力提升的重要原因之一。从总体上看,投保意识滞后集中体现为政府重视不足、企业认识不足、居民意愿不足三个方面。从构成上看,投保意识滞后呈现出显著的地区差异和教育差异。投保意识的形成,是多因素共同作用、长期影响的结果。因此,提高全民投保意识,需要积聚全社会的力量,形成以

"政府倡导为核心,学校教育为基地,行业宣传为主体"的社会合力,其中保险行业的宣传要具备长期性、广泛性和针对性,要把握宣传时机,发挥行业的联动优势。

## 理念八:保险供需双方应当更加关注长期效应

**本刊编辑部**:目前,作为我国保险市场参与者的供求双方都确实不同程度地存在着追求短期效益的倾向,对这种现象究竟应该怎样看待?

**孙祁祥**:保险市场中的参与者主要是保险供给者和保险需求者这两大类。目前在我国保险市场上,供需双方都存在一些短视行为,例如,从供方来说,为追求保费规模和市场份额,提高手续费、降低费率(甚至采取"自杀性费率")、少提准备金、不注重人才的培养……从需求方来说,"逆选择行为"严重、将保险作为"发财"的工具、退保(当然,有的可能也属于被营销员误导之后的无奈选择),有的甚至采取骗保骗赔等手段。这些问题无疑对保险业的长期健康发展构成了极大的威胁。

保险业,特别是人寿保险业是一项长期的事业,只有建立在稳定、长期性的基础上,交易双方的利益才能够得到保证。

从消费者的角度来看,注重长期利益而不是短期利益将会使自己受益。这是因为,保险需求者的短期机会主义行为,势必会导致保险赔付率上升,供给成本加大,由此使得保险供给者不得不厘定更高的费率或设计更为严格的保险条款,挤出原本低风险的保险需求者。在这种情况下,一方面,低风险的保险需求者将无法通过保险市场寻求自身风险的转移与分散,只能自己面对不确定性,承担所有损失;另一方面,随着低风险需求者被挤出,保险市场上将只剩下风险更高的保险需求者,保险供给者不得不再进一步提高费率,严格设计保单条款,从而继续挤出风险相对较低之人,由此形成费率的螺旋上升,导致保险市场陷入萎缩。

从供给者的角度来看,注重长期利益而不是短期利益将不仅有利

于消费者,更有利于整个行业的发展。与其他市场资源一样,保险市场资源也是有限的。如果为了短期收益而盲目"开采",竭泽而渔,导致保险市场生态的破坏,那么,虽然从近期看,可能会有保费的增长和市场规模的扩张,但整个行业将无法实现长期可持续的发展,受损的将是供需双方。因为,在行业发展的其他因素尚未相应成熟时,粗放型经营模式在迅速促成规模扩张的同时也将不断放大行业风险,其结果是导致行业走向衰落,出现所谓的"成长型破产"。鉴于此,保险业应该实现经营模式的转变,从以外延的扩张即追求规模和发展速度为目标的粗放型经营方式,逐步过渡到以发展核心竞争力为基础的内涵式发展和集约经营。

### 理念九:保险市场主体应当努力寻找利益上的平衡点

**本刊编辑部**:刚才您阐述了"一国保险业的发展程度在根本上取决于该国的经济发展水平与民众的认可程度"的理念。保险业作为社会经济发展中的一个重要组成部分,不能脱离整个社会经济的发展而孤立地存在,来自方方面面的各种环境因素都会对其发展构成影响,那么,这些因素主要有哪些?又应如何协调好保险业发展与这些因素之间的关系?孙教授,请您作进一步的阐述。

**孙祁祥**:一个国家的保险业能否长期可持续发展,主要看六大环境是否和谐。这六个环境包括三个内部环境和三个外部环境(此处"内部"和"外部"是相对于保险业而言的),三个内部环境是指供求环境、竞争环境和监管环境,三个外部环境是指经济环境、政策环境和社会环境。只有将保险市场各方主体的相互关系建立在利益平衡点之上,保险业的六大发展环境才可能和谐,保险业才可能保持长期可持续发展。

具体而言,供求环境和谐是指保险公司与消费者之间供和需的协调,竞争环境和谐是指保险公司之间、直接保险公司与再保险公司之间、保险公司与中介机构之间发展的协调,监管环境和谐是指监管机构与市场主体之间的协调,经济环境和谐是指保险业与国民经济和相关市场的协调,政策环境和谐是指保险业与国家有关政策之间的协调,社会环境和谐是指保险业与文化、历史习俗相协调。以上六个环境和谐与否与实现保险业可持续发展之间的关系各有所不同。其中,供求环境和谐是实现保险业可持续发展的现实基础,竞争环境和谐是实现保险业可持续发展的内在条件,监管环境和谐是实现保险业可持续发展的制度保障,经济环境和谐是实现保险业可持续发展的长期动力,政策环境和谐是实现保险业可持续发展的显性激励,社会环境和谐是实现保险业可持续发展的持久保证。

在自由市场的原则下,任何单方受益或单方受损的交易行为都无法长期维持下去,保险行业也不例外。保险公司经营保险的目的固然是为了获得利润,但如果被保险人不能得到必要的保障,不能得到实际利益,他就不会投保,保险公司也就无从收取保费。因此保险公司有必要关心被保险人得到保障的程度,并应对被保险人保险利益的实现提供实质性的支持。保险业的发展建立在少数人发生的保险事故由多数人的风险汇聚而得以解决的基础之上,被保险人的利益建立在保险人长期的可持续发展的基础之上,因此,没有保险人的发展,被保险人的利益也将受到损害。正如诺贝尔经济学奖得主阿马蒂亚·森指出的那样,人们清楚地知道自己的目标所在,并希望自己实现自己目标的最大化,但是由于认识到了成功的相互依赖性,从而关心他人的目标。

拓展开来说,我们这里所谈的平衡点是指保险市场内部各种主体之间的利益平衡,它不仅包括保险人、被保险人,还包括各种类型的保险中介者与评估者,代表整个社会利益的保险监管者等。在整个保险市场的系统中,保险需求方的利益是"效用的最大化",保险供给方的利益是"利润的最大化",每一方的利益都依赖于另一方的利益。保险市场全面和谐发展依赖于所有参与主体在福利上的帕累托改进,如果每一方都能从双赢的角度进行行为选择,关心他人的目标,那么,采取合作的策略就有一定的适宜性,因为合作对我们所有人各自的目标都更为有利。

## 理念十:保险监管的责任在于纠正市场失灵,且仅止于此

**本刊编辑部**:随着我国保险市场规模的不断扩大,如何加强保险监管,提高监管效果,促进保险业又好又快发展,已成了当前提高我国保险监管工作水平必须研究解决的重要问题。但加强保险监管工作是不是意味着什么都由政府来管?孙教授,请谈谈您的看法。

**孙祁祥**:这是我们要着重强调的第十大理念:保险监管的责任在于纠正市场失灵,且仅止于此。市场是配置资源的基础手段,但这并不意味着不需要政府监管,原因有两点:第一,资源有效配置虽然是一个社会追求的重要目标,但它并不是唯一目标,社会在追求效率的同时还应该兼顾公平,在公平方面政府监管是可以有所作为的;第二,这里的"市场"是有前提条件的,它指的是完全竞争市场,而现实的市场难以完全满足这个前提条件,总会在一定程度上失灵,比如产生市场支配力、外部效应、信息不对称和免费搭车等问题,这些问题都为政府监管保险市场提供了充分的理由。因此,作为对保险市场失灵进行矫正的一种手段,政府监管是必要的。但同时,政府有理由进行监管并不意味着政府应该什么都管。作为监管者的政府部门必须明确以下三个问题:第一,监管者的能力和精力是有限的,它不可能管住和做好所有的事情,有所不为,才能有所为。第二,监管是有成本的,因此,监管者在进行监管时也必须进行成本与收益的比较。监管成本不仅包括政府在进行监管的过程中所必然发生的信息搜集成本、规章制度的制定成本,以及政策实施过程中协调各方利益所耗费的直接成本,而且还包括由于机会主义行为造成的成本,如规避责任、腐败、逆选择及道德风险的成本。从机会成本的角度来看,监管为社会带来的收益未必一定大于监管所耗费的资源在其他社会用途上为社会带来的收益。第三,监管不当会导致效率的损失,由此减少社会福利。如同市场可能发生失灵一样,政府也可能发生失灵。众所周知,政府本身也有信息不对称和信息不完全的问题,政府行为也可能产生负外部效应,而且我们知道,尽管政府被期望在矫正私人市场的不完全竞争方面担当重任,但政府活动本身就是不完全竞争的,政府提供的服务本身往往就具有垄断性。

对于市场能做的,政府应当放手让市场去做;对于市场可能发生失灵的,我们应该做进一步的权衡,这里讲的"权衡"不是简单的取舍,不是要在完美的市场与不完美的政府之间进行选择,也不是要在不完美的市场与完美的政府之间进行选择,而是要在不完美的市场与不完美的政府之间进行选择,或者说是要在不完美的程度与类型之间,在失灵的程度与类型之间进行选择。

因此,保险监管应当是有界线的,它的责任仅在于矫正市场失灵,且仅止于此。政府把握适度的监管在保险业的发展中非常重要。

**记者:** 谢谢孙教授。

《中国商业保险》专访,2007 年第 6 期

# 采取"三支柱"医保制　实现医保全民覆盖

不久前,在"北大赛瑟(CCISSR)论坛·2007"上,北大中国保险与社会保障研究中心(CCISSR)主任孙祁祥教授作了题为"中国医疗保障体制改革的思考"的主旨发言,建议采取"三支柱"的医疗保障制度框架,实现医保的全民覆盖,引起了与会者和媒体的浓厚兴趣。为此,"思想者"栏目专程采访了孙祁祥教授。

## 目前医保体制存在的关键问题

**"思想者"**:大家都说今年是"医保年",医疗保障体制改革是目前大家极为关注的焦点话题,我国医保的"不确定性"迫使百姓捂紧钱袋不敢放心消费,由此也影响了国民经济的健康发展。您在"赛瑟论坛"上的发言中,提出"构筑'三支柱'实现医保的全民覆盖"的建议,我们觉得很实在,您能否具体地给我们解读一下?

**孙祁祥**:这个建议实际上是我和我的同事们共同研究的一个阶段性成果。我们通过调研,在分析目前我国医保体制的问题及成因的基础上,提出了"保证人人享有基本医疗保障,同时满足公众差异化保障需求,以提高全体国民的健康水平"的改革目标,并建议通过构筑"公共医疗保险、社会医疗救助和商业健康保险"有机结合的医疗保障制度来实现全民覆盖。

**"思想者"**：对于目前医保体制存在的问题，比如：药费高、看病难、医患关系紧张……有的单位员工看病高额报销，但有些贫困家庭依然因无力垫付大病的全额医疗费用而放弃求医……对此我们普通百姓有着切身体会，但从大思路上却很难一下子说清楚。您认为问题究竟出在哪儿？

**孙祁祥**：概括起来说，目前医保体系存在五大问题：一是保障覆盖不足。无论是城市还是农村，大部分人口还没有被正式的医疗保障制度所覆盖，而商业健康保险的对象一般主要集中在城市的少部分中高收入者。二是保障力度不够。比如城镇职工基本医疗保险不存在应对巨额医疗费用的止损机制，从而部分丧失了保障功能。三是费用控制不力。在目前的医疗保障制度安排中，代表患者利益的第三方购买者谈判能力不强，对医疗服务提供者难以形成有效的约束；医疗服务提供者的支付机制存在缺陷，难以控制医疗费用的攀升。此外，医保体制改革与医疗服务体制、药品流通体制等改革不配套，造成不正常的医疗费用攀升，这也进一步弱化了制度的保障功能。四是运行效率不高。医疗保险基金的统筹层次过低，降低了风险分担的效果，增加了管理成本。五是保障制度不公。这主要表现为不同制度之间的保障水平差别很大；缴费不公平，即经济状况相似，缴费却不同。由于收入信息扭曲，造成筹资的累退性。这些问题带来的直接结果就是看病难、看病贵。

**"思想者"**：请教一个小问题，您说的"造成筹资的累退性"，是指在医保筹资中实际上存在着收入越高负担越小，收入越低反而负担越大的现象吗？

**孙祁祥**：是的。

## "三支柱"医保改革的具体思路

**"思想者"**：既然目前医保体系存在着五大问题，那么，您认为我们的医保体制究竟该怎么改革？怎么做才能保障公平？如何让困难群体

真正享受到医保的实惠?

**孙祁祥**:医保制度改革的目标是:保证人人享有基本医疗保障,同时满足民众的差异化保障需求,以提高全体国民的健康水平。所以,医保制度改革应当遵循以下原则:第一是公平性原则。所有居民,不分城乡,都应当普遍而平等地获得基本医疗保障。但在政府资源稀缺的条件下,应当将资源更多地分配给困难群体。第二是多层次原则。既考虑人们在医疗保障方面的共性需求,也考虑其差异化需求。第三是循序渐进原则。先通过不同层面的制度安排实现全面覆盖;待条件成熟时,再考虑不同制度之间的整合。第四是可持续发展原则。医疗保障水平应与经济社会发展水平相适应。第五是协调性原则。医疗保障制度改革应与医疗服务体制和药品流通体制改革相协调;医保改革方案的制订应当超越部门利益之争,方案的执行也需要各个部门之间的协调与合作。

**"思想者"**:能具体解释一下你们提出的"三支柱"医保制度改革的具体思路吗?

**孙祁祥**:"三支柱"的框架是这样的:公共医疗保险包括城镇职工基本医疗保险、新型农村合作医疗保险以及城镇居民基本保险三个部分。第一部分主要覆盖在城镇正式部门工作的职工。第二部分应将合作医疗从自愿型改为强制型,覆盖全体农民。第三部分主要用于弥补第一部分难以覆盖全体城镇居民的缺陷,使大量非正式部门灵活就业的人员,以及少年儿童和不属于离退休人员的老龄人口的基本医疗得到保障。

实行制度化的社会医疗救助体系,由政府通过税收进行筹资,对经济困难和发生巨额医疗费用的病人的医疗费用进行减免。社会医疗救助基金发挥着最后安全网和社会稳定器的作用,在世界许多国家都有相类似的制度。

商业健康保险对所有的居民开放,主要保障在社会保障计划中没有涵盖或涵盖不充分的项目,由此与社会保险保障项目构成补充关系,以满足人们更高层次的医疗保障需求。

**"思想者"**:你们的医保制度设计对困难群体还有哪些具体的实施

步骤？

**孙祁祥**：根据我们的制度设计，最终需要通过"公共医疗保险＋社会医疗救助"的方式实行全面覆盖。为避免贫困成为获得医疗服务的障碍，必须进一步完善社会医疗救助制度，扩大救助范围。社会医疗救助的对象除了当地的低收入居民以外，还应当把农民工群体包括进来。医疗救助要逐步与公共医疗保险相互配合，主要免除医疗保险计划参加者共担的医疗费用。现阶段公共医疗保险机制尚不健全，可以考虑采用通过定点医院直接为困难群体提供服务的做法。另外，乡村地区也应尽快建立和完善医疗救助机制。

## 实现城镇与农村医保的均等化

**"思想者"**：大家还对您在演讲中提到的不同制度的整合问题很感兴趣。

**孙祁祥**：我谈的是在"三支柱"的医疗保障制度框架下实现全民覆盖以后，还要考虑不同制度之间的整合，最终实现不同制度框架下保障水平"多重标准"向"单一标准"的转化。

我们认为，当前在城镇同时开展职工和居民两种医疗保险是为了实现全民医疗保障的权宜之计。在未来条件成熟时，城镇的两种社会保险制度应当走向并轨，并由政府通过税收筹资，替代一部分个人的缴费责任。

从医疗保障体系的管理角度看，将医疗救助基金同医疗保险基金整合，有利于在各地区形成医疗服务的单一购买者。医疗服务的单一购买者有利于费用控制。这样，主管医疗救助的民政部门可以将精力放在其擅长的困难人群甄别和受益者对象确定上，而把基金支出管理和医疗服务购买的职责交给医疗保险基金，这样做将更有利于整个医疗保障体系的平稳运作。

实现城镇医疗保障制度与农村医疗保障制度整合的主导思想是：在未来一段时间内，稳定城镇医疗保障水平，提高农村医疗保障水平。

待条件成熟以后,逐步实现城镇与农村医疗保障的均等化。

**"思想者"**:谢谢。

《中国青年报》2007年06月17日,田心文

# 中国保险业更需提高"深层竞争力"

"要提高银行业、证券业、保险业竞争力","发挥保险业在完善社会保障体系方面的积极作用"。在党的十七大会议上,发展保险业首次单独出现在党的报告中。"胡锦涛总书记这一要求虽然只有寥寥数语,但实际上提出了一个非常重要并值得思考、研究的问题。"北大经济学院副院长兼风险管理与保险学系主任、中国保险与社会保障研究中心(CCISSR)主任孙祁祥教授在接受记者采访时,从理论的层面对竞争力进行了诠释,她强调说,全面贯彻落实科学发展观,切实提高保险业的竞争力,保险应提升的竞争力是"深层竞争力",而不仅仅只是"表层竞争力"。

孙祁祥教授认为,提高"竞争力"无疑是为了"竞争"的需要,"竞争力"和"竞争"这两者之间应当说是一个"手段"和"目的"的关系。换句话说,如果没有竞争,也就不需要所谓的"竞争力",当然也就不需要去"提高"这个竞争力了。关于"竞争",孙祁祥教授指出,按照传统政治经济学的解释,"竞争是在以生产资料私有制为基础的商品经济中,商品生产者为获取有利的产销条件而进行的相互斗争"。"竞争和生产无政府状况规律"是"以生产资料私有制为基础的商品经济的规律之一"。由于计划经济时代没有竞争,当然也就没有必要来谈"竞争力"的问题了。

"改革开放以来,随着理论上的'拨乱反正',中国逐步建立了社会

主义市场经济体制。垄断被逐渐打破,经济中出现了不同所有制的竞争主体,因此也就出现了竞争这一重要的社会现象。"孙祁祥教授说,既然有竞争,也就有了竞争主体运用什么手段、什么形式来进行竞争的问题。实际上,各种手段或者形式最终都可以"抽象"并"表现"为"竞争力"。竞争有各式各样的,有"合法竞争"与"非法竞争"之分;有"良性竞争"与"恶性竞争"之分;有"有序竞争"与"无序竞争"之分;等等。竞争力无疑也有高低、优劣之分。无疑,我们需要的是"合法竞争"、"良性竞争"以及"有序竞争"。在这个大前提下,我们应当思考和研究的问题是:以效率为标准,从科学发展的角度来看,竞争主体应当依靠什么样的"竞争力"来进行竞争?进一步引申出来的问题是,竞争主体应当提高"什么样"的竞争力?

日本著名的管理学家藤本隆宏在其《能力构筑竞争》一书中提出了"表层竞争力"和"深层竞争力"这两个概念,并运用此概念揭开了日本的汽车工业为什么在经历了20世纪90年代长期的经济衰退后,仍能在步入21世纪的今天如此强盛的谜底。作者认为,日本的汽车企业虽然在市场营销、企业战略等"表层竞争力"上,并不比欧美汽车企业具有明显优势,但在现场制造的企业组织能力、产品结构的研发与生产能力等"深层竞争力"方面,日本汽车企业却一直具有雄厚的优势,为欧美企业所不能企及。

对藤本隆宏的观点,孙祁祥教授非常认同。"表层竞争力"一定要以"深层竞争力"作为支撑,后者的实质就是一个企业所具有的持续的创新能力,这是一个企业、一个行业长期发展的基石。她同时认为,强调"深层竞争力"并不是说"表层竞争力"不重要。由于"表层上的竞争,是在顾客可以看得到的地方展开的竞争,也就是在顾客可以直接观察、评价的指标数值上,例如价格、产品性能、可信度、交货期限、服务等方面的竞争"(藤本隆宏语),因此,它对有效地完成整个生产、经营过程具有极其重要的意义。

"不同的行业和企业由于其经营的产品和流程等的不同,其'表层竞争力'和'深层竞争力'的具体内容会有差异,但道理是相通的。"孙祁祥教授用这两个概念分析保险业,她指出,从某种意义上来说,由于保险经营内容的特殊性，保险公司更需要进行"主动营销"才能说服消费者购买保险产品。因此可以说，保险行业对以"营销战略"为特征的"表层竞争力"的需要甚至比像汽车行业这样的制造行业更为强烈。但"营销战略"等毕竟是一种"表层竞争力"，如果企业只有"表层竞争力"而缺乏"深层竞争力"，企业的发展就会成为"无源之水"，不可持续。

长期以来，我国保险业的竞争基本停留在"表层竞争力"的层面上，以费率竞争、手续费竞争为形式的价格竞争一直非常激烈，甚至可以用"惨烈"来形容。许多保险公司仍然把主要的精力放在市场营销、机构扩张、保费规模的扩大等方面。孙祁祥教授认为，如果各家保险公司仅以"表层竞争力"作为主要的竞争手段和形式，而不注重公司治理结构的完善、核心竞争力的培育、创新机制的建立等构筑、提升"深层竞争力"的制度建设方面，那么，不仅公司会丧失长期发展的动力源，而且必然引发整个行业的"无序竞争"和"恶性竞争"，造成对保险资源的掠夺性开发。长此以往，必然损害整个行业的可持续发展能力。

由此，孙祁祥教授提出，在经济全球化和金融综合经营的大背景下，中国保险业为了应对挑战，有效地发挥其功能和作用，必须极大地提高自己的竞争力。但这个竞争力应当是"深层竞争力"，而不仅仅只是"表层竞争力"。

《金融时报》2007年10月25日，王小平文

# 扩大保障型产品销售　回归保险本质

中国保险业与资本市场的联系越来越紧密。中国人寿、中国平安、太平洋保险相继登陆 A 股市场，保险资金已成为资本市场重要的机构投资者。

2008年，保险资金将如何在资本市场上运用？保险业如何应对金融混业趋势？北京大学经济学院副院长兼风险管理与保险学系主任孙祁祥教授指出，保险公司应逐步放慢投连类产品的销售，减少进出资本市场的频率，加大债券投资比重，从而对资本市场的稳定起到更大作用。目前，一批中型保险公司积极谋求上市，希望通过上市来提高知名度，完善公司治理结构，促进业务更快地发展。

## 慎对海外并购　应多持有债券

记者：今年是否会有更多保险公司上市？

孙祁祥：一些中型保险公司正抓紧准备，争取在 3—5 年内上市。现在无论是老公司还是新成立的保险公司，资本金大都比较充足，偿付能力也比较强，因此许多保险公司上市的主要目的不是为了融资，而是想提高知名度。因为一旦上市，战略投资者、公众投资者都将关注该公司，有利于迅速扩大公司在海内外的影响。同时，上市可以进一步完善公司治理结构,公司的业务发展也会更快些。

**记者**:上市后保险公司的资金更加充裕,这些公司海外收购的步伐是否会加快?

**孙祁祥**:中资保险企业应先把自己的事情做好,等各方面都成熟稳定了,再去谈论收购海外金融企业的问题。在海外并购问题上,不能攀比,更不要"一窝蜂"而上,否则收购来以后难以掌控,成本上升,风险会变得更大。

**记者**:为了让保险资金更好地保值增值,有人呼吁拓宽保险资金的运用渠道,如何看待这一建议?

**孙祁祥**:目前我国保险公司投资渠道已经不窄了,美国保险公司的资产结构与我们的差不多。美国保险公司的现金投资占百分之几,股票投资占6%—10%,债券投资比例达70%,还有很小比例的房地产投资和保单贷款。

我国保险业投资现在的问题是债券投资所占比例太小,股票、基金所占比例偏大。应多发一些企业债、国债、金融债,让债券市场活跃起来,让保险公司持有更多债券,因为债券更为稳定,对保险公司而言最重要的还是稳定性。

## 保险的核心作用是保障

**记者**:2007年投连险、分红险、万能险等产品热销,2008年这种热是否会维持?

**孙祁祥**:保险的核心作用是保障;将保险完全作为一种投资手段,是国内许多人的认识误区。这种"误区"的形成可能与保险公司的销售策略,甚至与一些保险营销员的误导销售有关。而目前中国保险市场上投连险的需求和销售异常火爆。

投连险的保障比重虽然小,但它仍然是有保障内容的。对保险公司而言,投连险同时存在赔付和投资回报的双重压力。如果到了给付期,资本市场表现不好,将使得保险公司面对巨大的资产风险,偿付能

力出现问题。2008年实行从紧的货币政策,如果股指不能复制2007年的高增长态势,投连、分红、万能等险种将会面临一定的现金流压力。

同时,目前保险公司的新增收入中80%左右与资本市场有关,但资本市场波动很大。保险资金为了避险而频繁进出市场又加剧了资本市场的波动,这会在资本市场和保险公司之间形成一种恶性循环:资本市场越不稳定,保险资金越不愿长期持有。而从理论上来说,庞大的保险资金应当是一种稳定市场的力量。

所以,保险业现在应该逐步放慢投连类产品的销售,转而推动保障型产品的销售。这既是向保险业的本质回归,也是根据目前市场状况作出的战略选择。

**记者**:哪类产品会成为市场热点?

**孙祁祥**:根据我们的研究,目前产险市场的边际资产利润率、边际所有者权益利润率和边际保费利润率都高于寿险市场。即在产险市场上投资会获得更高的利润,但目前产险市场的发展从整体上来说不如寿险市场。

从本源意义上讲,产险市场要比人身险市场发展得更快才对,因为人身险的一些产品从某种意义上说是可以替代的,而产险是不可替代的。寿险搞储蓄产品,可以由完全的储蓄产品替代,寿险搞投连产品,也可以用基金来替代。寿险产品之所以发展得快,是因为其他投资/储蓄产品不那么丰富。但产险的替代性比较小,像对火灾、地震、洪水、飓风等自然灾害风险的承保,是其他金融产品很难替代的。

## 不应盲目搞多元化

**记者**:目前许多金融机构都在布局金融集团,保险公司是否也应该走多元化道路?

**孙祁祥**:保险公司应从单纯的保险企业转为提供多种金融产品和服务的公司。这个判断的前提是基于国内外经济发展的新趋势。我们不得不正视人口老龄化、信息技术的发展,特别是金融一体化因素对保险业发展的巨大影响和冲击。但各个公司不应都去追求大而全的模式,而应根据市场情况、自身情况,在市场体系中合理定位。因此,对于许多公司"跃跃欲试"地搞"多元化",搞集团化,我是有一些担忧的。

"多元化"是有条件的,它需要内部和外部的许多条件,而最重要的一个前提是企业要有成功的"专业化"作为基础。企业只有把"专业化"做好了,有了具有"核心竞争力"的产品,它才具有实施"多元化"战略的"资格"和"资质",才能有效地利用原有的品牌、技术、人力资本等在内的各种资源拓展经营领域和范围。目前中国的大多数保险企业应当定位于专业化,将一种产品、一种业务做到极致,让别人无法在市场上替代。

"展望2008权威专家系列访谈之十",《中国证券报》2008年1月17日,谢闻麒文

# 保险业与美国金融危机:角色及反思

**记者**:人们注意到,9月16日,几乎与雷曼申请破产的同时,保险巨头AIG也被政府接管,成为本次金融危机爆发的导火索,说明保险业也被捆在了通向危险深渊的战车上,啮合在利益关系链条中,请您分析一下保险业在金融危机中扮演了怎样的角色。

**孙祁祥**:美国保险业通过承保次级抵押贷款保险使其成为此次金融危机形成的一个重要推波助澜者,因而也遭受了重创。保险的介入其实很早,在低利率和房地产市场持续繁荣时期,由于次级抵押贷款和债券的高利率,经过重重包装,具有巨大潜在风险的次级债券被评为高等级的债券进入银行、保险公司、基金公司等金融机构的投资组合中。从放贷机构到投资银行,再到保险公司和对冲基金等金融机构,都获得了丰厚的利润。但自2004年6月以来,由于经济出现过热苗头,美联储两年内连续17次加息,一方面造成了借款人还款压力加大,另一方面造成房地产市场持续降温,房产价值大幅度缩水。这样不仅造成次级抵押贷款违约率不断上升,而且即使放贷机构行使止赎权(Foreclosure),拍卖或者出售房产也不能弥补当时的贷款和利息,由此造成了巨额的坏账和损失。原来持有次级债券和为次级债券担保的金融机构也面临巨额的亏损。最终酿成危机。

具体来说,在金融危机形成的利益关系链中,保险业扮演了多重角色,其主要包括:一是作为金融市场的重要资金供给者和投资者,保险业购买了大量的次级抵押债券,成为次级债券的重要投资者之一。二是作为传统的抵押贷款保险提供者,保险公司在放贷机构放松贷款条件的前提下,仍然为信用程度和收入水平较低的贷款者提供按揭贷款保险,从而更加增强了放贷机构的信心。三是作为重要的信用担保机构,保险公司忽视潜在的巨大风险,为次级债券提供保险,主要包括单一风险保险(Monoline Insurance)和信用违约掉期(Credit Default Swap,CDS),从而在 ABS 和 CDO 等次级债衍生品华丽的包装上又贴上了"安全"的标志,这不仅大幅提高了次级债券的信用等级,而且大大增强了投资者的信心。

总的来说,在金融危机的形成机制和利益关系链条中,保险公司不仅充当了次级债券的重要投资者,成为次贷市场资金的重要来源之一,而且通过其提供的按揭贷款保险、单一风险保险和信用违约掉期等产品,大大增强了市场和投资者的信心,成为金融危机形成机制中的重要一环。

**记者**:那么,这次金融危机对美国以及全球保险业的影响表现在哪些方面呢?

**孙祁祥**:虽然此次金融危机对保险业的影响还没有完全显现出来,但就目前情况来看,我认为至少在五个方面造成很大的影响:

第一,巨额的保险索赔。由于次级抵押贷款及相关证券产品风险巨大,且关联性很高,因此存在很大的系统性风险。随着次级贷款违约率不断升高,保险公司出售的相关抵押贷款保险和金融担保保险产品将面临巨额的保险索赔,这无疑将造成保险公司的巨额亏损,甚至使之陷入危机。例如,在抵押贷款保险方面,美国按揭贷款保险市场份额位居第一的按揭贷款保险商 MGIC(Investment Corp.)2007 年第四季度共亏损 14.7 亿美元。而 Triad Guaranty Inc. 则亏损了 7 500 万美元。在单一风险保险方面,世界第四大债券保险商 FGIC(Financial Guaranty Insurance Co.)2007 年第三季度净损失 6 530 万美元。世界最大的债券保险商 Ambac 公司 2008 年 1 月公布的季报表明,2007 年第四季度的损失高达 32.6 亿美元。在信用违约掉期方面,全球最大的保险商 AIG 在 2007 年第四季度到 2008 年第二季度期间因 CDS 产品造成的损失高

达 167.67 亿美元,占总损失的 91%。

第二,巨大的投资损失。保险公司在金融危机中遭受的投资损失来源于两个方面,一是所持有的次级债券产品大幅度贬值,二是所持有的银行等金融机构的股票在金融危机中不断下跌。美国次贷坏账高达 4 000 亿美元,到 2006 年,60% 以上的住房抵押贷款实施了证券化,总量为 6 万亿美元,其中次贷为 8 400 亿美元,约占 14%。而保险公司持有的相关次级债券产品约占 19%(另外:银行,31%;资产管理公司,22%;对冲基金,10%;养老基金,18%)。在保险公司的投资组合中,其他银行和金融机构股票和债券所占的比重相当大。如果考虑其他金融机构股价下跌或破产带来的损失,保险业因金融危机遭受的投资损失将更大。

第三,保险业形象的受损和消费者信心的受挫。连 AIG 这样的保险巨头也在次级债漩涡中摇摇欲坠,这无疑给美国保险业的市场形象和声誉造成了很大的破坏,使广大消费者对保险业的信心受挫,对美国保险业的发展产生不利影响。

第四,可能引发新一轮的购并浪潮。随着金融危机潜在风险和影响的进一步显现,美国保险业和金融业可能还会有更多的公司面临困境。而受影响较小的大型金融或保险集团,将抓住这次有利的时机加快购并的步伐,抢占市场份额,从而引发新一轮的购并浪潮。例如,在此次危机中,美国银行收购美林证券、摩根大通收购贝尔斯登就是很好的例子。

第五,可能的经济衰退带来的影响。此次金融危机可能引发的美国经济的长时间衰退或停滞,对美国保险业的影响也不容小视。一旦美国金融危机影响到实体经济,造成长时间的衰退或停滞,将直接影响到美国企业的经济效益和家庭的收入,从而降低企业和个人的保险购买力,影响保险业的长期发展。

**记者**:请您分析一下美国金融危机将会对中国保险业造成哪些方面的影响?

**孙祁祥**:虽然由于我国保险市场国际化程度相对较低,此次金融危机对中国保险业的影响相对有限,但在美国金融市场持续动荡,金融危机迅速蔓延的背景下,我国的保险业也无法"独善其身",危机的消极影响主要包括以下三个方面。

首先是可能造成消费者对保险业偿付能力的担忧和市场信心的下降。在此次危机中,AIG首当其冲,瑞士再、荷兰全球人寿保险集团(AEGON)、英国英杰华(Aviva)等世界知名保险公司也都遭受了不同程度的损失。美国保险业集体受创,不少公司陷入危机,这无疑给国内消费者造成了"保险公司不保险"的印象。这将进一步打击公众对保险业的市场信心。例如,虽然中国人寿、平安、太保等三家公司都明确表示未持有海外次级债券以及AIG、雷曼、美林等公司出售的债券,但三家上市公司股票仍然连续急剧下跌,接连跌破发行价。这中间很难说没有折射出美国金融风暴的影子。在我国保险市场全面开放的今天,外资公司早已在华安家落户,但美国金融危机的不断蔓延不能不使广大消费者对外资保险公司的信心受挫。例如,AIG危机发生后,在一项4 000多人参与的调查中,65%投票者表示不会购买友邦保险。在中国消费者本身保险意识薄弱、更加注重储蓄的前提下,将可能进一步制约保险业的发展。

其次是在金融危机造成金融市场投资环境急剧恶化的条件下,我国保险公司将面临稳健投资策略和投资盈利需求的双重压力。以中国平安为例,截至2008年9月26日,平安保险因其投资的富通股价下跌而造成的损失已经达到105.24亿人民币。随着保险资金境外运用开闸,在国际金融市场持续动荡的条件下,保险资金境外投资也可能面临重大损失。此外,受美国金融危机影响,我国股市持续低迷,造成我国保险业投资收益急剧下降。以中国人寿为例,截至2008年上半年,该公司已实现金融资产收益净额仅为7.42亿元,下跌67.20%。通过损益表反映公允价值变动的金融资产(交易证券)公允价值亏损净额为64.95亿元。受此影响,其总投资收益率仅为2.33%,与去年同期相比大幅下降。今年上半年,整个保险业实现投资收益648.7亿元,收益率仅为2.41%;远远低于去年同期12%的收益率。在此背景下,一方面,要求保险公司在今后的投资策略中应更加谨慎,避免盲目的投资渠道多元化和海外扩张,更加强调保险投资策略的稳健性和安全性;另一方

面,在双重压力迫使下,可能产生两种结果:一是保险公司不顾目前的投资风险,希望通过"抄底"或抓住动荡调整的机遇来获利,这可能进一步引发巨大的投资损失;二是保险公司必须调整发展战略和业务结构,控制或收缩银保产品和投连产品业务规模,这将导致保费规模的大幅下降。

最后是由于保险需求与经济和金融市场环境息息相关,此次金融危机可能导致我国的经济和金融环境恶化,从而影响保险业的增长速度。就目前来说,此次金融危机对我国经济和金融环境的影响尚未完全显现,影响的程度和大小都无法准确预测或评估,但有两点是确定的:一是消极影响肯定存在,二是不确定性因素增加。其主要表现是:一是美国、西欧、日本等国家经济的衰退或停滞将极大地影响我国的外贸出口和外商投资,并造成人民币的升值压力加大,恶化我国的出口贸易;二是这些国家的金融危机或动荡将引发我国金融市场动荡、股市下跌、资产贬值,影响我国金融业的盈利能力和安全性,并可能由此拖累经济增长;三是受此次金融危机影响,我国近年来一直从紧的货币政策开始放松,降低利率和存款准备金率,通胀率过高、投资过热等压力和潜在的经济衰退或放缓以及股市萧条等可能性并存,由此加剧我国经济和金融环境的不确定性。由于保险业的发展与经济和金融环境直接相关,其中任何一种潜在可能的发生,都将恶化我国保险市场的经济和金融环境,影响我国保险业务的增长。

**记者**:您认为这次危机值得我们做出哪些反思,给了我们哪些警示与教训?

**孙祁祥**:金融危机对我国保险业的警示很多,从次贷到次债,从放贷机构到金融市场,从美国到全球,次贷利益关系链的形成及金融危机的演变与发展,不仅暴露出美国金融保险业存在的问题,也反映了其他国家追随美国模式、参与次贷利益分配中的片面性和盲目性,这对于中国保险业的未来发展具有重要的警示作用。

第一,避免盲目追随发达国家模式。由于发展起点低、起步晚,学习和借鉴发达国家模式对于提高我国保险业的经营管理技术、提升自主创新能力、完善法律制度体系等都具有重要意义,是实现我国保险业跨越式发展的重要途径。但今后保险业在学习和借鉴过程中,一方面,要加大学习和研究的力度,更加全面系统地学习、了解和掌握发达国家保险市场的监管政策、发展模式、产品服务、经营理念和技术等,深刻理解其市场环境、运行机制以及制度架构的内在逻辑,了解其优势所在,更要清楚其内在弊端,为学习借鉴提供客观基础。另一方面,在学习和借鉴的过程中要"重神似不重形似",避免盲目追随发达国家模式,要在充分尊重我国国情和保险市场客观环境的基础上,扬长避短,有针对性地在学习借鉴基础上进行自主创新,完善我国的法律和监管体系,加快产品服务创新。

第二,片面理解全球化影响将付出惨重代价。这次金融危机的蔓延则显示出全球化危机传递快的一面。在次贷市场繁荣时期,全球的参与者都赚得盆满钵盈,而当危机爆发时,处于次贷关系链上的各个国家都不同程度地陷入金融危机的漩涡中。英国、瑞士、澳大利亚等国家相继卷入危机早在预料之中;大和生命保险公司的破产标志着金融危机向次贷关系链末端的蔓延;幸福指数曾经排名榜首的冰岛则出乎意料地以面临国家破产的方式,让我们认识了全球化的这把双刃剑闪着锋利寒光的那一面。此时,我们不得不反思:在以后的发展中,要在继续积极稳步推进对外开放、海外投资、走出去等发展战略,提高保险业的国际化程度,充分参与国际竞争,提升保险业的国际竞争力的同时,更加全面地认识参与全球化对我国保险业可能带来的潜在消极影响,加强风险预警和风险控制,在提高国际化程度过程中以保障我国保险业的安全和稳定为前提。认真吸取此次金融危机处理的经验和教训,提高我国保险业的危机处理和应对能力,防范和控制参与国际化可能给我国保险业带来的消极影响。

第三,监管真空将纵容市场失灵。此次金融危机中主要暴露出美国金融或保险监管中存在的两个问题:一是对金融衍生产品的监管真空,二是保险公司偿付能力测算或预警机制在复杂的金融衍生产品面前的失灵。因此,无论对于传统业务还是创新或衍生产品业务,适度的监管永远是市场平稳运行的根本前提。对于我国的保险监管而言,我认为,一是要防止因美国金融监管中暴露出来的问题而重回市场行为

监管的老路,实施过度监管,妨碍市场效率。二是要避免片面的以市场发展要求倒逼监管政策改革的倾向,因为市场主体的利益导向性、短视性和市场竞争压力往往会带来市场主体行为的非理性,一味片面地反映市场要求而放松监管政策,只能是使行业的潜在风险聚集。三是要更加坚定地推进偿付能力监管改革和实施,完善偿付能力监管体系。四是在目前我国偿付能力监管体系尚不完善的条件下,市场行为监管仍然是规范保险公司市场行为、防范风险的有效手段,鉴于美国在金融衍生产品繁荣时期放松对其监管的教训,我国保险监管应当适当放缓放松市场行为监管的步伐。

第四,预警机制失灵将摧毁"风险防线"。这次危机深刻反映了传统的风险预警机制在复杂金融衍生产品及其风险面前存在的漏洞与不足。对于我国保险业来说,更应当充分认识到自身存在的不足,加快保险业风险预警体系的建立。一是要尽快健全和完善偿付能力监管指标体系建设,建立完善的保险公司风险预警指标体系,有效识别保险公司各业务、各种类的风险,并进行科学系统的评估衡量,以及时防范和化解潜在风险。二是要继续推动保险公司治理结构和内控制度的改革,完善保险公司自身的风险管控体系,健全公司自身的预警机制。三是要加快信用评级制度建设。虽然此次金融危机中信用评级机构的客观性和作用受到了广泛的质疑和诟病,但这也正反映了信用评级制度在发达金融市场中"风险指向标"的重要作用。因此,加快我国信用评级制度建设刻不容缓,在此过程中要注意保持评级机构的独立性和公正性,以确保信用评级的客观性和公正性,切实发挥信用评级的外部监督作用。

第五,违背"承保原则"的创新将自毁根基。此次金融危机表明,即使在当前保险业日益发达、承保技术不断发展、可承保对象逐渐拓宽的条件下,违背基本"承保原则"的创新仍然是要受到惩罚的。值得我们反思的是我国保险业发展过程中是否出现了这种背离?其主要表现就是忽视保险业的核心竞争力——风险管理能力的培育,保险公司不注重自身内含价值的培养,盲目地通过以牺牲承保质量、扭曲产品业务结构为代价扩大保费规模和资金来源,以寄希望于高额的投资回报。如果不改变这种状况,不仅将妨碍我国保险业专业形象的提升和保险市场的长远发展,更可能在投资环境恶化时直接造成保险业的整体危机。因此,如何及时调整保险公司的发展战略和业务结构,提高保险公司的专业化水平和自身的内含价值,是我国保险业亟待解决的重要问题。

第六,突破"合理边界"的扩张将贻害无穷。在这次金融危机中,众多金融机构因为投资 ABS、CDO 等产品而承受巨额亏损,CDO 和 CDS 等曾轰动一时的金融创新产品成为金融危机的罪魁祸首,AIG 旗下一家子公司的亏损使金融巨鳄 AIG 轰然倒下。这些都反映出,无论是投资渠道拓宽,还是产品创新和业务多元化都是一把"双刃剑",都有其合理的边界,如何取其利、去其弊,是我国保险业未来发展中特别值得注意的问题。对于我国保险业来说,一是要继续推进我国保险业原有的改革发展战略,拓宽投资渠道、鼓励产品创新、稳步推进业务多元化和综合经营,促进我国保险业的进一步快速发展。二是要更加客观地评价和准确衡量投资渠道拓宽、产品创新和业务多元化的利弊,根据自身的资本实力、风险承受能力、经营管理水平、人才技术储备等客观条件选择合理的资产组合和产品创新、多元化发展边界量力而行,使我国保险公司的市场行为更加理性,避免投资冲动和业务、规模扩张的冲动。三是在投资渠道拓宽的同时,要严格控制投资比例和额度;在鼓励产品创新的过程中,要准确评估创新产品的风险和公司的风险承受能力,正确引导公司的创新行为;在多元化发展和综合经营方面,要系统分析其利弊与风险,避免盲目扩张。

《中国金融》2008 年第 21 期

# 回归保障能够实现多方共赢

种种迹象表明,2009年将是保险业艰难的一年,但也可能是各家保险公司精耕细作的一年。银保业务经历了大起大落之后,回归保障已成为保险业的共识。保险业发展保障型业务对行业发展有什么积极意义?老百姓能得到什么实惠?保险公司怎样才能处理好"回归保障"与"稳增长"这两者的关系?如何让老百姓都认识到保障型产品的重要性?本期对话,我们请到了北京大学经济学院副院长兼风险管理与保险学系主任孙祁祥教授,请她对今年保险业发展中一些重要问题逐一进行分析。

## 保障型业务有助于保险业构建核心竞争力

《中国人寿》:孙教授您好,非常感谢您能接受我们的采访!在银保业务经历了大起大落之后,今年业务结构调整、回归保障已成为保险行业的共识。我们也注意到,近年来,您也一直在呼吁和强调保险业要回归保障,能否请您谈一下您怎么看待今年保险业的结构调整?为什么保险业要回归保障?

孙祁祥:金融危机之后,全国各个行业都在进行结构调整,当然保险业也不例外。我觉得,结构调整不能只是一个应景之作,从长期来看,随着国民经济的发展,随着消费、生产、产业结构的变化,保险业应该不断进行结构调整,以满足消费者的需要。

2006年,我和我的研究团队提出了保险业发展的十大理念,其中的第一条就是"保险的核心作用是保障,保险机制是损失补偿与风险控制的统一"。为什么当初要提出这个理念呢?因为我们看到,国内很多消费者把保险视为投资品,认为购买保险是一种投资手段,希望以此获得较高的投资收益率。同时,在我国的保险营销过程中,也普遍存在着过分强调保险的储蓄投资功能而忽视其保障功能的现象。事实上,保险的核心作用是保障。更确切地说,保险是为将来可能发生的风险寻求可靠的保障而提前做的准备。保险的本质思想可以归结为"汇聚"和"分摊"。保险实现保障功能的方法如果用一句话概括,就是"我为人人,人人为我",这使得保险机构与其他从事储蓄投资的金融中介机构有着明显的差别。

**《中国人寿》**:最近,保监会向各人寿保险公司下发了《关于加快业务结构调整进一步发挥保险保障功能的指导意见》,引导行业大力发展风险保障型、长期储蓄型业务。保险公司发展保障型业务对行业发展有什么积极意义?

**孙祁祥**:保障功能为保险公司所特有,构成了保险产品最重要的内涵价值,也成为保险公司核心竞争力的最主要内容。从保险发展历史的角度来看,保险的储蓄投资功能是保障功能得到一定发展后衍生出来的,它不能脱离保障功能而单独存在,更不能超越和代替保障功能。如果保险失去了保障的功能,失去了对风险的专业化经营,只是单纯地强调资金储蓄投资和资产增值,这无疑是舍本逐末,使保险业失去核心竞争力。保险产品应当以保障为基础和核心,真正发挥其家庭避风港和社会稳定器的作用。如果保险公司通过这次结构调整,大力发展风险保障型、长期储蓄型业务,就能建立核心竞争力,有助于公司在这个领域内独领风骚。

**《中国人寿》**:保险公司发展保障型业务,老百姓能得到什么实惠?对国民经济发展有什么好处?

**孙祁祥**:正如我刚才所说的,风险保障是保险公司的强项和核心业

务。如果老百姓购买保障型产品,对未来就会有一个稳定的预期,人一旦对未来有稳定的预期,那做事就会有章法。比如说,一个人预计20年后要退休,他知道自己退休后有多少保障金,有多少健康保险,这样他就可以把自己的收入进行合理分配,该消费时就消费,该投资就投资,该买什么产品就会买什么产品。目前国家正在扩大内需,而老百姓为什么不愿意花钱,是因为对未来没有稳定的预期,必须要捂紧钱袋子,必须把钱留住,不然,将来老了、病了怎么办?就像今年春晚小品中说的,人最不幸的是,人活着,钱没了。一个人活着,无论健康与否,但是已经没有任何的储蓄和保险了,没有生活的来源了,这无疑是非常不幸的事情。

从这个意义上说,保险业大力发展保障型业务,老百姓购买了适合自己的产品,未来就有了保障,这不仅仅对自己有好处,对家庭有好处,而且对国家内需的扩大有好处。保险不仅仅是在人们发生风险的时候提供保障,而是通过保障个人的方式,从而保障人的一生,其实是为经济发展作贡献。

## 有效益的速度是很快的

**《中国人寿》**:有人认为,有时保险业很难把发展速度和效益统一起来。保险业速度和效益的关系究竟是怎样的?

**孙祁祥**:我觉得,速度和效益并非一对天然的矛盾体,并不是有了速度就一定没有效益,强调效益就一定降低了速度。我们讲速度,如果始终关注效益,那这个速度就是可持续发展的速度,就是有效益的速度,这样速度和效益就能统一起来。这就好比大家都熟知的骑自行车的道理。如果骑得非常快,在某一个时间段内速度可能是很高的,但失去平衡自行车倒了以后再骑,平均速度可能比一个一直稳稳当当地骑,从来没有掉下来的人慢得多。况且,如果骑车人摔伤了,或者自行车摔坏了,连再次骑的可能性都没有了。

我始终强调,公司的发展要坚持效益,不能单纯把数量扩张、保费增长、市场份额作为发展的重要指标。前几年,有的保险公司什么业务都做,这样公司就会有很大的风险,可能面临偿付能力不足的问题,导致公司需要整顿,这样的发展既没有速度,也没有效益。因此,保险公司始终要坚持有效益的速度这个原则,不能盲目扩张。速度和效益并不对立,有效益的速度是可持续的。

## 遵循行业发展的客观规律

**《中国人寿》**:今年保险业提出稳增长,我们应该如何理解稳增长这个概念?保险业所说的稳增长,是参照去年的增幅,还是根据行业自身的情况来发展?

**孙祁祥**:这个问题问得很好!最早中央提出保增长、扩内需、防风险、调结构的概念,从国家这个层面,保增长是指保持GDP的增长,比如去年GDP是9%,今年不能太低,必须保证至少8%。

保险业也提出了稳增长的概念,但我认为保险业的稳增长和中央保增长的概念不一样。去年因为整个行业大力发展投连险等业务,保费增幅非常大,今年要达到那个速度,就要按照去年的盈利模式来发展。但是去年的那个盈利模式是有问题的,所以才提出调整结构的问题,才要求回到保障型业务发展的道路上来。而回归保障,就不可能有去年那样的增长速度。所以,我们在谈行业稳增长的时候,不应以去年的增长速度作为参照。稳增长是在科学发展基础上的增长,就是说,这种稳增长应该是遵循行业发展的客观规律,在回归保障大前提下谈业务的稳定增长,这才是保险业稳增长的真正含义。

**《中国人寿》**:按照您的观点,保险业的稳增长和正增长不是一个概念?

**孙祁祥**:对,我认为两者是不同的。比如说去年增长了48%,而如果今年增长仅为20%,增速下滑就很厉害,但这仍然是正增长。可增速如此大的起落也是不正常的,是不利于持续稳定发展的。我理解,这个稳增长一定是要在综合考虑所有宏观、中观和微观各种因素的基础上,

按照行业发展内在规律的稳速增长。因为一国保险业的发展受到该国整体社会和经济环境的影响,其影响因子包括经济增长、通货膨胀、利率、金融市场的风险、居民的投保意识、人口状态、社会保险和福利、科技发展、法律制度等。这些因素所形成合力的方向和力度,决定着保险业发展的方向和速度。回归保障以后,今年行业的增长和去年相比,有可能就是增速下滑,但这是正常的。否则,你又要企业调整业务结构,大力发展保障型业务,又要达到去年在高速发展投连险、万能险这些"保费"额很高的业务的前提下所达到的百分之四五十的增长速度,这怎么可能呢?

《中国人寿》:今年1月,全行业的保费增长仅为个位数,与去年同期超过60%的增幅不可同日而语,寿险的增速略高于10%,继续跑赢全行业发展速度。保险公司如何才能处理好"回归保障"与"稳增长"这两者的关系?

孙祁祥:前几年,有的保险公司偏离保险的主营业务,所以导致现在回归保障。如果前几年没有这个问题,今年就不必重新提出回归保障的问题。

如果保险公司能够真正回归保障,那就能稳增长了。保监会提倡发展期缴业务、长期业务,这种业务本身就有稳定的现金流。和产险公司相比,寿险业本身就是一个相对稳定、相对长远的行业。从这个意义上来说,我觉得,回归保障与稳增长这两者之间并不矛盾,不仅不矛盾,而且应当是相互促进的。如果公司的主营业务大部分是投连险,和资本市场联系得太紧密,那发展就会大起大落。如果公司发展能真正回归保障,公司的业务是长期性的,那对公司的稳增长就是一个保障。

## 营销员需要提高素质与能力

《中国人寿》:有人认为,营销员销售投资型产品比销售保障型产品容易,您觉得是这样吗?

孙祁祥:从产品特性的角度来说,我不仅不觉得营销员销售投资型产品比保障型产品容易,而且恰恰相反,销售投资型产品比销售保障型产品更难,为什么这么说呢,因为投连险产品比纯粹的保障型产品更加复杂。1976年,当美国在市场上首次推出投连险产品时,美国监管部门对投连险销售人员的资格要求高于单纯的保险销售人员,因为投连险的本质实际是一个保险产品和一个基金产品的结合。正因为如此,美国的投连险销售人员不仅需要具备保险监管部门颁发的销售证书,还必须具有美国证券交易委员会颁发的销售证书。而我国从1999年开始销售投连险时,一般的营销员都可以卖投连险,这就产生了很多问题。所以,从产品本身的复杂程度来说,销售保障型产品应当更容易。

但是在中国,为什么人们感觉销售投连险产品更容易,而销售保障型产品更难呢,这其实是一个谬误。对这个现象,我们可以从两方面来看。首先,对消费者来说,购买耐用消费品、银行、证券、期货等的产品都有一种预期。对未来高额投资收益的无限"憧憬",才促使人们趋之若鹜地投资于这些产品,当然在市场风云多变的情况下,消费者未必能如愿。而保险业的保障性特点使得保险产品的重要性在人们购买的时候很难显现出来。换句话说,在保险事故没有发生的时候,人们是很难体会到它的价值的。而只有当保单所承保的保险事故发生了,人们获得了赔偿给付时才能体会到当初投保的必要。这时,保险这种"雪中送炭"式的关爱才会为当事人所感悟、所感动。

也正因为如此,消费者购买实物产品和银行、证券等金融产品的时候,一般是"主动"的,当然,危机来临之时人们捂紧钱袋不消费、不投资的情况可作特例看待。而对保险产品的购买在很多情况下是"被动"的,因为后者所涉及的像死、伤、残、财产损失等内容在让人们感伤、无奈的同时很自然地让人们想尽量回避。

其次,保险合同具有射幸性的特点,所谓射幸性就是机会性。保险合同履行的结果建立在事件可能发生也可能不发生的基础之上,在许多场合,如果被保险人没有发生损失,则他付出了保费而自己没有得到任何赔偿,尽管缴纳保费的被保险人实际上"他助"了发生损失的人。由于"付出"与"获益"的非对等性,导致消费者在购买保险产品时就不会像在购买其他消费品时那么积极主动。这也需要保险公司主动把产

品送达到消费者手中,这也就是为什么保险行业素有"保险是卖出的,而不是买入的"经典说法,也正是保险有许多强制性产品,像目前消费者所熟悉的"交强险"等险种的缘由。从这个角度看,销售保障型产品是比较难的,因为你要说服客户,使他对风险与保障有一个清晰的认识。

## 每个人都需要保险

**《中国人寿》**:保险业应该如何努力,才能改变老百姓的这种消费观念,让老百姓都认识到保障型产品的重要性?

**孙祁祥**:这是一个非常关键的问题,让老百姓都认识到保障型产品的重要性,要做几方面的工作。首先,建立和完善有效的保险制度不是保险一个部门的事情,我们应当从全社会的角度,包括各级政府、企业和个人,都要意识到保险是人生不可或缺的。商业保险是社会主义市场体制不可或缺的组成部分,保险是内生于市场经济制度的一种基本元素。如果我们把市场经济比做"八宝粥"的话,保险制度就是这个"八宝粥"中的一个必要元素,缺了这味元素,"八宝粥"也就不成其为"八宝粥"了。保险制度为什么这么重要,就是因为它的基本职能是风险保障,保障老百姓、企业和各个组织在发生风险事故的时候,能有保险给予的关爱和保障,使得社会能够平稳发展、健康和谐。保险业的制度责任就是要"以自身的稳健来保障整个经济和社会的稳定",这是保险业神圣的制度责任。

其次,对企业来说,一定要把保险事业经营得让老百姓能够看到实实在在的好处,让人感觉到这个行业的价值,要让消费者购买保险产品以后,通过亲身经历感受到保险的确能为个人、家庭和企业带来保障,要让更多的人体会到保险的魅力所在。所以,保险公司需要在公司治理结构的完善、诚信体系的建立、高素质人才队伍的建设、适销对路产品的提供和服务水平的提升等方面做出相当的努力,才能真正发挥出保险制度这个市场经济基础元素的作用。

最后，消费者的认识也非常重要，影响保险业发展的另一因素是消费者的认可程度。如果消费者缺乏投保意识，将直接影响消费者对保险产品的需求，从而影响投保的数量，影响保险公司风险分散功能的发挥。要提高全民的投保意识，需要积聚全社会的力量，形成以"政府倡导为核心，学校教育为基地，行业宣传为主体"的社会合力，其中保险行业的宣传要坚持长期性、广泛性和针对性，要把握宣传时机，要发挥行业的联动优势。如果保险的观念能够深入人心，让人们感觉到保险是生命中必不可少的一部分，那么，每个人都离不开它。

**《中国人寿》**：如果每个人都明白保险的重要性，那保险业的未来将是非常美好的！

**孙祁祥**：这也是我的愿望！去年1月份，我正在美国出差，空闲时看了一期我很喜欢的一个由美国著名节目主持人欧普拉主持的谈话节目。那一期的主题是讨论一个家庭应当如何更好地过日子，请来的主角是一位已婚妇女。她"扮演"的应当是一名"反面角色"，因为她整天考虑的是自己的穿戴打扮，而不怎么关心其六个子女。对此，主持人和台下的观众指责她："在这种情况下，万一发生灾难事故怎么办？"主持人批评她："你看你都没有给孩子购买保险，而且没有购买健康保险。"我看到这里心头一震。主持人和台下的观众批评她不负责任的理由是没有给孩子购买保险，说明在主持人和观众的心目中，一个负责任的妈妈就应该给孩子买保险特别是健康保险，那我们推而广之，有社会责任感的父母、企业主、教师和公务员等所有人，都应该购买保险。

当时正值我国南方发生百年不遇的冰灾。许多报道都谈到，虽然损失非常大，但理赔很少，原因是投保率很低。我当时就在想，什么时候在我国，评价一个人有没有责任感的时候用这个人是否购买保险来作为其中的一个重要理由，那我们这个社会的公民就有望达到早年胡适先生在评价保险功能时所期冀的现代人的那种状态了。胡适先生说："今天预备明天，这是真稳健；生时预备死时，这是真旷达；父母预备儿女，这是真慈爱；能做到这三步的人，才能算作是现代人。"

**《中国人寿》**：看来，购买保险是一个人负责任、有社会责任感的表现？

**孙祁祥**:那是当然了。不仅是一个社会责任感的体现,更是一种大爱。我们这样来看,在发生灾难事故的时候,无偿援助、捐赠、志愿者服务……这些人类表达爱心的各种善举都能向不幸的人施与爱,传递爱。但如果要想让这种爱变得更加坚实、更加广博、更加持久,就需要一个有效的制度安排。这种制度安排的基石应当是自我担当与关爱他人的完美契合,而在市场经济的条件下,保险正是这样一种制度安排的典范。西方人常说,天助自助者(God helps those who help themselves),从某种意义上来说,这也正是保险的精义所在。在发生保险事故以后,保险公司就会来处理这一切,这会减少别人许多不必要的麻烦、负担和钱财。所以说,保险是一项利己、利他、利社会、利国家的事业。

《中国人寿》专访,2009年3月,刘赟洲文

# 医疗保障:商业保险将扮演重要角色

与 2008 年 10 月 14 日发布的征求意见稿相比,2009 年 4 月 6 日正式发布的《中共中央国务院关于深化医药卫生体制改革的意见》(下称新医改方案),对商业健康保险作用的界定最终做出了较大的修改,进行了积极的表述。对此,保险业界回应称商业健康保险迎来了发展的良机。

"新医改方案提出了深化医疗卫生体制改革的三项基本原则。其中第三条原则是:坚持公平与效率统一,政府主导与发挥市场机制作用相结合。"日前,北大经济学院副院长兼风险管理与保险学系主任、中国保险与社会保障研究中心主任孙祁祥接受了记者采访,她表示,方案在强调强化政府在基本医疗卫生制度中的责任,维护其公益性、公平、公正的同时,也要求注重发挥市场机制作用,动员社会力量参与,提高医疗卫生运行效率、服务水平和服务质量,满足人民群众多层次、多样化的医疗卫生需求。"国际经验表明,作为市场经济体制中风险管理的重要手段,商业保险可以在上述几个方面扮演重要的角色,发挥积极的作用。"

作为参与北京大学医改方案课题组的成员之一,孙祁祥曾在多个场合提出,为实现医疗保障的全民覆盖,应采取"三支柱"的医疗保障制度框架,即公共医疗保险、社会医疗救助和商业健康保险。为此,在医改的实施路径上,她强调,一是深化现有制度本身的改革,提高制度运

行效率;二是扩大覆盖面,实现全民医疗保障;三是大力发展商业健康保险,满足民众多层次的保障需求。那么,商业健康保险应如何作为,才能应对"新医改"带来的机遇与挑战?

**记者:**您如何看待健康保险发展在医疗保障制度建设中的作用?

**孙祁祥:**新医改方案鼓励商业保险机构开发适应不同需要的健康保险产品,以满足多样化的健康需求。鼓励企业和个人通过参加商业保险及多种形式的补充保险解决基本医疗保障之外的需求。在确保基金安全和有效监管的前提下,积极提倡以政府购买医疗保障服务的方式,探索委托具备资质的商业保险机构经办各类医疗保障管理服务。这对健康保险发展和服务能力都提出了新的要求。

商业健康保险是国家整个医疗保障制度的重要组成部分。仅仅依靠政府的力量是无法满足人们多样化的保障需求的,而商业健康保险在这方面的作用不可替代。商业健康保险对所有的居民开放,主要保障在社会保障计划中没有涵盖或涵盖不充分的项目,由此与社会保险保障项目构成补充关系,以满足人们更高层次的医疗保障需求。

**记者:**您认为商业健康保险发展改革应遵循的路径是什么?

**孙祁祥:**就像"意见"所指出的那样,在医疗保障体制改革中,要坚持政府主导与发挥市场机制作用相结合。要充分利用好政府财政资源和市场经济制度的优势,调动和整合社会资源力量,打破行业和部门利益,促进保险与医疗、社保与商保、管理与服务等多领域的有机结合,建立长效稳定的平衡和制约机制。

要进一步明确政府责任和制度边界,充分发挥市场机制作用,还需要指出的是,在医疗保障体系框架内,政府举办的公共医疗保险和社会救助,要与国家的经济发展水平、财政负担能力相适应,主要解决城乡居民的基本医疗保障需求,重点体现社会公平,努力使各类人群享受相同程度的基本医疗保障。政府主导不是政府包办,政府也没有能力管住、管好所有的事情。对于在社会基本医疗保障以外的需求,应当充分发挥市场机制作用,通过灵活多样的商业健康保险予以解决。

实际上,商业保险的作用并不只是像有些人所理解的那样,仅仅提供风险保障产品和服务。像健康风险管理咨询、第三方管理职能的履行等都是健康保险公司擅长的事情。商业健康保险是市场经济条件下风险管理的重要手段,充分发挥它的作用不仅可以满足多层次医疗保障的需求,而且还可以一方面通过竞争,提高有限医疗资源的利用效率,提高服务质量;另一方面,通过其提供的健康风险咨询和风险管理服务,降低这部分人群疾病发生的概率,这反过来又会促使他们减少对这部分基本医疗服务的消费,节省有限的医疗资源,将其用于那些更需要它们的人群。这无疑可以有力地支持"政府主导"作用的有效发挥。

**记者**:商业健康保险发展涉及政府、医院、患者、保险公司等多方利益关系,并非完全靠保险行业自身创新就能做优、做大,当然,保险业要担当医疗保障建设的重要角色,必须要苦练内功。您认为,健康保险应该充分利用哪些社会资源才能加快发展?

**孙祁祥**:首先,要加强与社保的合作。保险业可以争取与社保系统实现数据交流和共享,共同加强对医疗机构的管理,加强社会基本医疗保险与商业保险的衔接,探索保险公司为社保部门提供具体经办服务。其次,要加强与卫生机构合作。保险业可以争取卫生部门在医疗数据方面的支持,采用卫生系统的疾病、诊疗、药品等专业编码,采集医疗卫生数据,并共同做好对医疗机构的医疗费用管理。最后,争取税收优惠,加大对商业健康保险的税收政策支持力度。对于企业团体购买补充性商业健康保险,保费支出部分可以在税前列支,在一定额度内列入成本;对于个人购买商业健康保险,其缴纳的保费部分,不征收个人所得税,且个人获取的医疗保险金也不征收个人所得税。

同时,要通过有力的监管措施减少保险组织者的逆向风险选择行为。另外,为了避免扭曲公共医疗保险的共付机制,对于公共医疗保险需要个人共担费用的部分,补充性商业健康保险应当在合理的范围内提供额外保障。

《金融时报》2009年4月14日,王小平文

# 辩证分析和看待保险业

说到孙祁祥这个名字,在保险学术界可谓大名鼎鼎。

而对于"保险学界的著名专家"这一类头衔,孙祁祥老师觉得"实在是过誉了,自己只称得上是一个认认真真做学问的保险理论工作者"。

在与记者进行严肃认真的学术访谈之余,孙祁祥老师也显露出活泼轻松的另一面。她告诉记者,自己一直比较喜欢运动,比如打乒乓球,后来工作越来越忙,直接运动的时间不够了,她就在家里放了一台叫做"Wii"的游戏机设备,可以通过连接电视进行模拟运动,像滑雪、打网球、做瑜珈等。

有趣的是,孙老师一边做着模拟运动,一边不断体会出一些学术上的道理。比如在"Wii"上玩滑雪,你必须在你身体能够控制的范围内速滑,否则,如果一味追求速度,身体无法保持平衡,失误可能增多,最终分数反而下降。"这就让我体会到那种平衡的作用和力量,保险的发展也是这样,不能太慢但也不能过快,更不能大起大落,但这恰恰又是新兴市场或者说不成熟市场的最大特点。"

孙祁祥说自己一直很喜欢哲学、喜欢对事物进行辩证分析的逻辑思维,这在与记者的访谈中得到了充分的体现。记者感到,她往往能对一个问题的两个对立面同时进行分析和阐述,这无疑使得她的理论更为客观和深刻。

《中国保险报》：在全球金融危机席卷的大背景下，作为保险业内的重要学者，您认为应该如何看待这次金融危机对中国保险业的影响？

孙祁祥：全球性金融危机虽然给包括保险业在内的我国许多行业都带来了很大的冲击，但我们也可以借此机会对过去保险业的发展进程进行总结和反思。虽然从长期来看，保险业仍然充满希望和发展机遇，但不可否认，这个行业目前存在着不少的问题，面临着极大的挑战。

在危机的特殊时期来反思中国保险业的发展，我们必须注意两个问题：其一，不能将这些问题的影响因素全部推到全球金融危机身上。换句话说，即使没有发生全球金融危机，如果我们自身长期以来存在的问题不解决，保险业也会遭遇到很大的发展瓶颈。金融危机的爆发只是"外因通过内因而起作用"，导致原有的问题更加凸显，形势更为严峻，挑战更为巨大。其二，任何事物的发生、发展都有其客观规律性，我们需要认真研究它们的客观背景和实施条件，不能因为危机中反映出来了一些问题，就从一个极端走向另一个极端。

《中国保险报》：能否具体为中国的保险行业和保险企业提供一些看待问题和解决问题的思路？

孙祁祥：我举一个例子，中国保险业在近期发展中需要认真研究并正确处理好行业经营的"边界"问题，即处理好专业化与多元化的关系。我们与国外，特别是发达国家保险业的历史环境不同，我国保险业在上世纪80年代恢复之初就面临经济全球化与金融逐渐一体化的宏观经济背景。国内保险业落后的现实和行业"赶超"的迫切要求，加上多元化客观上显示的规模经济效应和范围经济效应，使得我国保险业具有一种拼命扩展其"边界"，实施多元化战略的本能冲动。而事实上，对于像中国这样一个保险业发展时间相对较短、整体核心竞争力不强的行业，做好专业化是非常重要的一项基础性任务。在这次金融危机中，众多金融机构因为投资 ABS、CDO 等产品而承受巨额亏损，旗下一家子公司的亏损就使得国际保险业巨头 AIG 濒临破产。凡此种种都说明，无论是投资渠道拓宽，还是产品创新和业务的多元化，都有其合理的"边界"。如何合理确定这个"边界"，是我国保险业特别需要研究的问题。

作为另一个例子，我想谈谈中国的保险行业和保险企业如何处理

好进入海外市场、参与国际竞争与开拓、发展本土市场的关系。

在经济全球化的背景下,对于像欧、美、日这样保险市场已经发展了上百年的地区和国家来说,开拓境外市场是体现"资本逐利"本性的一个合理选择。而像中国这样一个投保远未达到市场饱和程度的国家,从整个行业来说,基于各种因素的考虑,当前更重要的无疑是做好本国市场的开拓。

但这并不是绝对的,有时候中国的保险企业进入海外市场、参与国际竞争也势在必行。其原因在于,首先一个行业中各公司的发展阶段、经营规模、经营内容、管理水平等各个方面都有所差异,因而不能一概而论;其次,参与国际竞争会有很大的风险,但也可能有很高的收益。我们不能在看到有人投资失败的时候就把参与国际化说得一无是处,或者因为这次金融危机中我国保险业相对落后、国际化程度低,因而受冲击较小,就得出目前我国的保险业根本不应当进入海外市场的结论。我觉得,保险业在今后的进一步发展中要更加全面地认识和衡量参与全球化的利弊,特别是充分认识参与全球化对我国保险业可能带来的潜在消极影响,加强风险预警和风险控制,在提高国际化程度过程中应以保障我国保险业的安全和稳定为前提。

**《中国保险报》**:对于目前广泛争论的"保险业应该靠承保业务来盈利还是靠投资业务来盈利"这样的问题,您如何看?

**孙祁祥**:在这次全球金融危机中可以看到,在短期经济利益的驱动下,违背基本的承保原则,放松承保条件,向信用程度低、投机性很强、潜在风险巨大、损失发生具有高度关联性的次级贷款和次级债产品等根本不符合基本的"承保条件"的风险提供保险,是造成保险业危机的重要原因之一。这说明,即使在当前承保技术不断发展,可承保对象逐渐拓宽的条件下,也不应当从事违背基本"承保原则"的创新。

但强调承保业务的重要性并不说明投资业务不重要,这次金融危机导致保险投资业务的"元气大伤"也不能让我们得出今后不应当重视投资业务,或者不发展与投资相关产品的结论。我们应当强调核心竞争力的构建和风险可控的问题,而我也始终认为,承保业务和投资业务是保险业两个不可分割的业务,即使从整个行业来看,承保业务是投资业务的"活水源头",但源于保险业经营特征和消费者需求多样性而产生的保险产品的多元化,都使得保险投资具有客观必然性和重要性,保险投资必将随着承保业务规模的扩大而始终存在并不断提高。

《中国保险报》:新中国成立60周年之际,中国的保险事业也在进步发展,综观整个行业的发展走向,请您概括我国保险业在发展中呈现出的特点。

孙祁祥:1979年,中国人民银行下发了《关于恢复国内保险业务和加强保险机构的通知》,标志着停办二十多年的国内保险业正式恢复。经过迅猛发展,我国保险业从无到有、从弱到强,从一种行政主导的被动制度安排到如今日趋完善的市场体系,取得了巨大成就。在市场全面开放、竞争日趋激烈的背景下,我国保险业的功能、地位和性质等方面都在发生着质的变化——从行业定位来看,保险业从最初单纯的"财政保障功能的替代物"转变成为市场经济中风险管理的基本手段;从制度供给来看,逐渐从一种被动的行政安排演变为主动的市场供给;从市场结构来看,逐渐从独家垄断型向垄断竞争型转变;从保险监管来看,正从"行政性监管"向"法治化监管"转变;从对外开放的态度来看,逐渐从"威胁论"向"促进论"转变;从居民保险意识来看,人们对保险产品的认识从最初的"政策观"演变为"产品观"。

《中国保险报》:和国外保险先进的国家相比,我们在哪些方面还存在明显差距?

孙祁祥:说到差距,我觉得首先是理念,也就是对保险业的认识。其次,在治理结构、专业人才、管理能力等方面也存在明显差距。

《中国保险报》:那么应该如何认识保险业?

孙祁祥:前面我谈到过,1979年中国人民银行下发通知,恢复国内保险业务并加强保险机构。从中应该可以看到,基于对市场经济在资源配置效率、推动生产力发展上更优的判断,中国选择了将市场经济作为经济体制改革的目标,而中国保险业也正是因经济体制改革进程的开始而得到恢复发展的。在这个过程中,应该如何认识保险,或者说保险业被置于整个市场经济体系建设中的何种地位,直接影响到保险业的发展环境、发展模式及其现实影响力。

然而,从中国保险业的发展路径来看,其核心的风险管理功能却往往被忽视。在发展的初期和较长一个时期内,保险业具有强烈的"数量扩张"的冲动。

从根本上讲,中国的市场化过程是政府"让渡"其原有经济控制权的过程,也是政府在经济活动中的介入程度逐渐降低的过程。这不仅意味着企业和个人具有了更多的经济权利,还意味着风险管理的责任也在同时由政府向企业和个人转移,这就必须要有一整套市场化的制度安排来代替传统的政府指令、财政补贴、转移支付等手段,来应对各种各样的风险。

保险制度作为一种市场化的保障机制,是"看不见的手"的体现:保险消费者作为风险后果的承担者,在风险事故发生之前即自主缴纳保费,以合理转移风险,这无疑是出于一种"利己"动机;而保险提供者接受并汇集消费者转移的风险,同时收取相应的保费,其目的也是为了获取合理的商业利润。

这种出于"利己"动机的交易最后为全体社会带来了积极的客观效果——经济个体可以在损失发生后获得赔付,以修复损伤、获得持续发展的能量,进而为整体经济和社会的平稳运行提供有效的制度保障。这种通过自愿市场行为实现自保障的机制,天然是市场经济主体首选的风险管理手段,也成为原有政府保障机制最具效率的替代品。从这个意义上讲,如果保险制度缺失或不完善,也就没有成熟的市场经济体制。

《中国保险报》:请谈谈世界范围内的保险学术研究与我国的有关研究有哪些不同?

**孙祁祥**:中国与发达国家的保险市场处在不同的发展阶段,因此,研究的问题,以及同一问题研究的视角不太一样。有的问题我们在研究,发达市场就不会研究了,比如说保险业的功能、定位等,在他们那里都是很清楚的问题,不需要讨论了。但我们需要,如果不讨论清楚的话,行业的发展就会受到掣肘,许多不属于公司经营的问题就会出现。而诸如保险监管、公司治理、险种设计、投资、保险资产的管理这样的问题,发达市场与不发达市场都在讨论,但讨论的层面、需要解决的问题可能不大一样。

**《中国保险报》**：对于今年刚刚举办的亚太风险与保险学会第13届年会您有什么样的评价？

**孙祁祥**：今年这届亚太北京年会是在全球金融危机的大背景下举办的，而且我们在筹办过程中还遇到了甲型H1N1流感等不利因素，客观地说是很不容易的。

此次年会的主题是"后金融危机时代的风险管理与保险"，相关的三个议题为"新兴保险市场的经验和挑战"、"金融危机与风险管理的未来"与"巨灾风险管理与保险"。来自世界20多个国家和地区的200多名代表参加了年会。参会代表对本次年会给予了很高的评价，他们认为"本届年会的主题与当前形势相当契合，在这个时候，汇集政界、业界、学界的高层人士和专家探讨总结"后金融危机时代的风险管理与保险"这样的议题十分必要。该学会的创始人，美国佐治亚大学荣誉教授斯凯普先生和其他许多代表都称这是亚太风险与保险学会历史上的一届无与伦比的年会，称得上是亚太风险与保险学会的"北京奥运"。作为主办方，我和我的团队都感到非常高兴和欣慰，我很感谢各方人士对此次会议的支持，特别是中国人保、中国平安、泰康人寿、永城保险和民安保险等公司对此次年会的鼎立相助。

**《中国保险报》**：这样的学术年会对于保险业的推进与发展有什么作用？

**孙祁祥**：我觉得可以这样概括：

首先，温故而知新，在本次年会上，以前许多重大理论题目和实践问题的研究得到进一步加强，无论是理论广度和深度都得到拓展和延伸。

其次，理论是实践的先导，在中国保险行业，学界可以更多地通过这样的学术年会，为业界提供一些有价值的参考理念和有效方法。

另外，新的观点、新的思想容易在这样的学术年会上产生碰撞。值得一提的是，本届年会共收到应征论文近200篇，经过学术委员会的匿名评审，103篇学术论文入选并在分会场进行研讨交流。论文作者来自中国、美国、日本、德国、澳大利亚、韩国等20多个国家和地区，既有

国际知名的教授,也有业界的资深研究人员,更有初露锋芒的学界新秀,论题涉及保险市场、保险经济学、风险管理、社会保障、保险投资、公司治理、保险精算、养老保险、健康保险、巨灾保险、金融与保险等诸多领域。

最后,我认为今年的年会在中国举行,对于中国保险业的推进与发展有着更加重要的意义。因为第一,国际金融危机还在进行中,虽然中国受到危机的影响不如美国等发达国家那么大,但总结、反思国际保险业在此次金融危机中的问题对中国保险业的未来健康可持续发展具有更强烈的警示作用和启示意义。第二,国际同行到中国来,可以让他们更全面、更真实地了解中国保险业的情况。

**《中国保险报》**:10月1日新《保险法》即将实施,这在业内是一件大事,许多专家和学者都对新《保险法》进行了分析和阐释,您有什么样的见解?

**孙祁祥**:众所周知,新修订的《保险法》增加了许多有关保护投保人和被保险人权益的规定,特别是新增了"不可抗辩条款",这对防止保险公司滥用合同解除权、有效保护被保险人的长期利益具有非常重要的意义。

需要指出的是,对保险消费者即被保险人的权益保护应当是依法保护,而不能以侵犯其他利益相关者包括保险人的利益为代价。我之所以强调这一点是因为在中国,与损害保险消费者权益并存的另一个现象是,人们的规则意识普遍不强,违背合约、损害保险人利益的事情也时有发生。

商业保险的运作是建立在"契约"的基础之上的,它对"诚信"、"规则"有着非常高的要求,因为由保险人售出的、由消费者购买的产品就是一份合同,后者是保险关系双方之间订立的一种在法律上具有约束力的协议。由此可见,保险业健康发展的重要前提之一就是利益相关者各方对"契约"的尊重与遵循。如果违反商业原则的事情总是发生,那不仅是对公司股东利益的侵害,也是少数保险消费者对其他消费者利益的侵害。

当然,中国目前更为突出和亟待解决的问题是对保险消费者权益的保护,保险人和监管者都应当从行业长远健康发展的角度来认真对待这个问题。

《中国保险报》专访,2009年9月,康民文

# 保险业能否继续"逆势成长"?

**《中国经济》**:这次经济危机对中国很多经济部门有影响,请问2009年中国保险业表现如何?

**答**:2009年,保险业从以坚持"防风险、调结构、稳增长"的方针作为应对全球金融危机的挑战为"始",到用保费规模首次超过万亿元为中国保险业恢复发展整30年递交满意答卷为"终"。在全球金融危机中,我国保险业却"逆势成长",创造了辉煌:保费收入突破1万亿,同比增长近14%;财产险保费收入2876亿,同比增长23%;人身险业务保费收入8262亿,在上年增速较高的基础上同比增长近11%。保险业利润总额达到531亿,其中财产险公司扭亏为盈,实现利润35亿,人身险公司实现利润435亿;全行业实现投资收益2142亿,收益率6.4%,比上年提高4.5个百分点;资产总额突破4万亿。业务质量明显改善:产险公司的综合成本率、应收保费率、寿险期缴业务占新单业务的比率、退保率均为3年来的最好水平。2009年被称为近年来成绩最为显著的一年。

**《中国经济》**:在您看来,2009年中国保险业实现了逆势增长的辉煌,您认为这种增长态势在2010年还能继续保持吗?

**答**:我认为这是极有可能的。这主要基于保险周期与经济周期的关系和保险业自身经营规律两个方面的基本判断。

我们最近做的一份研究表明,由于发达国家的保险市场已经趋于成熟甚至饱和,其周期性波动受保险市场自身因素的影响相对较大,而与经济波动的关系则相对较弱;但新兴市场受经济周期的影响则非常显著,重要经济变量的周期波动是保险业波动的重要来源,可以说,经济波动对保险业的波动具有决定性影响,我国情况更是如此。从过去 30 年的发展来看,无论是保险业整体,还是寿险业和非寿险业,其波动都与当期经济周期高度正相关。2009 年我国 GDP 增长 8.7%,当全球经济特别是美国经济仍在苦苦挣扎的时候,中国经济"风景这边独好"。各方的情况均表明,虽然不确定因素仍然很多,但总体来看,2010 年的中国经济应当比 2009 年有更好的表现,所以,对保险业发展的影响也会更加积极。

从保险业自身的经营规律来看,保险业的当期发展与前期发展也具有较强的自相关关系,前期发展必然会对后期产生"惯性作用",虽然发达国家和新兴市场国家的显著关系不同。经过 30 年的发展,我国已经积累了较好的基础。借用罗斯托"经济成长论"的思路,我把我国保险业的发展也分为五个阶段(完全是一种大胆假设,还没有经过"小心求证"):即"准备阶段"、"蓄势阶段"、"起飞阶段"、"平稳上升阶段"和"高度成熟阶段"。

经过 30 年的发展,我国保险业已经历"准备阶段"和"蓄势阶段",现正处在"起飞阶段",这由以下几个方面反映出来:(1)保费已经达到一定规模,它所代表的是相对稳定的投保人群。随着时间推移,这一发展会呈现出一种"扇形状态",形成一种"自发展"趋势,保险的覆盖面会越来越广。(2)市场基本制度的建设已经初步完成,虽然还需要不断地完善。(3)市场结构已经呈现出垄断竞争型特征,竞争程度在不断加深。(4)资产规模增长的速度越来越快,保险资产突破 1 万亿(2004 年)、2 万亿(2007 年)、3 万亿(2008 年)、4 万亿(2009 年)分别用了 24 年、3 年、1 年和 1 年。这表明保险资产扩张的能力在急剧增强。(5)行业防风险的能力在不断提高,这包括保险公司识别风险的能力、评估风险的能力、选择应对风险的方式和应对风险的能力等各个方面。

具体到 2009 年这一年,新《保险法》的实施使得行业发展向尊重契约精神、更加强调消费者保护的道路靠拢;"新会计准则"的颁布使得行

业经营更加向国际惯例靠拢;商业银行投资保险股权的政策规定使行业运作更加向国际趋势靠拢;保险业参与国家新医改战略的实施;人保集团的整体改制,保险营销体制的改革试点,保险投资一系列规范性文件的颁布,保险改革试验区的建立,环境污染责任保险、医疗责任保险等在许多省市的试点和启动,保监会与公安部联合共同打击保险领域违法犯罪行为的举措等,这一切无疑都为2010年保险业的发展创造了有利条件。上海世博会的召开、低碳经济和绿色经济模式的倡导等都将给保险业发展带来新的业务和利润增长点。

《中国经济》:任何事物都有正反两个方面。2010年中国保险业会不会也遭遇一些挑战呢?

答:这是肯定的。从经济发展面来说,目前全球经济发展的态势仍不稳定,许多人预测,包括美国经济在内的一些经济体仍然可能出现低增长甚至负增长。在中国经济与全球经济联系越来越紧密的背景下,境外金融风险跨境转移的风险不是不存在,在2009年信贷投放近10万亿,投资4万亿的前提下,通货膨胀的压力不是不存在,经济结构调整的任务将相当严峻。因此,虽然从总体上来说,今年我国仍将继续实施积极的财政政策和适度宽松的货币政策,但在方向和力度上肯定会有许多变化,由此导致利率、汇率、资产价格、资本市场等变动,这无疑将给企业经营带来更大的不确定性。

从行业自身发展的惯性作用来看,保险业在过去发展中长期存在的一些顽症,特别是粗放的增长方式(如我在前些年所总结的我国保险市场上存在的"五多五少"的现象,即同质产品多,异质产品少;多元化经营的公司多,专业化经营的公司少;价格竞争多,服务竞争少;人员流动多,人才储备少;机构铺设多,市场培育少),非理性竞争、弄虚作假、销售误导等不诚信问题,绝对不会在新的一年中自然消失。如果不采取有效措施进行遏制,其"惯性作用"必然会对保险业的进一步发展产生严重影响。

《中国经济》:面对这些挑战,我们该如何应对呢?

答:我国保险业正处在"起飞阶段"。众所周知,"起飞阶段"的危险性和不确定程度是最大的,我们对上述问题一定要格外重视。对于

2010年保险业的发展,我认为以下几个问题是需要认真对待和把握的:

第一,坚持增长方式的转变不动摇。英国著名历史学家汤因比研究历史上曾经辉煌后来消亡的文明,得出结论:"所有文明的消失都是自杀而非他杀。"以"复活节岛"文明的消亡为例。各部落为了显示其强大,相互竞争建造越来越大的部落首领的石雕像。为了能够把几十吨,甚至近百吨的石雕像矗立起来,岛上居民只能通过砍伐树木来制作越来越粗、越来越长的绳子。石雕像越造越大,树木砍伐越来越多,由此导致生态链的破坏和岛上资源的枯竭,"复活节岛"最终消亡。如果保险业在发展中仍然盲目追求数量,追求市场份额,追求保费规模,而不重视质量和效益,那就会掠夺性地开发保险资源、损害消费者利益、毁坏保险业声誉。继续这样下去,必然会损毁行业发展的基础,这无疑会自取灭亡。"不转变,即灭亡",我们应当从这个高度来认识保险业转变增长方式的重要性。

第二,在遵循"可保风险"原则的基础上大力推进产品创新。全球金融危机以AIG、雷曼兄弟等破产为代价再一次提出创新与监管之间的关系问题,但这场危机绝对没有因此而否定创新在经济发展中的作用。关键的问题是,创新的依据是什么,创新是否在风险可控的基础上进行。从总体来看,我国保险业的创新是不足的,是需要大力倡导和推进的,但我们需要明确创新在什么基础上进行,创新的依据是什么。我认为,保险公司应当依据"可保风险"的原则来进行产品创新,虽然这对保险公司来说是一个严峻的挑战,这一挑战集中反映在"定性"和"定量"两个方面。从定性的角度说,反映出需求方对风险保障的全方位要求与供给方对风险的选择性承保之间的矛盾;从定量的角度来说,反映出新险种开发的迫切性与产品定价所需数据的滞后性之间的矛盾。这说明,虽然产品创新对公司的发展具有重要意义,但不是说一种风险出来了,保险公司就马上具备开发应对此风险产品的可能性。当然,"可保风险"的内涵和外延不是一成不变的,而是随着时代发展在不断变化,但对保险公司来说,关键问题是,必须清楚地知道当下的"可保风险"是哪些。明确"可保风险"的内涵,大力推进产品创新是保险行业在满足市场需求的同时又保证在控制自身风险的基础上承担起其制度

责任的一个重要命题。

第三,综合平衡,重点突出,推进三类业务的发展和其作用的发挥。

首先,稳步发展承保业务,但在各类业务中应当有所侧重。对于人身险业务来说,在寿险与年金险业务的组合中,重点发展年金险业务,特别是养老保险,这是由家庭结构变化、人们预期寿命的延长等各种因素决定的;在寿险与健康险的业务组合中,重点发展健康险业务,其理由在于:一方面,由于经济发展和医疗条件改善,人们的预期寿命在延长;而另一方面,由于现代生活方式的普及、工作压力的增大、环境污染等问题的日趋严重,各种新的、流传迅速的疾病发生的概率也在不断提高,因此,健康成为目前人类发展中头等重要的问题之一。对于产险来说,在车险和非车险的业务组合中,重点发展非车险业务;在非车险业务中,重点发展责任险,特别是医疗责任险、环境污染责任险等。

其次,稳健发展保险投资业务。全球金融危机让我们看到保险业务回归保障的迫切性,但危机从来没有否认过保险投资的重要性。不论是出于承保业务本身所带来的大量保费收入保值、增值的需要,还是出于保险业与其他行业竞争的需要;不论是出于提高承保业务竞争力的需要,还是出于资本市场发展的需要,保险投资都应当被给予重要的"礼遇"。在稳健发展保险投资业务时,不仅要重视对承保业务的投资管理问题,还要格外重视保险资产公司对第三方资产的管理,因为这对提升保险业的整体竞争能力有至关重要的作用。

最后,大力推动"战略性"业务的发展。比如像出口信用保险、农业保险、商业健康保险、巨灾保险等。这些保险的占比在整个保险业中可能并不是很大,但它们对国家的出口战略、新农村发展战略、新医改战略和巨灾风险管理战略的实施均具有重要保障作用,运用好的话,可以起到"四两拨千斤"的作用。

此外,在新的一年中,我认为还应当加强对保险周期、保险业的并购、外资保险在中国的发展、保险风险证券化、保险业"十二五"规划等问题的研究,以应对今后中、短期内保险业发展、变革的需要。

《中国经济》2010年第3期

# 政策制定应充分尊重"保险周期"的运行规律

**记者**：经济危机之后，各行各业都十分关注经济周期。我注意到，您在北大赛瑟论坛上谈到"保险周期"的问题，请您谈谈研究保险周期的必要性以及保险周期与经济周期的关系。

**孙祁祥**：在宏观经济领域，大家关注"经济周期"，关注的是经济增长在长期增长趋势中的周期性波动；而在保险领域，已有的研究关注的是"承保周期"（Underwriting Cycle），即"坚挺市场"和"疲软市场"的交替出现，关注的是保险业自身经营规律的周期性变化。既然理论界已经有了关于承保周期的研究，那么，为什么我们又提出"保险周期"的问题呢？这有以下两个重要原因。

首先，保险周期与承保周期的内涵和引发的原因不同。从现有研究可以看到，"承保周期"的研究主要发生在工业化国家，这些国家的保险市场相对已经比较成熟，长期的增长趋势已趋于稳定，因此，其周期性的波动主要源于保险业自身经营策略的改变等微观市场因素。相关研究对于承保周期产生原因的考察主要集中于制度干预、利率波动、资本限制、竞争者导向定价、利率决策过程、数据收集、保单更新和会计政策滞后等微观市场因素。而新兴市场国家的保险市场正处于高速发展时期，保险市场尚不成熟，在这个快速增长的过程中，其保险市场可能面临相对更为剧烈的波动。与发达市场相比，新兴市场保险业的周期性波动产生的原因也可能截然不同，可能主要源于经济增长波动等宏

观环境因素,而非取决于市场微观环境的变化。正因如此,我们认为,对于新兴市场国家保险市场周期性波动的考察,应当采取与传统对工业化国家保险市场"承保周期"研究不同的视角,即需要更多地关注在其快速增长过程中出现的周期波动现象,而非仅仅从市场经营规律的角度出发。

其次,当前对发达保险市场自身周期性规律的研究已经相对成熟,但是对于新兴市场国家保险业长期增长趋势过程中的周期性波动却仍然鲜有触及。而对于处于加速发展阶段的新兴保险市场而言,准确地了解和掌握其在长期增长趋势中出现的周期性波动,正确把握其长期增长趋势,理性对待周期性波动,防范剧烈波动,制定有效的保险监管政策和合理的产业发展政策,以促进保险业稳定增长都具有重要的意义。

基于上述原因,我们对保险业周期性波动的研究将从传统的承保周期的研究转移到对宏观经济领域定义的"围绕长期增长趋势中的周期性波动"的研究。借用卢卡斯对经济周期的定义,我们将"围绕保险业长期增长趋势重复出现的周期性波动"称为"保险周期",以使其区别于传统的"承保周期"的概念。

**记者**:在包罗万象的事件中、在五花八门的数据中,我们应当用什么方法与视角才能够科学有效地研究"保险周期"呢?

**孙祁祥**:我认为,我们首先需要做的工作是提取周期性成分。一般而言,经济变量是趋势成分、周期性成分、季节性成分和随机冲击的组合。由于我们在这项研究中使用的数据都是年度指标,因此不存在季节性的因素。而且,随机冲击相对于周期成分影响很小。因此,如果剔除了长期趋势成分,就相当于提取了周期性成分。剔除长期趋势成分的方法有多种,最为常用的是滤波方法。

那么我们如何刻画保险周期的基本特征呢?我们以各国1980—2008年间、各年度的保费收入为基础数据,选取周期长度、波动幅度、黏性等统计指标。周期长度(Duration)是指每个周期的平均时间,反映周期性波动的频率,周期长度越长,表明周期性波动的频率越低。波动幅度(Volatility)是指波动起伏程度的大小,数值越大,表明波动幅度越大。黏性(Persistence)是指前一期波动对当期波动影响的强度,黏性越大,影响强度越大。

另外,在考察对象(国别)的选取上,为考察新兴市场国家保险周期的基本规律和特征,我们在研究的时候,选取中国,这个近三十年来无论是国民经济还是保险市场都取得快速发展的最典型的新兴市场国家之一,作为我们重点研究的案例。进一步,为反映中国保险周期的比较特征,并了解新兴市场国家与工业化国家保险周期的根本差异,我们另外分别选取了十个新兴市场国家和十个工业化国家进行比较研究,以全面考察保险周期的基本规律、特征,以及不同类型国家之间的异同。

**记者**:听起来很新鲜,那么从您的团队的研究中,中国的"保险周期"有哪些主要特征呢?而其他新兴市场国家又呈现出什么趋势?

**孙祁祥**:我们选取了1980—2008年间的数据,经过研究分析得出,中国保险业经历了6个较为完整的保险周期,周期平均长度为4.8年,波动幅度和黏性分别为0.117和0.030。

从保险周期波峰与波谷的比较看,中国保险业的波动呈现出"扩张型非对称"特征,即波峰的振幅高于波谷的振幅。在我们考察的10个新兴国家和10个工业化国家中,只有印度也呈现出与中国类似的"扩张型非对称"的特征,这意味着,"扩张型非对称"这种波峰振幅大于波谷振幅的波动更容易发生在处于高速发展期的新兴市场国家中。

从保险周期上升与下降的比较看,中国保险业没有出现常见的缓慢上升,迅速下降,即我们称"缓升陡降型"的波动,这从一个侧面反映了中国保险业在此期间经历的平稳快速增长。而在我们考察的其他国家中,阿根廷、马来西亚、墨西哥、泰国等市场也出现了"缓升陡降型"的波动。

从保险周期与其他经济变量的关系看,中国的保险周期顺经济周期(且与经济周期完全同步),顺固定资产投资周期,顺国内总需求周期,顺利率周期,但反股市周期。这些特征反映,我国保险周期波动受国内宏观环境波动影响较大,目前保险市场与股市之间存在一定程度上的替代关系。相对而言,这些特征与发展中国家类似,却与发达国家存在显著差异,大部分发达国家出现反经济周期特征。

从保险周期的影响因素的角度看,通过自相关分析、联动性分析和计量模型实证分析,我们发现经济波动对保险业波动在某种意义上起着决定性的影响,同时也较大程度上受前期波动影响,而其他因素的影响则相对较小。这些特征同样与发展中国家类似,而与发达国家存在显著差异,后者的保险市场主要受其前期波动的影响,经济周期影响不显著。

**记者**:研究新兴国家"保险周期"以及研究其与经济波动的关系,会得到怎样的判断?

**孙祁祥**:毫无疑问,经济波动对保险业的波动产生至关重要的影响。以上所谈表明,对于新兴发展中国家,经济发展对保险业增长往往起着决定性的影响,因此,对于工业化国家,由于保险市场已趋于稳定,甚至饱和,其周期性波动受保险市场自身微观环境和经营规律的影响较大,受经济波动的影响则相对很小。因此,对于发达国家来说,研究"承保周期"具有客观合理性(因为保险市场波动主要受市场微观环境的影响);而对于新兴发展中国家,研究"保险周期"则具有十分的必要性,因为保险市场处于高速发展期,保险市场波动受宏观经济因素影响较大,微观环境因素不起决定性作用。可见,新兴国家和工业化国家的保险市场波动的基本特征和机理存在显著差异,不能简单地套用传统的承保周期的研究范式。

**记者**:具体到中国,"保险周期"在政策制定方面能够给我们一些什么启示呢?

**孙祁祥**:从我们初步的保险周期的研究中,可以得到四点对于中国保险业的政策启示。随着我们进一步地深入研究,相信会有不少新的成果,可用于整个保险业。

第一,应加大对"保险周期"的理论研究,以更好地了解和把握我国保险业周期性波动的规律特征和影响因素。一方面,有利于更好地区分保险业的长期增长趋势和短期周期性波动,对保险业增长态势形成正确的认识。另一方面,有利于对监管政策和产业政策的短期、长期影响及作用做出合理的评价与判断,有利于促进监管政策和产业政策长期化、稳定化。

第二，应更多地关注国家宏观经济环境及其周期性波动。由于宏观经济波动对保险业波动产生至关重要的影响，因此，要正确把握保险业的波动规律，就必须更多地关注国家宏观经济的波动，及时掌握宏观经济波动状态，分析和了解宏观经济波动对保险业波动可能产生的影响，从而及时把握本国保险业波动的基本趋势，形成对保险业增长和周期波动的合理预期。

第三，应正确对待保险业在增长过程中的周期性波动。由于保险需求受宏观经济环境影响较大，在宏观经济波动过程中，保险业的波动不可避免。因此，我们不能为了纯粹地避免周期性波动中可能出现的增长下滑等现象而仓促地出台一些临时性的促增长保增长的措施，扰乱保险业正常的增长和发展规律。

第四，当前保险业波动受经济波动影响较大的事实，并不意味着我们可以更少地关注保险业自身微观市场环境变化导致的波动。而且，随着我国保险市场的进一步发展和逐渐成熟，保险周期的波动特征和影响因素都将发生变化，市场微观环境对保险市场波动的影响将越来越重要。因此，通过保持监管政策和产业政策的持续性和稳定性，培育保险公司成熟稳健的发展理念和经营策略，将是降低保险业波动程度，促进保险业长期稳定发展的重要途径。

《中国金融》2010 年 4 月，孙芙蓉文

# ·随笔录·

尊重生命必须尊重生命的全过程。生命的每一个过程都是美好的:婴儿的童趣、少年的狂野、中年的潇洒、老年的神闲,这是一个完整生命的构图。既然生命是由一个个过程所组成的,那么,尊重生命就要尊重生命的全过程,而由于"老人"对社会曾经做出贡献和在晚年时由于"心有余而力不足"而透出的那份"无奈",他们有千万个理由得到更多的人文关怀。应当说,一个社会的文明程度正是在这个阶段才更能体现出来:全社会对老人的珍重就是对文明的膜拜;年轻人对老人的善待,就是对自己的钟爱。

——让我们快乐、优雅地老去

# 保险为国民经济保驾护航*

"北大保险时评"从今天起,开始正式与读者见面了,以后每周五,北京大学经济学院致力于保险研究的学者将在此与读者"见面",讨论当下保险业的热点问题。我很高兴为"时评"写开篇文章。

回想 10 年前,关于保险的报道都很少,绝大多数报纸根本没有保险版面,更不要说什么保险的特别专栏了。近些年来,随着保险业的快速发展,保险教育、研究和宣传的力度也在加大。经济学讲"供求均衡",《中国证券报》这样一份有很大读者群的报纸特别开辟专栏,提供"时评"供给,想必是有读者"需求"的。

中国的保险业自 80 年代恢复以来,取得了令世人瞩目的成就,但从简单的数字比较来看,它还很弱小。2001 年,世界总保费规模为 24 083 亿美元,中国只有 255 亿美元,我们仅占世界保费总规模的 1.06%,同年,亚洲的保费总规模为 5 951 亿美元,中国的总保费只占亚洲总保费规模的 4.28%。2002 年,我国的国内生产总值为 10.2 万亿元,而保费仅为 3 050 亿元,占国内生产总值的 2.9%;占全部个人金融资产的 2.5% 左右,占居民储蓄存款的 4% 左右。每年的保险赔款给付仅为几百亿元人民币。

我们说美国是世界经济强国,我敢说,这个经济强国是以强大的保

---

\* 本篇的所有文章均原载于《中国证券报》"北大保险时评"专栏(2003 年 8 月至 2005 年 2 月)和《中国保险报》"北大保险评论"专栏(2005 年 3 月至今)。

险业作为一个重要后盾的。美国一个国家的保费占到世界总保费规模的1/3；在美国的个人金融资产中，现金和银行存款占15.5%，股票和股本投资占27.5%，保险和养老金占29.8%。再做一个简单对比："9·11"事件导致美国巨额的经济损失，但由于其保险业发达，保险公司承担了500亿美元左右的赔付，使相当部分受损人员和企业很快得到保险赔付，由此对稳定社会、尽快恢复正常经济秩序起到了重要的作用。相比而言，1998年中国发生特大洪灾，据统计，水灾造成的直接经济损失近300亿美元，并造成3 004人死亡，2.23亿人受灾，而保险业共支付水灾赔款仅为4亿美元左右。保险保障的不足，给灾后重建带来极大的困难。

以上简要列举的数据说明了什么？它至少说明了两个问题：第一，中国保险业的发展还很落后，它还没有能够有效地发挥为一国国民经济发展保驾护航的作用；第二，保险业的发展将有很大的空间。

因为落后，因为有很大的发展空间，所以在过去的20年中，特别是在中国保险市场正式对外开放以后的10年间，保险业铆足了劲求发展，整个保险业经历了一个相对很高的增长速度，年均增长率在30%以上。然而，在较长的一个时期内，这种发展是以追求数量而忽视质量、追求保费而忽视利润、追求单纯模仿而忽视创新为特征的，几年前，我曾撰文评述这种现象，并将其称为"数量扩张型的发展战略"。这样一种"数量扩张型"发展的表现形式是：在保持较高保费增长率的同时，人均生产力水平较低，经营费用较高，产品同构现象严重，企业创新动力和能力不足，服务意识和服务方式落后，市场混乱，无序竞争现象严重，企业风险增大，偿付能力不足，保险人才的积累和培养不足，消费者对保险产生许多不应有的误解，保险行业形象受损。

值得欣喜的是，近几年来，特别是中国"入世"以后，越来越多的人认识到单纯追求数量增长的弊端；越来越多的保险公司开始转向对利润而不是单纯保费的追求，对业务质量而不是单纯市场份额的追求，对创新发展而不是单纯模仿的追求。但这还是不够的。中国保险业要保持可持续发展，还需要认真研究和解决许多问题。这里简要列举一些，当然远不止这些。

从宏观角度来看,需要研究和解决为保险业的发展提供良好环境的问题。它包括正确处理保险与经济发展的关系,保险与银行证券的关系,保险与资本市场的关系,保险与一国巨灾风险管理的关系,社会保险与商业保险的关系,国家政策对保险业的支持,特别是通过税收政策对保险业的支持等问题。

从中观角度来看,需要研究和解决保险业的合理布局与发展问题,例如保险中介模式的选择、产寿险的协调发展、直接保险与再保险的协调发展、保险信用评估系统的构建、监管与创新之间的关系、混业经营、保险行业诚信构建等。

从微观角度来看,需要研究和解决公司的治理结构、核心竞争力的构建、承保业务与投资业务的关系、专业人才的培养、保险欺诈的防范、保险公司自身的风险及其管理等。

不可否认,与西方发达国家相比,从形式上来看,上述问题显得非常地"宏观",究其原因,我认为这主要是因为我们与西方发达国家的保险业处在不同的发展阶段。后者经历了几百年的发展,市场结构已经基本趋稳,许多较为"宏观"的问题已经基本解决,因此,它们需要研究和解决更为微观、更为技术性的问题。这就如同建造一座大厦,整体结构已经形成,在此基础上需要考虑的是怎样安装门、窗,甚至把手,而我们的"大厦"还没有建起来。

因此,在这样一种背景下,我们还可能非常需要一些比较"宏观"的、"规范"的,当然一定得是针对中国特定实践的研究;同时我们也需要一些非常"抽象"的纯理论研究,需要实证研究,需要案例研究等。总之,在中国这样一个新兴市场上,如果我们能够从一开始就运用经济学、保险学等各个学科的理论,借鉴西方发达国家的经验教训,认真研究和解决影响中国保险业持续发展的各种问题,特别是一些基本理论问题和实际问题,理论联系实际,理论指导实践,这无疑会为保险业的持续发展奠定一个良好的基础,我想,"北大保险时评"应当而且也可以在这一方面做一点工作。

2003-08-29

# 从"第一股"走向"百年店"

11月6日,也就是昨天,中国人民财产保险股份有限公司的股票在香港成功完成了首次公开发行(IPO)。人保此次在港成功上市有三个方面的特点使其格外引人注目。首先一个特点就是所谓"保险第一股"的概念——人保财产保险公司不仅成为第一家在境外资本市场上市的内地保险企业,也是第一家直接进入股票市场募集资本的内地保险企业。如果从当初学界和业界提出保险公司上市这个话题算起,那么此次"第一股"花落人保公司,可以说是既在意料之外,又在情理之中。之所以说是意料之外,是因为多年来保险公司公开上市一直是业内人士的夙愿,国内有多家保险公司都在积极准备上市,如中国人寿、平安、新华、泰康、大众等,其中不少公司的起步比人保要早,准备也相当充分。因此,人们曾经以为"保险第一股"会首先出现在国内A股市场,而且拔得头筹者应当属于已有的股份制保险公司,而非人保这样的国有公司。之所以说是情理之中,则是因为对公司上市而言,国内资本市场与境外资本市场的要求和条件的确存在很大差别。国内上市要求企业必须有连续三年的盈利,境外资本市场则没有这样的要求。此外,国内资本市场对保险公司股票——特别是寿险公司股票——的定价技术和方法迟迟没有达成共识。诸如此类的问题使得保险公司国内A股上市的安排一拖再拖。而人保公司借着股份制改造的时机实现公开上市的愿望十分强烈,而且自身资产质量相当好,不存在人寿公司那样的利差损问题,加上境外上市给公司形象带来的有利影响,因而人保最终选择在香港发行 H 股也是顺理成章的事情。

第二个特点是股票发行的巨大规模。此次人保共发行 30.052 亿股,占人保总股本的 28%,筹资总额 54 亿港元,是今年以来香港股市金额最高的 IPO。第三个特点是国际市场对人保股票认购的积极性令人印象深刻。中国人民财产保险公司的股票代码为 2328,招股反应极为热烈:公开发售部分获得约 130 倍的超额认购,而国际配售部分则获得约 15 倍超额认购。当然,投资者的追捧热情如此之高,难免有"物美而价廉"之嫌。人保股票的发行定价最终是每股 1.8 元,坦率地说,这是一个相当低的价格。

公开上市将会为企业的未来发展带来诸多好处。对人保公司而言,在香港发行 H 股尤其会产生三个方面的好处。首先,有利于增强公司的偿付能力。偿付能力不足一直是困扰国内保险公司和整个行业发展的重大问题,而此次人保顺利筹资 54 亿港元,将有效弥补公司资本金的不足,增强偿付能力,为进一步壮大公司规模奠定基础。其次,有利于完善公司治理结构,促进企业经营机制的转换。作为一个老牌的国有独资企业,人保在公司治理结构和企业经营机制上难免存在着许多国企的通病。仅仅依靠自身的力量往往不太容易克服这些缺点,而引进外部投资者,特别是境外投资者,包括像美国国际集团(AIG)这样的战略投资机构的介入,不仅能够为企业带来重要的保险技术支持,更能够使人保有机会直接接触国外优秀公司的经营模式,从而促进自身治理结构的完善和经营机制的转换。再次,有利于提升人保的公司形象。海外上市将会为人保增添更多的国际化色彩。实际上,如果单纯从筹资的角度而言,虽然国内资本市场可能会存在着因为人保公司的盘子太大而不易消化的问题,但总体而言,境外上市未必有利,因为发行价格与国内市场相比实在是太低。不过,境外上市给企业带来的国际化经营的色彩确实是不可替代的,这对企业在国内市场的业务开拓无疑会发挥良好的推动作用。

当然,公开上市也会为企业带来巨大的外部压力。资本市场的"三公"原则要求上市企业必须及时进行信息披露。保险公司可能有许多在上市前不愿意也无须披露的信息,但在上市之后则必须予以披露。

上市之后保险公司受到的监管压力也会大大增加,保险公司不仅受到保险监管部门的监管,而且还会受到证券监管部门的监管。此外,上市后公司的投资者对投资回报率会更为关心,公司经营状况会影响到公司股价的表现,反过来,公司股价的一些不正常波动也可能为公司自身经营带来一些不必要的麻烦。不过,这些压力是企业从资本市场获得种种好处所必须付出的代价,而且也正是这些压力的存在,才使得企业有动力去快速、稳健、规范地发展和壮大自己。

需要强调指出的是,从作为积极关注中国保险市场发展的学者的角度来看,笔者认为人保上市后的最大压力还不是监管、信息披露或股价波动等问题,而是如何保持和增强自己优势竞争地位的问题。目前人保公司在国内产险市场上依旧是龙头老大,占有70%以上的市场份额。但从长远来看,其市场份额的下降是一个必然趋势。如何在市场份额下降的同时依旧能够保持,甚至不断增强自身的竞争能力,这成为人保公司必须面对的严峻挑战。"保险第一股"只是公司成长史上的一道里程碑,而不是目的地。人保公司的定位应当是成为能够永续经营、具备长期竞争优势的"百年老店",使"PICC"成为具有巨大国际影响力的著名品牌。如何做到这一点呢?世界经验表明,大多数行业的优势是不可持续的,长期优势只能由短期优势转化而来,而短期优势转化为长期优势的关键是不断学习与创新。据麦肯锡公司2001年的调查,1914年最早评出的100强企业到1987年只剩下18家,这其中就包括有柯达、通用、福特、杜邦、宝洁等公司。事实也表明,这些企业的确都是善于学习与创新的企业,以通用电气为例,它已经从100年前一个生产灯泡的公司发展成为40%以上利润都来自金融业务的巨型企业集团。实际上,"PICC"在国际保险市场上已经是有一定知名度的品牌,但与欧美日本等国的同行相比仍不可同日而语。而国内许多人士,包括笔者在内,对人保是有所期待、寄予厚望的。"风物长宜放眼量",我们期待着,人保公司在产品设计、客户服务、市场开拓、组织形式等方面能够不断创新;我们期待着,20年后的"PICC"真的成为具有全球影响力的中国品牌。

2003-11-07

# 论保险产品创新的边界

眼下,创新是一个非常时髦的字眼。"不创新,则灭亡",是商界的一个重要法则,在当今这样一个竞争越来越激烈、变化越来越迅速的时代,创新是一个企业生存和发展的安身立命之本。

面对经济全球化的新形势,面对金融一体化的新潮流,面对众多外国巨头保险公司的进入,年轻的中国保险行业更需要具有创新的意识和创新的行动,这种创新当然包括组织机构、保险产品、服务、风险管理方式等各方面。限于篇幅,我们这里仅仅谈一下保险产品的创新。

从理论上来说,保险产品的创新是无限的。因为保险是经营风险的行业,而风险是无处不在,无时不在的。从大类来说,保险标的有人身、财产和责任三大类,有多少不同种类的人群,就有可能设计出多少不同的人身保险产品;有多少种类的财产,就有可能设计出多少财产保险产品;有多少类型的责任,就有可能设计出多少责任保险产品;有多少种疾病,就有可能设计出多少种疾病保险;如此等等。总之,只要有风险,只要人类有对风险进行转嫁的要求,保险就是大有用武之地的。出现一种新的商品,就可能有一种新的保险产品问世,哪一个行业会像保险这样有如此之大的产品拓展和产品创新空间?

然而且慢,事实上,保险产品创新是有限制的,换句话说,对于商业保险公司来说,它在进行保险产品设计和创新的过程中,不是什么都可以做的,而是至少面临利润边界、技术边界、法律边界和道德边界的

约束。

　　我们首先来看一下产品创新的利润边界。商业保险公司一般只承保可保风险。而熟知保险学原理的人都知道,理想的可保风险通常需要符合以下条件:经济上具有可行性(指损失发生的概率很低,但损失一旦发生所造成的严重性或者说破坏性很大);损失的概率分布是可以被确定的;有大量的同质性的保险标的;损失的发生具有偶然性;损失是可以确定和计量的;不会发生特大灾难事故。如果承保了不可保的风险,将会给帮助别人"转嫁风险"的保险公司带来很大的风险;而如果由于承保了不可保的风险而导致保险公司破产,这对被保险人来说是不公平的,同时也会造成社会不稳定。当然,理想的可保风险条件不会是一成不变的。随着科技的进步、社会的发展,客观条件的变化,有些原先不可保的风险变得可保了,或者加上一些约束条件变得可保了,但不管怎样,商业保险公司需要明确的是,在当时的约束条件下,它应当从商业原则的角度——也就是按照利润最大化的原则来承保风险。当然,商业保险公司的性质并不意味着它们没有任何的社会责任感。许多商业公司将它们从商场上按照利润最大化原则经营所赚取到的利润,再以无偿捐助等方式回馈给社会,就是它们社会责任感的一种体现。

　　技术边界受制于理想的可保风险所要求的"损失是可以确定和计量的"。这是保险产品设计的技术要求,如果损失不可以确定和计量,产品的定价就缺乏依据。而保险产品的价格制定通常是依据该事件以往的经验数据的。如果在缺乏损失发生的概率和经验数据的情况下匆忙推出一种保险产品,就有可能会导致两种结果:或者产品定价过低,这可能会对保险公司的偿付能力造成威胁;或者产品定价过高,这对消费者来说是不公平的。

　　假定一种风险符合理想的可保风险的实质要件,但引致这种风险的行为是违法的,保险公司也不应当设计这样的产品。前不久国内对俗称的"酒后驾车"保险有一个热烈的讨论,赞成者有之,反对者也不少。我个人认为,这款保险即使初衷是好的,即为了保护无辜的第三者,但只要认定"酒后驾车"这个行为是违法的,那就不能因为无辜的第三者需要保护就对违法行为可能造成的风险进行承保。有人可能会问了,那在这种情况下,无辜者如何得到保护?无辜者可能受违法行为伤害的例子很多。例如,犯罪分子抢劫银行肯定会伤及无辜,但总不能说抢劫银行的罪犯会对银行职员和公众实施伤害,保险公司就推出一个"银行抢劫保险"来保护这些无辜者吧。无辜者的保护应当来自他/她购买的人身意外保险,或定期险,或终身险等,这正是保险的精义所在、保险的目的所在。因为风险是无处不在的,即使"酒后驾车者"不会伤及你,别的风险也可能发生在你的头上。

再假定一种风险符合理想的可保风险的各种实质要件,而且也不涉及违法问题,但它与一个社会最基本的价值观念或道德观念相冲突,保险公司在设计和推出产品时也要非常慎重。曾见过一个报道,说是英国有个保险公司在上个世纪的某个年代推出过两款保险:一个叫做"吸毒者保险",一个叫做"妓女保险",其理由是,吸毒者和妓女也是人,他们在吸毒或从事卖淫活动时也都可能遭受各种意外或死亡、伤残等风险,因此他们也需要保护。但两款保险推出后英国社会舆论哗然,许多人认为这是与社会的道德观念或价值观相冲突的,这样做无异于对这种败德行为的纵容。最后该公司不得不停止这两款产品的销售。可见,保险产品在理论上创新的无限性是会遇到现实中存在的边界约束的,保险公司必须在此间进行平衡。不能一味地为了"创新"而突破这些边界。如果这样做的话,不仅会给保险公司自身带来风险,而且会给社会带来不利的影响。

2004-01-16

# 保险:不确定性的制度安排

近段时间以来,有关"保险功能"的讨论可以说是保险业的一个热点问题,去年年底还专门在湖北的武汉市召开了"首届中国保险业发展改革论坛暨现代保险功能研讨会",200多位来自国内外保险业的高级管理人员、大专院校的专家学者和监管部门的高层领导以及国内许多部委的官员参加了此届不能不说是一个"级别"很高的论坛。

热点问题是一个社会普遍关注的问题,它同时也反映出一个社会的发展阶段和发展特点。不同的社会有不同的热点问题,同一社会的不同发展阶段也有不同的热点问题,同一发展阶段中的不同阶层和人群也有不同的热点问题,这就如同一群富人的"热点问题"可能是如何防治糖尿病,到哪里去打高尔夫球;而一群穷人的"热点问题"则是如何能够填饱肚子,到哪里去打工每月能多挣几十块钱。

中国的保险市场与发达国家处在不同的发展阶段,因此我们所面临的问题与它们是不一样的,"热点问题"当然也会不同。

为什么中国保险业目前在大谈特谈"保险功能"这一问题?实在是因为保险制度在社会经济生活中太重要了,而其重要性却不为许多人所知。这种"无知"当然在很大程度上来自于中国在很长的时间里没有商业保险。存在决定意识,没有"保险实践"这个"存在",自然很难让人们一下子就具有"保险"的意识。诚然,也有经济、文化等其他方面的原因。

人类是生活在一个不确定状态中的,没有人能准确地预知未来。即使在人类社会的历史长河中我们无数次地听到或看到这样的说法,如"某某某准确地预测到了两伊战争","某某某准确地预测到了亚洲金融危机",但一个不可否认的事实是,我们绝大多数人是凡夫俗子,我们没有那个知识、那个能力去准确地预测每天将可能发生在我们周围的不幸事件。于是,这样的一种对未来的不确定将导致人们对未来的恐惧,进而可能导致不作为——因为不知未来的结果将会如何。于是,小到可能减少生产经营活动,大到可能放弃对未来的科学探索。

即使人类可以准确地预测未来的风险,即使人类勇敢地接受命运的挑战,不惧怕未来的不确定所可能带来的严重后果,但面对可能的损失,个体的力量实在是太有限了。如果要由每个"个体"自己去应对这种风险,那么,在绝大多数情况下,哪怕是极小的损失对个体来说都有可能是"伤筋动骨"的。而社会这个大系统是由各个"子系统"构成的,并且,在工业社会中,各部门之间的前、后向联系也越来越紧密,如果"个体"遭受损失不能及时"复原",它将使生产链条上的各个环节受到严重影响。

但保险制度的发明改变了这个历史!保险通过精巧的制度安排在以下两个方面发挥了革命性的作用。首先,它将未来的"不确定性"所可能产生的严重后果限制在可预见的范围内,并"锁定"这种损失,由此在很大程度上将结果的"不确定性"变得"确定",使人类可以在比较"成本"与"收益"的基础上进行合理的决策,并从事各种生产、经营活动;其次,它将人类"个体"的力量整合成了一支"集体"的力量,使得人类应付灾难的能力呈几何级数增长。

马克思曾经说过,如果没有股份制度,世界上不可能出现铁路,这是盛赞股份制的资本"聚集效应"。而保险制度不仅具有这种与"股份制"相似的巨大的资本"聚集效应",而且它减少了人们由于不确定而对未来产生的恐惧,由此刺激了人类的创新潜力和动力,加快了人类社会进步的步伐,因此可以毫不夸张地说,没有保险制度,人类社会前行的步伐将会缓慢得多。

可能有人会认为我的上述判断有"理论演绎"之嫌。的确,我们没

有办法去回溯两段人类历史长河——一个有保险制度,一个没有保险制度,然后来比较一下两个人类社会前行的步伐。但眼前的事实似乎应当可以作为一个诠释。纵观一下目前的世界,可以说经济发达的国家都是保险业发达的国家。仅以美国为例。我曾经在"北大保险时评"的开篇文章里提到,"我们说美国是世界经济强国,我敢说,这个经济强国是以强大的保险业作为一个重要后盾的。美国一个国家的保费占到世界总保费规模的1/3;在美国的个人金融资产中,现金和银行存款占15.5%,股票和股本投资占27.5%,保险和养老金占29.8%。再做一个简单对比:'9·11'事件导致美国巨额的经济损失,但由于其保险业发达,保险公司承担了500亿美元左右的赔付,使相当部分受损人员和企业很快得到保险赔付,由此对稳定社会、尽快恢复正常经济秩序起到了重要的作用"。

需要指出的是,保险制度对人类社会进步和发展的上述基础作用是通过其独特的运作方式和具体的险种功效发挥出来的。例如,保险通过资本的运作、通过促进科技转化为现实生产力和促进出口等作用的发挥成为经济发展的重要推动力,而经济的发展是人类社会进步最重要的标志之一。

具体来说,首先,一国经济的快速发展离不开资金这一重要要素。由于保险公司在其经营过程中,各项保费的收取和赔付在时间上和数量上存在着差异,使得保险公司会有大量相对"闲置"的资金,并可用于各种投资。因此,保险公司,特别是寿险公司资金的运用,能够活跃资本市场,同时为其他部门注入大量资金。其次,科学技术,特别是高科技对于一国的经济增长意义十分重大。保险公司能够为新科技的发明和应用提供保障,这将会大大促使大量的高、新、尖技术转化为现实的生产力,由此促进经济快速增长。最后,消费、投资和出口是拉动一国经济增长的三驾马车。从出口的角度来看,政府可以将信用保险作为支持出口的政策工具之一,不仅有利于促进本国的出口贸易,而且多赢效果十分明显。类似的情况还有很多,这里无法一一列举。

再比如说,保险还可以作为市场监督的一种重要方式。在任何一个经济中,市场监督都是不可或缺的,即使是成熟的市场经济。对市场进行监督可以通过三种方式来进行,政府监管的方式,市场的方式和道德的方式。而保险在某种程度上就可以作为市场监督的一种重要方式。以产品质量责任保险为例。保险公司在对产品质量进行核保承保的过程中,实际上起到了监督厂家保证其产品质量的作用,在某种程度上发挥了市场监督的功能。在没有保险的情况下,所有市场监督的功能只能通过政府部门,例如工商管理部门、质检部门等来行使。相对于政府行使市场监督功能来说,保险在保证更高效率的同时,还能减少寻租进而腐败的可能性。

2004-02-16

# 保险产品的附加值

## ——从"摇滚沙拉"谈起

节日期间,几个朋友一起坐坐,来到住家较近的一个餐馆。餐馆有一道菜叫"摇滚沙拉",服务生将各种主菜和配料放到一个玻璃瓶中,然后来回摇动玻璃瓶,服务生边摇边口中念念有词,送上几个美好的祝福;再比如说,这家餐馆做牛肉,服务生会当众演示,将牛肉放到烧滚的油中,并给顾客介绍,油中的石头是从哪里来的,油的热度有多高,里面有什么样的配料等。诸如此类。餐馆所提供的沙拉也好,牛肉也好,其原料都不是独一无二的,但附着在这些原料上的东西都有些独特,也就是说,餐馆给每一道菜附加了一些"佐料"、一道"风味"、一种"动感"、一款"文化"。不仅仅是菜肴,而且包括餐馆的装饰,待客的方式。由此给在这家餐馆"动嘴"的人以不同于其他餐馆"味觉"的同时,也给予了他们一种不同于其他餐馆的"视觉"和"听觉"。于是,有些人愿意来这里就餐,在品尝较为独特的菜肴的同时也感受一下这里的文化和品味;于是人们也就对餐馆明码标价所收的10%的服务费"睁一只眼,闭一只眼"了——虽然加收服务费在中国的一般餐馆还不是多见的。我由此联想到"附加价值"这个当今社会人们喜欢谈论的名词,联想到我们保险。

著名营销专家菲利普·科特勒将服务对消费者的价值分成核心价值、基本价值和附加价值三个部分。他认为服务的核心价值、基本价值和附加价值分别代表花蕊、花萼和花瓣,共同撑起消费者对某项服务的美好体验。保险作为一种金融产品,一种服务产品,它的"核心价值"和"基本价值"是什么,附加价值又在哪儿?

在我看来,保险的"核心价值"是对保险消费者所承诺的赔付责任;保险的"基本价值"是履行这种赔付责任的质量与速度;保险的附加价值是在除保单所约定的赔付责任以外的一些额外服务。如果一家保险公司不能履行为保险消费者提供赔付的责任,那么它就不具有核心价值,在这里,责任的履行实际上说的就是公司的偿付能力。如果这家公司具有偿付能力,但不按合同约定赔付:表现出惜赔、少赔或不赔;或者说赔付速度很慢,不能为保险消费者提供及时的给付,那么这家公司就不具有基本价值,或基本价值很低。如果这家公司既具有偿付能力,又能够有效及时地对消费者履行偿付责任,但不向消费者提供诸如防灾防损咨询、免费定期查体、免费热线服务、交通事故救援服务、海外急难救助咨询救援等保单约定的基本责任之外的额外服务,那么这家公司就没有提供附加价值。

在"核心价值"、"基本价值"和"附加价值"这三种价值中,前两者是基础性的。它们是"皮",附加价值是"毛","皮之不存,毛将焉附"。就保险来说,及时有效地履行对保险消费者的赔付责任无疑是保单最重要的核心价值和基本价值,达不到这项要求,保险消费者为什么要购买保险产品呢?所以,履行赔付责任 + 及时有效对保单来说是最基础的、最重要的。但如果所有的公司都具有核心价值和基本价值,竞争能力的体现在很大程度上就要靠附加价值了。产品越是具有同质性,市场越是具有买方市场的特性,竞争越是激烈,附加价值的意义就越大。

很显然,如果有两家公司,一家为消费者提供了诸如免费定期查体、防灾防损咨询等额外服务,但另一家没有,假定其他条件都相同,提供了附加价值服务的公司无疑要比没有提供这种服务的公司更受消费者欢迎。但如果这两家公司都向消费者提供了上述举例的附加价值呢?这时就要看你这种附加价值是否具有新颖性和独特性了。一家公司提供免费咨询,另一家也提供同样的服务,消费者还是没有办法将这家公司同其他公司区分开来,这样的附加价值意义不大。但如果一家

提供的附加价值是其他公司所都没有的,但又是为消费者所需要的,那它就在一定意义上形成了某种"垄断",在这种情况下,哪怕是对附加价值收费,消费者可能也愿意为此掏腰包。所以,对一家公司来说,细分市场、细分消费者的前提是将自己从众多的公司中"细分"出来,包括对所提供的附加价值的细分。如果所有的餐馆都去"摇滚"沙拉,所有的餐馆都是"油滚"肥牛,消费者该上哪家餐馆就餐呢?可见,关键的问题还是得不断创造新的附加价值,从而让消费者能够从众多的公司中一眼就看到你,由此喜欢你,忠实于你。

回到让我产生联想的那家餐馆。眼下各种"托儿"很多,读者千万别以为我也是这家餐馆的"托儿"。其实,国庆前我也曾来过这家餐馆,但不大开心。当时几个朋友约我去城里某家很有名的餐馆一块吃饭聊聊,我"嫌"太远,愣是让这帮哥姐们"不远万里"来到这里。原料、佐料都是一样的,口味也与这次没有什么差别,但不同的是,那天的服务很糟糕,沙拉倒是"摇滚"了,肥牛也被"油滚"了,但关键的是,服务比较糟糕。我感觉挺对不住这帮朋友的,不免向领班"抱怨"了一通。领班向我们解释,这家分店刚开张不久,许多事情还没有走向正轨。这次国庆节再来,不知是"抱怨"起了作用,还是开张已有时日,各项服务似乎正走向正轨,服务比上次有所好转,我就餐的感觉也比上次好一些。看来,就餐馆来说,最重要的还是饭菜质量、服务质量,缺乏这些核心价值和基本价值,其他的附加价值,如当众演示也好,各种祝福也好,都会显得本末倒置,华而不实。对保险公司来说,道理也是如此。

2004-10-15

# 入市尴尬与困境缓解

从保险业发展的历史来看,保险市场对资本市场的依赖和需求源于两个事实。第一个是由保险业的经营特点所决定的对资本市场的依赖。这是说,保险业在收取保费和支付赔款给付之间存在时滞,有大量的资金将在一个时期之内滞留在保险公司里。为了使其保值增值,保险业需要进行资金运用,其中的一个重要渠道就是投资于包括股票、债券等在内的资本市场,这就产生了保险业对资本市场的第一层依赖关系。第二个是由保险产品的特点所产生的对资本市场的依赖,也就是说,保险公司所提供的产品中直接包括投资元素,其所收取的保费中有一部分是要作为投资运作的"本金"的。由此产生了保险业对资本市场的第二层依赖关系。

历史地看,保险业对资本市场的两层依赖关系都不是保险业一经产生就存在的。以对资本市场具有更紧密联系的寿险业为例,当保费的缴纳还是自然保费的方式,或者当绝大部分险种都是定期保险的时候,保险公司没有大量的资金滞留,保险业对资本市场甚至都没有多少第一层的依赖关系。只能当保费缴纳方式从自然保费演进到平准保费、险种从定期险发展到终身险,特别是发展出年金险以后,保险业对资本市场的依赖才逐渐加强。从第二层依赖关系来看,保险产品中有投资元素的可以包括分红产品、变额寿险(即投资连结产品)、万能寿险产品等,但真正具有投资功能的产品还是变额年金、变额寿险、万能寿

险和变额万能寿险等产品(美国市场上的称谓),而这些产品的出现都大大晚于资本市场的发展。以英、美、日这三个世界著名的保险市场为例。伦敦证券交易所滥觞于1698年,第一家寿险公司成立于1699年,类似的投资联结产品(英国称 unit linked product)只是在20世纪70年代中期才出现在市场上的,这时距离证券交易市场的发展已经有200多年的时间。美国的纽约证券交易所成立于1792年,美国的第一家寿险组织成立于1759年。而直到1954年才推出第一张变额年金保单,1976年推出第一张变额寿险保单,1977年推出第一张万能寿险保单。这时距离证券交易市场的发展已经有140多年的时间。日本东京证券交易所成立于1879年,第一家寿险公司明治生命成立于1881年,但直至1986年才推出变额寿险,这时距离证券市场的发展也过去了100多年的时间。由此可见,发达国家保险市场对资本市场的第二层紧密依赖关系大致出现在20世纪中叶以后,而此时它们的资本市场都已经相对非常完善了。

与发达国家相比,中国在1991年成立深圳证券交易所,1980年恢复保险业,到1999年签发第一张投资联结保险,这时距离证券市场的发展只有8年的时间。差别是显而易见的:在西方发达国家的保险业对资本市场有很强需求的时候,后者已经是相对非常成熟和完善的了。而在中国的资本市场很不成熟、很不完善的情况下,中国的保险业的投资需求已经极其旺盛,对资本市场的依赖也极其强烈。于是,尴尬也就出现了:我们的资本市场还没有来得及完全达到"婚嫁年龄",保险市场就对其表示出了浓烈的婚配愿望。

那么,中国的保险业能否等待资本市场再成熟一些后再产生出对资本市场的这两层依赖关系呢?回答是几乎不可能。从第一层依赖关系来看,首先,保险公司不可能再以自然保费的方式收取保费;其次,保险业也不可能仅销售定期寿险,而且,人口老龄化的趋势决定了年金险将是保险公司的重要险种,而此类险种的资金规模通常很大;再次,即使是像中国这样的发展中国家,人们的收入水准也决定了保费规模不可能再像300多年前的英国、200多年前的美国那么低。因此,庞大的资金流决定了保险公司必然要在资本市场上寻找投资运作工具。再从第二层依赖关系来看,以下三个方面的原因导致中国的保险市场对资本市场的依赖甚至更强于西方发达国家。第一,随着经济的发展,消费者手头的余钱越来越多,并且中国的消费者本身又具有非常强烈的储蓄倾向,而银行利息越来越低,资本市场的风险又太大,消费者需要为资金另寻出路;第二,国外的保险市场已经发展出了分红、投资等保险产品,国内保险业不可能不利用自己的"后发优势",学习发达国家的先进经验,设计出相应的产品来满足多元化消费者的需要;第三,混业经营在国际上已经成为一个明显的发展趋势,国内保险业不可能坐视这种局面,将自己完全囿于传统的业务之中。

这是一种两难!而在我看来,缓解这种两难困境的方法可能有以下几点。

第一,进一步培育和发展股票市场,使其成为消费者投资的主渠道。这样,真正需要进行投资的消费者就可以进入股票市场,而不必采取"迂回"的方式先进入保险公司,再进入股票市场。这种做法对消费者来说实际上是很不利的。第二,不要对保险资金入市寄予过高的期望。从理论上来说,保险资金具有稳定股市的作用,但这是从西方较为成熟的资本市场上得出的结论。因此,有关部门决不能因为有了"保险资金"这个"机构投资者"的进入,而对其将稳定股市做出较高的预期,放松或者延缓其他方面应当进行的制度建设。"水能载舟,亦能覆舟。"如果市场的投机性仍然很强,保险资金为了自身利益,也可能做出"理性"的选择,短期操作而不是长期持有,由此使庞大的保险资金可能成为市场巨大的破坏力量。第三,大力发展债券市场。发达国家的实践表明,债券因其安全性和稳定的收益性成为西方国家保险公司资金运用的首选。而目前我国的债市规模很小,这种格局很不利于保险资金的有效投资组合和资产负债匹配管理。第四,保险公司在考虑不同消费者的需求、提供多元化产品的同时,一方面应根据目前资本市场的状况和其他因素,合理安排各种险种的结构,另一方面要严防营销员的误导。第五,要对消费者进行有关保险的正确启蒙教育,灌输"保险的第一位功能是保障"的意识,消除其将保险首先作为投资品的误解。

2004-10-29

## 过渡期终结:谨防"数量扩张"重现

前几天,几个已毕业数年的学生回来看我。因为这些学生原先都是学保险专业的,加之现在有两个还在保险公司工作,话题自然多集中在保险上。在中资保险公司的学生发表了一个观点:保险企业"抢市场、上规模"是具有合理性的,是符合目前中国这样一个低水平发展阶段的做法。言下之意,企业要"做大做强",在发展之初一定要迅速上规模,否则既不可能有规模效应,也不可能保证利润水平。

自改革开放以来,保险业总体来说发展速度很快,但即使这样,保险业还是非常弱小,不仅是与世界保险业相比弱小,就是与国内的银行等金融机构相比差距也非常之大,无法满足国民经济对保险业的需要,因此我是一直赞同做大做强中国保险业主张的,但我始终反对采取"抢市场、上规模"这种我称之为的"数量扩张型"的发展模式。当然,我知道"屁股指挥脑袋"的道理:我的学生是做企业的,他有"实实在在"的任务要求,而不像我们"一介书生",自己"姑妄说之",反正"站着说话不腰疼"。况且,他说的也不是完全没有道理,这道理本身也是课堂上讲过的:即由保险的经营特点所决定,保险标的越多,风险越易于被分散,保险公司对未来风险的预测与实际状况也就会越接近。

其实,我也不是一味地反对"规模",但我认为,"规模"是"利润"的必要条件,但绝不是充分条件,即有"规模"不等于一定有利润。搞保险的人士都应当知道"保费是负债,保费越多,负债越大的道理"。如果

"总保费"所代表的"风险状况"很差的话,如果"保费"在增长的同时没有伴随资本金增长的话,如果"保费"所代表的"险种结构"不适应资本市场等外部环境的话,业务规模可能表面上是做出来了,市场份额可能是大了,但可能会导致企业无法履行偿付义务、企业的可持续发展受阻、消费者对保险业不信任等问题,由此反而会阻碍整个行业的可持续健康发展。

为什么会是这样呢?首先,各企业为了追求保费规模和市场份额,必然急功近利、放松承保条件。"不管好菜坏菜,拣到筐里都是菜。"例如在实践中,有些企业为了追求账面上的业务收入,对一些没有发展前途、效益不佳并且连年拖欠保费的企业也予以承保,甚至进行假签单、提前签单、重复签单,由此使企业的应收保费数额居高不下。这些做法无疑会导致企业的潜在风险累积,偿付能力受损。

其次,为追求保费规模,各企业均乐于奉行"模仿战略"。因为如果企业要研制出自己的产品,必然需要进行大量的市场调研。而这样做将会延误企业抢占市场的先机,如此一来,势必导致企业整体创新动力不足。创新是企业发展的动力之源,"不创新,则灭亡"是商场的重要法则。企业缺乏创新动力,必然导致行业发展缺乏后劲。

最后,在"数量扩张型"的战略下,最好的"人才"往往就是能在短期内把保单大量销售出去,把保费"赚"进公司的人员。因此,许多专业人才如精算、核保、核赔、法律、管理等人才的储备和培养得不到应有的重视。专业人才储备不足,行业发展将受到钳制。最后,为追求保费规模很容易导致误导消费者的事件频生,由此破坏行业声誉,引发消费者对整个行业的不信任感,造成人们远离保险业,这其实反而会降低行业的发展速度。

20世纪90年代以后直到中国"入世"之前,由于政策法规、监管体制、公司治理结构等方面的原因,我国保险业在较长的一个时间内就"实践"了这样一种"数量扩张型"的发展模式。其结果是,整个行业在"品尝"了"高速增长"这杯美酒的同时,也不断为其所带来的上述问题所困扰。所幸的是,由于保险业,特别是寿险业处在刚刚发展的时期,大规模"给付"的时期还没有到来,因此,偿付能力不足的问题还没有严

重到发生危机的地步,但这必须引起我们的高度重视,否则必然影响保险业的可持续发展。

中国人都熟知"拔苗助长"的寓言故事。可以肯定,在现实的农村中不会有这样的傻瓜。然而在实践中,不顾长远、急功近利的事例却屡见不鲜。我由此联想到近来中国频频发生的特大煤矿事故。据权威人士分析,这是由于"九五"期间的大干快上,对煤矿的投入不足留下的隐患所带来的必然后果。再联想到目前大家正在讨论的"绿色GDP"的话题。问题虽然不同,但逻辑和过程其实很相似。为什么会是这样?一个重要的理由恐怕就是认为中国地大物博、资源丰富,并且处在经济发展的初期阶段。所以可以先发展,后治理。而在许多地方,在较长的一个时期里,这种发展的表现形式就是"滥砍滥伐"、"杀鸡取卵"。我们的确看到了这种高速发展的"成果":产值上去了,GDP增长了,但这种增长是以经济失调、环境污染作为代价的。现在人们都在大谈特谈科学的发展观,这种以牺牲长远利益来换取眼前的经济增长的模式,显然与科学的发展观是格格不入的。

应当说,"入世"之后,随着监管部门对风险控制问题的重视以及偿付能力监管被推向前台,各家保险公司的经营模式也都在逐渐转轨,并开始注重"有质量的增长"这个问题。但随着中国"入世"过渡期的结束,我担心中资企业会对"市场占有率"、"业务规模"等指标愈加敏感,于是,又开始一轮新的"业务扩张"比赛。我的这个学生可能并不是一个特例,业界的不少人可能都具有这种心态。鉴于此,我们有必要"旧话重提"。全行业都应当谨防"数量扩张型"的经营模式重现,监管部门应当在创造和维护公平竞争的市场环境的同时,严格偿付能力监管。总之,我们希望整个保险业的快速增长是建立在这样一个基础之上:企业创新能力很强,险种结构合理,风险能够得到有效控制,在保费增长的同时伴随有利润增长的同步增长和企业价值的最大化。如果要达到以上目标会降低一些增长速度的话,这是值得追求的,因为它能保证整个行业的可持续发展。

2004-12-14

# 新年寄语保险业：创建品牌与创新能力

新年的第一期"北大保险时评"又与读者见面了，首先感谢读者一年来对本栏目的关注。2005年，对中国的保险业来说是一个意味深长的年份。200年前的1805年，英资保险商在广州成立了一家名为谏当保安行的保险机构，成为外资在华的第一家经营机构。200年后的今天，中国以一个大国的开放姿态，以一个世贸组织成员国的身份，主动向世界全面开放了自己的保险市场。

200年的时间在人类5000年的历史长河中不过是弹指一挥间，但在300多年现代保险业的发展历程中也不算很短了。然而，从1805年直到新中国成立这144年间，处在半殖民地、半封建社会中的中国保险业虽然度过了"漫长"时光，无奈是惨淡经营，发展极为缓慢。据有关史料记载，"全国华商保险公司（包括分支机构）解放后登记营业者90家。外资保险公司登记营业的为41家。保险从业人员约3 000人。"（《中国保险史志1805—1949》）新中国成立后，由于政治运动的原因，保险业发展仅10年左右的时间就近乎"寿终正寝"。

可以说，没有改革开放，就不会有200年后中国保险业这样一个令世人瞩目的成就。从上个世纪80年代初恢复保险业以后，在短短的20多年的时间里，中国保险业的保费总规模从4.6亿增长到4 000多亿，年均增长率超过30%，保险公司从PICC一家发展到包括股份制、外商独资、中外合资、民营资本等在内的80多家，此外还有100多家外资保

险公司和几百亿国内资本在等待进入这个"潜力巨大"的市场。

历史给了当代的中国保险业一个前所未有的发展机遇,使它在短短20多年的时间里所取得的成就大大超过了旧中国的100多年。历史同时也赋予了它一个重要的使命:将自己造就成一个在国民经济中扮演重要角色的、基业常青的行业。这不仅仅是因为我们要在世界500强中拥有一席之地,从而与中国经济的大国地位所相称,更重要的是,作为一个以"承诺"和"经营管理风险"为重要特征的行业,如果没有基业常青、没有可持续发展,它所带给社会的"负面影响"将比制造业和其他金融行业都更大。

基业常青可能是许多企业家的梦想。然而梦不一定都能圆。据麦肯锡2001年的调查,1914最早评选出的100强企业只剩下柯达、通用、福特、杜邦、宝洁等18家。"物竞天择"、"优胜劣汰",这是自然界和人类社会所通行的生存法则,因此,指望所有"出生"了的企业都能"长生不老"是不现实的。但问题是,为什么这18家留下了?

成就"百年老店"的秘方会有多种,但在我看来,最重要的恐怕就是要有卓越的品牌和永不衰竭的创新能力。有了品牌,才会有市场认可度,才会有消费者。而品牌何来?首先,企业的领军任务一定要有"精品"意识,不求大,但求卓越。有了卓越,企业就会脱颖而出;就会创造需求;就会造就持久。这种"持久"的不断积累才会演变为一个庞大的商业帝国。其次,企业的领军人物一定要将其"精品意识"灌输到每一个员工的头脑中,形成一种企业文化,成为每一个人的自觉行动。

然而,仅仅有"品牌"还是不够的。麦肯锡2001年的调查同样发现,通用电气40%以上的利润来自于其金融公司的新业务。可见,"品牌"所代表的"内容"应当是"动态"的。没有新业务,品牌也会"消失"。而新业务的产生无疑是源于创新。何谓创新?按照创新理论的代表人物熊彼特的说法,所谓创新就是把一种从未有过的关于生产要素和生产条件的新组合引入生产体系。按照一般经济学的解释,就是为了获取潜在利润而进行的体制上或者手段上的改革。不论是新组合还是改革,其核心都是要"与时俱进":跟随市场、呼应需求、引领潮流。唯有如此,方能以"不变应万变"。而创新能力何来?我认为,公司需要有一个良好的治理结构,一个有效的激励机制,一个高效的管理架构。

如果说,白手起家、安营扎寨、跑马圈地是中国保险业在前20年的主流经营模式的话,那么,在全面开放市场,面对具有上百年历史、声名卓著的国际大型跨国公司全方位竞争的环境中,创建品牌和锻造创新能力应当作为中资企业在2005年之要务。

愿我国保险公司在新的一年里能在创建品牌与锻造创新能力方面迈出坚实的一步。

2005-01-07

# 和谐社会、保险制度与行业诚信

中国人民政治生活中的一件大事——"两会"这些天正在"热开"。今年两会的焦点和热点问题之一是构建和谐社会。何谓和谐社会？按照温总理在政府工作报告中的提法,"社会主义和谐社会,应该是民主法治、公平正义、诚信友爱、充满活力、安定有序、人与自然和谐相处的社会。实现社会和谐,建设美好社会,始终是人类孜孜以求的一个社会理想,也是包括中国共产党在内的马克思主义政党不懈追求的一个社会理想"。要实现这样一个社会理想,需要各行各业和我们每一个人的努力。做什么吆喝什么,既然我们身处保险业,也就可以从行业的角度来看一下,保险业能为构建和谐社会做些什么。

胡锦涛主席最近在中央党校省部级干部会上指出,构建社会主义和谐社会,同建设社会主义物质文明、政治文明、精神文明是有机统一的。要通过发展社会主义社会的生产力来不断增强和谐社会建设的物质基础,通过发展社会主义民主政治来不断加强和谐社会建设的政治保障,通过发展社会主义先进文化来不断巩固和谐社会建设的精神支撑。综观上述任务,保险业无疑可以从"发展社会主义社会的生产力来不断增强和谐社会建设的物质基础"这个方面来做出自己的贡献。具体来讲,我认为这应体现在以下几个方面：第一,科技是第一生产力,但如果没有保险制度的保障,大至航天卫星、核反应堆的研制,小至电脑、新药等的研制,科技转化为现实生产力的步伐会大大放缓。第二,出口和投资需求与消费需求一道,成为一国经济增长的引擎。如果没有包括出口信用保险在内的保险制度的保障,对外贸易的发展就会大受影响,由此影响整个国民经济的增长速度,特别对像中国这样一个贸易依存度很高的国家来说更是如此。第三,在现代市场经济中,包括货币市场、资本市场、保险市场等在内的金融市场是国民经济的中枢和神经,如果没有一个有效的保险市场,不仅金融市场本身的结构是不完善的,更重要的是,由于缺乏保险公司这样重要的机构投资者和规模巨大的保险资金,资本市场功能的发挥将受到很大限制。第四,在一个公民的基本生活、生命和财产得不到保障的社会中,人们既不可能安心从事生产建设活动,也由于遭受自然灾难和人为灾祸而导致的生命财产损失等不可能得到及时救助和恢复而大大减少经济资源。在这种情况下,和谐社会的物质基础无疑会受到削弱,而保险业最基础的功能就是为人们提供这种人身财产安全保障。由上述分析可见,保险业在"发展社会主义社会的生产力来不断增强和谐社会建设的物质基础"方面具有不可替代的重要作用。因此,为了构建和谐社会,我们需要大力发展保险业。

任何一个行业的健康发展都取决于众多因素,但最重要的因素之一莫过于这个行业的"声誉"。任何一个行业的健康发展都需要"诚信"这个要件,但与制造业和其他金融行业相比较,保险业的"诚信"又显得格外重要,它的重要性最主要地是来自这个行业的特殊性。

首先,与制造业相比,它的特殊性体现在它的承诺性上。保险公司销售给消费者的"产品"是一张保单,而不是像在制造业的场合那样,消费者一手交钱,供给方一手交货。"货"是否真、"价"是否实,已经可以在"当期"就"验明了正身"。而保单只是一张"纸",其本身可以说是没有什么价值的,它的价值在于这张"纸"上所载明的保险公司对投保人、被保险人和受益人的承诺,消费者购买的也正是这份承诺。既然是一种"承诺","信任"在此就是至关重要的。为什么消费者能把100元、1 000元甚至上万元的保费交给保险公司,是因为他们"认定"保险公司能够在一年、十年甚至几十年以后"兑现"自己的"承诺"。因此在保险的场合,如果保险业没有"诚信"的声誉,就不可能让消费者放心地将自

己的未来"托付"给保险公司。

其次,与银行、证券等其他金融部门相比,保险业的特殊性表现在它的后果上。我曾经在不同的场合多次说过,社会对保险业的诚信要求不仅大大高于一般制造业,而且要大大高于银行、证券等其他金融部门。人们到银行存款或证券投资的主要目的是为了获取更大的收益,这是一种锦上添花的事情;而在绝大多数场合,人们购买保险的目的是为了转移风险,减少损失,它的目的是为了雪中送炭。银行不诚信给存款者带来的后果可能是本金和利息的丧失,证券公司不诚信给投资者带来的后果可能是预期投资收益的血本无归,而保险公司的不诚信带给投保人的后果则可能是灭顶之灾。试想一下,一个购买了健康险的消费者在得了某种重病,急需大笔治疗费的时候,他原先预期的保险金却由于保险公司的不诚信而不能到位,对这个病人来说这意味着什么?这意味着希望的破灭,这比本来就不具有希望还要残酷。

实际上,行业的不诚信不仅仅只是给消费者和社会带来了巨大的灾难,更重要的是,它会遭到"自毁"。如果某家保险公司不讲诚信,人们就不会到它这里购买产品,这家保险公司也就不可能在市场中生存下去;如果公众对保险失去了信心,保险业就成了无源之水、无本之木,连生存都会存在问题,何谈长远发展。这是有历史经验和教训的。

以寿险业为例,众所周知,保险合同的重要特征之一是最大诚信,它要求投保人在投保时必须根据实际情况报告个人的有关信息,其中包括健康、年龄、经济状况等。如果投保人没有履行告知的义务,保险人有权宣告保单无效。这样规定原本是为了保障保险人的正当利益的。但在实践中,特别是在早期的保险业务中,有的保险人却滥用此项权利。在发生保险事故时,他们以投保人告知不实为由,拒付保险金。这样做不仅使被保险人失去了应有的保障,也影响了保险业的声誉。因为人们认为保险是不可信的,因此,或者退保(这当然对消费者也是很不利的),或者干脆不投保。其结果是给保险业自身带来很大的损失,因为消费者干脆不买保险了,保险人跟谁去做生意?为了保护被保险人和受益人的利益,也为了保护自己的利益,从19世纪后期开始,一些保险公司在保单上加上了"不可抗辩"条款。保险人对投保人是否履行如实告知义务提出异议的时间一般被限制在两三年之内。在这段时间里,保险公司有权进行争议,并可以解除合同。超过这段时间,合同成为不可抗辩合同。也就是说,保险人不能随意以投保人的所谓过失来宣布保单无效。这样做虽然是为了约束保险人,但结果是为保险业赢得了某种"声誉"。行业的诚信必然为行业的发展赢得机会。

　　近些年来,各行各业都在大讲诚信建设,保险业也不例外。今年年初以后,中国保监会、中国保险学会和中国保险行业协会更是在大力推行保险业的诚信建设,保监会还在牵头一些高校以及保险公司的研究部门写作有关保险业诚信问题的读本。这些都是非常必要和非常重要的。我相信,随着大家对诚信问题重要性的认识更加深入,保险行业将在加强诚信建设的同时,获得越来越多的老百姓的认同,在做大做强自身的同时,为构建和谐社会提供最基本和最重要的保证。

2005-03-09

# 消费者的诚信与保险业的健康发展

我在上一期的北大保险评论中从保险公司的角度谈论了行业诚信与保险行业发展的问题。实际上,不仅保险公司有诚信的问题,消费者方面也有诚信的问题,虽然在保险公司与消费者这一对矛盾关系中,保险公司处在矛盾的主要方面。

应当说,在保险实践中,老百姓最不能理解,或者最反感的就是保险公司在推销保险时和发生理赔时对投保人或者被保险人的不同态度:人们说,保险公司的营销员在劝说投保人投保时,春风满面,和蔼可亲,可一到出了保险事故需要理赔时,保险公司则换了一副嘴脸,询问各种问题,要求被保险人出示各种证据,像防"罪犯"一样地对待被保险人。

说实在的,这种事情搁到谁的头上都会不高兴的。但我这里撇开有些公司故意拒赔、惜赔的问题,只是从一般的角度来讨论一下保险公司为什么会这样做。现在不是提倡换位思考吗?站在保险公司的立场上看,保险公司这样做似乎也没有错。如果消费者知道,保险欺诈是从保险业出现以来就一直存在的一个毒瘤,一些投保人在购买保险时就"打定"了主意准备"坑"保险公司的话;如果消费者知道,即使在美国和欧洲那样发达的保险市场上,每年因被保险人欺诈所导致的保险赔款占到整个保险赔款的 10%—30% 时,他们可能就会多少有些理解和体谅保险公司的这些做法了。

但是有人可能会说了,10%—30%的欺诈赔款,说明绝大多数还是正常的保险理赔吗?凭什么就因为少数人搞保险欺诈,你保险公司就怀疑所有的消费者,就在理赔时要求这、要求那的,这不是"宁可错杀一千,也不放过一个"的做法吗?问得真是有些道理,不过,这里问题的关键是,谁的脑门上也没有明确无误地写上"骗保者"的字样,保险公司是否能够准确地分清善良的投保人和罪恶的诈保者呢?我看这是有一定难度的。

可能有人又会说了,即使存在"骗保者",但毕竟是少数,10%—30%赔就赔了吧,反正你保险公司也已经收了这么多投保人的保费。可问题在于,保险公司不是"造币"公司,在它按照偶发事故发生的概率精算出来的保费不足以补偿事先确定的保险责任的情况下(撇开实践中可能出现的误差),它就只能再次提高费率,导致其他参加保险的人必须为相同的保险责任支付更高的费率。可见,"骗保者"得逞的后果是由其他参加保险的善良的投保人来对其"买单"。这对后者显然是不公平的。

因此,为了防范少数"骗保者",保险公司也只好采取类似"疑罪从有"的做法,对所有来投保,特别是索赔的人进行调查,这种情形很有点像我们在机场过安检。机场工作人员要对每个乘机者进行全面检查,以防百万分之一、千万分之一,甚至亿万分之一的歹徒从事劫机或者其他犯罪活动。说实话,当我每次过安检时,特别是"9·11"之后在美国机场过安检被从头到脚彻底搜查的时候,我在心底里总是愤恨无比:我像劫机犯吗?为什么不去查真正的劫机犯呢!(还不敢公开表示,人家那是例行公事呀,所有的人都一样。)这也很像我每次拿着100元钞票进行消费时,店员拿着钞票又摸又照,弄得我很不舒服一样。可是没办法。这里的关键在于对方没有孙悟空的本事,有一双火眼睛能够分清真假白骨精,说得"学术"一些:这里存在着信息不对称。

各个行业都有信息不对称的问题,也都有由信息不对称所带来的一些问题。如在劳动力市场上用人单位和应聘者之间的信息不对称,这会使用人单位的利益受损——招聘来的人不胜任此项工作;在信贷市场上贷款者和借款者之间的信息不对称,这可能导致贷款者将款项贷给了一个风险很高的人,由此面临贷款收不回来的风险。如此这般的问题在各个市场上都存在,但我认为,保险市场上的信息不对称尤为

突出,所带来的问题也更为严重,令保险人防不胜防。具体来说有三种情况:第一,越是身体状况差的人越有动机购买健康保险;越是寿命长的人越愿意买年金险;越是车祸事故多发的人越有动机购买车险。这叫做"逆选择"。第二,投保人在一开始投保时就是抱定了准备骗保的目的,这叫"恶意诈保"。第三,购买了保险以后故意制造保险事故,这属于"道德风险"。

在上述三种场合中,只要消费者如实履行了"如实告知"的义务,即使具有"逆选择"的倾向,也没有什么好说的,这里不存在不诚信的问题。消费者不就是因为有这种风险(虽然风险程度较高)才产生了转嫁风险的必要由此来买你的保险的吗?因此,保险人需要做的事情是能够有效地通过差别费率的方式来区分不同的投保人,否则的话,这将使低风险状况的人退出"保险库",而留在这个"保险库"里的人都是高风险状况的人。如果出现这种情况,那么,保险人就或者只能再进一步提高费率,或者不提高费率,但无法正常经营下去。

我们这里讨论的消费者的不诚信问题主要发生在第二种和第三种场合。在现实生活中,这两种情况不是不普遍的。正因为如此,在消费者投保的时候,保险公司的流程中就有"核保"这个环节,在被保险人发生保险事故时,就有"勘损"、"调查"这个环节。为的就是防止这两种由少数不诚实的消费者"骗保"从而让保险公司蒙受亏损,最终由其他投保人来为其"买单"的情况发生。不仅如此,如果对这类"不诚信"问题没有严厉的惩罚措施,这将会起到"姑息"、"纵容"的作用。这些人在尝到"甜头"以后,会"再接再厉",别的人也可能"效仿",由此对整个行业的发展造成严重影响。

当然,从保险公司的角度来说,也应当想办法采取和实施能够有效区分善良投保人和恶意骗保者的措施,如堵塞制度漏洞、完善保单条款、严格核保手续;尽可能地加快理赔速度,做好各种服务工作;该承担的保险责任一定要履约,而不能以各种理由来拒赔、惜赔。

2005-03-16

## 做大做强企业,除了"股东",我们还需要什么?

前不久,《中国保险报》的一则报道引起了我的兴趣。这则报道说的是,2001年开业的长安经纪虽然不是国内最早成立的保险经纪公司,但目前已经是国内最大的保险经纪公司了。今年一季度,在全国200多家保险经纪公司中,长安的经纪佣金收入占到了20%以上的市场份额,比第二名和第三名的总和还要多。在探究其原因时,该报道是这样说的:长安的业绩"让众多在市场上苦求生存的同行们在羡慕的同时,也往往会拿长安的股东背景说事。因为长安的'后台'很硬。它的股东是国内40多家大型电力企业。在股东们全力以赴的配合下,每年电力保险市场上80%的经纪业务都会轻而易举落在长安的手里。这也是为什么四年之后长安能够稳居国内保险经纪业务老大的主要原因"。

如果该报道的分析是对的话,那么,这可以看做是由股东的"鼎力襄助"而使其公司位居市场头把交椅的案例。除此之外,由于股东"慷慨相助"而使其公司"一夜成名"的例子在中国保险市场上也还有一出。2005年3月31日,中国石油天然气集团公司与中意人寿签署了"中意阳光团体年金险保单",伴随着这200亿元保费全部计入中意人寿当月的保费收入,成立仅三年之久的中意人寿也一跃成为外资和合资保险公司的领军人物,其市场份额仅次于中国人寿、平安人寿和太平洋人寿这三家国内保险市场的"巨头",而高于在中国市场经营已达13年之久的美国友邦保险公司。

事实上,除了上面两个与股东有关的典型案例以外,中国的媒体在报道保险企业时,也是非常注重"股东背景"的。远的不说,就说新近成立的阳光财险。有文章在对阳光的五家作为国有特大型企业的股东背景进行了详细描绘以后,发出了如此的感叹:"这种'陆、海、空'股东编队在保险业内绝无仅有,不仅实力强大,且涉及行业广泛,总资产达上万亿元。"

在以上所举的三个例子当中,前两例可以看做是股东作用的"现在完成时",后一例虽是"将来进行时",但潜台词很明确:有如此好的股东,不愁将来没有好的经营业绩,不愁不会迅速成为市场的佼佼者。

在市场经济中,虾有虾法,蟹有蟹道,迅速做大企业的途径有多种,比如兼并收购,比如增资扩股,比如策略联盟等。联想凭借成功收购IBM的PC部门,一举成为全球第三大PC制造商,就是通过并购方式做大企业的一个例子,这种事例在现代经济中也很常见。因此,在我看来,只要在法律允许的框架下,不论用什么方式做大企业应当都是无可厚非的,借助股东之力来迅速做大企业也是一样。特别是在中国这样一个新型的保险市场上,许多新成立的企业不像老企业那样,已经有了市场知名度,可以依靠社会大众的"需求"来"吸纳"自己的"供给"。于是,做股东的业务,或者借助股东的力量将业务尽快做起来,使企业尽早在市场上立足,这不仅被看做企业的一种理性行为,而且对股东来说也是一件好事,因为他们可以通过迅速成长的企业来分享经营成果。这些股东们为什么要发起设立保险公司?为什么要参与保险市场?不就是为了从这个巨大的潜在市场中"分羹"吗?企业发展越快,股东们分享经营成果的速度也就越快,反之则反是。由此可见,在市场的发展初期,股东的"肥水不流外人田",企业通过股东的"肥水"来"育种",可以说是企业"快速发育"的一个主要途径,这是一个双赢的结局。

然而我认为,借助股东之力来迅速做大企业虽是一个聪明之举,但不是一个长久之计,其理由在于:

第一,在现代股份制企业中,主人(股东)之所以要任用"仆人"(管理者)来经营企业,正是因为后者具有很强的专业管理技能,由此使得投资者相信管理者能为企业带来价值。如果在两权分离的企业中,使企业价值最大化的"源动力"仍然是股东自己,那投资者为什么还要聘请管理者来并与之分享经营成果呢?投资者干脆成立独资企业或者合伙企业不就算了?

第二,现代企业制度的最本质特征就在于所有权与经营权的分离,而正是这一特征造就了一个"铁打的营盘流水的兵"的结局。在此,"铁打的营盘"是企业自身,而"流水的兵"则是那些具有"用手投票"和"用脚投票"权的、对企业负有有限责任的股东。投资者喜欢企业,他们就待在这里,不喜欢了,他们就会"用脚投票",一走了之。在这种情况下,企业指望什么样的股东会与自己"常相依"并永远"鼎力襄助"自己呢?

第三,在投资者数量很少的前提下,他们很容易形成"命运共同体",做到"有福共享,有难同当"。然而,随着公司的上市,股权会变得相对越来越分散。目前中国保险公司的股东大多数只有几个、十几个,至多几十个,而国外股份保险公司的股东可以多达几十万、上百万甚至更多。随着中国股市的成熟与完善,股份制公司的股权无疑也会越来越分散。在这种情况下,企业希冀众多股东中的哪一些来"倾其力"并永远"鼎力襄助"自己呢?

当然,我这样说,绝不是否定股东的重要性,相反,我坚定不移地认为,股东的"背景"(质量)对形成合理的公司治理结构,由此保证公司的经营绩效是非常重要的。也正因为如此,我非常欣赏中国的许多保险公司在选择股东时表现出来的理性、睿智以及所具有的长远目光。但股东不是一切。在现代经济中,要做大做强企业,在其他条件不变的情况下,除了好的股东、合理的股权结构以外,董事会、经理阶层也是至关重要的方面,甚至可以说是更重要的方面。因此,我认为,企业除了在股东背景方面"较劲"以外,更应当在以下方面"比拼":例如董事会是否能够真正发挥对企业的领导作用,公司的董事特别是独立董事是否勤勉、尽责;董事会下设的各个功能委员会是否能够各司其职、独立行使其职权;职业经理人是否专业;等等。

如果说中国的保险企业在市场发展初期依靠股东来"创造业绩"是聪明一举的话,那么,要想获得持续发展,就必须尽快将注意力放到建立合理的公司治理结构,打造高效专业的管理团队等方面来,靠产品、技术、人才、管理等综合素质反映出来的创新能力与竞争能力来获取市场认可度和可持续发展的源动力。

2005-10-12

# 高校、公司与市场的多赢

## ——从中国保险学会奖学金的设立谈起

金色的秋季是收获的季节,同时也是许多优秀高校学子们期待的日子,因为奖学金的发放基本上都是在这个季节。

11月11号的下午,北京举办了中国保险学会"教保希望奖学金"的颁奖仪式。来自全国9所高校的45位优秀学子成为首批获奖人。我相信,在这段时间里,许多高校自己也举办了类似活动,仅就我们北大经济学院风险管理与保险学系来讲,除了中国保险学会颁发的"教保希望奖学金"以及"台湾富邦奖学金"之外,不少同学还荣获了来自中国出口信用保险公司、台湾国泰人寿保险公司、花旗集团和大韩生命保险株式会社等公司设立的奖学金,这些奖学金有的已在系里开设多年。也许是职业的关系,作为高校教师,我很看重并欣赏企业为高校设立奖学金的善举,并为获奖学生感到由衷的高兴。

我无从考证由机构或公司资助的奖学金是从什么时候开始的。估计国外已有相当长的历史,但国内恐怕也就是改革开放以来的事情。记得我上大学那会儿(上世纪70年代末),学校除了有所谓"三好学生"奖项以外,是没有机构或公司在学校里设立奖学金的。近十几年来,特别是对外开放加速以来,许多公司特别是外资公司在中国的大学里设立了各种类型的奖学(奖教)金。

对于一家大型公司来说,每年设立奖学金也许并不是一笔很大的

开支,但这种行为所产生的效果却是很大的,至少可以从高校、公司和市场三个方面看到这种效益。

首先,从高校学生来看,他们无疑是最直接的受益者。数量不菲的奖学金使得这些优秀学生可以有更大的财力来购置学习用品(当然,我们假定他们都能够明智地使用这笔资金),对于一些生活比较困难的学生来说,则可摆脱迫于生计而去打工的窘况,由此将宝贵的时间花在更有意义的学习和实践方面。除此之外,还因为奖学金通常是奖励那些德智体全面发展、综合素质高的优秀学生,这无疑有利于营造奋发向上的良好学习氛围,激励学生们努力学习。

其次,对公司来说,资助教育、奖励学生这种善举一般都会通过媒体在社会上得到传播。这一方面对公司来说是一个非常好的"软广告"(虽然这可能并不是公司的主观要求和初衷),特别是对一些新公司来说更是如此。从大众的情感方面来说,我认为,如果公司同样是"花钱"做广告,"资助教育、奖励优秀学生"这样的"软广告"会比纯粹的商业广告来得"亲切"和"实在",使得公司更容易在公众中获得"取之社会、用之于社会"的良好评价;另一方面,公司也在它的员工中树立了一个"有社会责任感"的公司形象;此外,获奖学生也会对公司产生一种感恩心态,在今后公司需要的时候,他们很可能就会"投桃报李",公司由此"免费"获得了一个人才"蓄水池"。当然,我的上述所说完全是一种客观效果的分析,对公司来说,它可能是一种"无心插柳柳成荫"的结果。

最后,对市场来说,一个行业的快速健康发展取决于多方面的因素,但人才无疑是最关键的要素之一,保险市场也绝不例外。相对于其他行业来说,保险专业人才培养的问题显得更为突出,这不仅是因为保险业在中国中断了几十年,由此导致人才培养出现了很长时间的断层,也不仅仅是因为保险行业是一个对专业人才(如精算、营销、承保、理赔、投资、法律等)有很高需求的行业,更因为这是一个在中国快速发展的行业。如果在市场快速发展的同时没有人才的跟进,这个市场就是"跛足"的。而公司通过在高校设立包括奖学金在内的各种资助活动,一方面向学生们传递了一个重要的"信号",即这个行业需要更多的优秀人才投身其中,这将促使更多的有志于这个行业的学生选择该专业,由此使得人才选择的余地和范围更大;另一方面,就像人们耳熟能详的那个经典句子所说,"钱不是万能的,但没有钱是万万不能的",因为有了这种资助,学校可以开展更多有益的活动,使学生获得更多的学习机会和实践机会,由此培养了更多的优秀人才。如果有越来越多的优秀人才加入保险队伍,市场的规模就会越做越大,市场的质量也会越来越高。有了广阔的市场,市场的每个参与者——公司才有越来越多的"生意"可做,才有越来越多的"利润"可赚。

除此之外,我认为公司在高校设立奖学金及资助教育所产生的可能为人们所忽略的一个重要意义还在于:公司在把物质的"钱"给予出去的同时,也把人文关怀、社会公益、重视教育、注重未来等精神和理念植入了学生的意识中,使他们在未来的职业生涯中懂得"给予"的重要性。于是,在他们成长起来之后,也非常有可能如此这般地去对待年轻人,就像他们在年轻时所受到的那种对待一样。

总之,公司对高校的各种资助和帮助,包括设立奖学金、接受学生实习、资助学校的各种活动等,对高校学生、对行业发展都是一件非常有意义的事情,具有很大的正的外部性;而资助教育就是培育市场,就是规划未来,到头来,实际上也是在帮助公司自己。这是一种典型的共赢。

前不久,我在中国台湾国泰人寿奖学金的颁奖仪式上说过:目前在中国,肯花大钱做广告的企业不少,但像国泰这样一些肯花大钱资助教育的企业不多;专注于眼前公司经营和赚钱的企业不少,但像国泰这样一些除此之外还专注于高校人才培养这样一个"百年树人"的企业不多。当然不止一个国泰,还有我在前面提到的在中国保险学会设立奖学金的韩国教保生命保险株式会社、台湾富邦人寿保险公司,还有在北大风险管理与保险学系设立奖学金的众多保险公司以及在其他院校设立奖学金的公司。我们无疑可以列一份长长的名单,这上面无疑会有我上面提到或者没有提到的众多企业。

我对这些企业充满敬意,但也对不愿做此类事情的公司感到不解。有的公司可以一掷千金请人吃饭送礼,可以不断更新"豪华轿车"显示

身份,可以花大钱、很铺张地做各种广告或活动,但就是不愿拨出哪怕一点点资金用于奖励高校优秀生或者资助教育。即使我们不谈资助教育就是培育市场、就是赢得未来这样的大道理,就是从企业的本性是要赚钱这个基本道理出发,他们也应当知道"欲要取之必先予之"之理吧。放着能多赢的事情而不做,岂不怪哉!

2005-11-16

# "结构性的供给疲软"掣肘中国保险业

## ——从为大熊猫买保险无人敢接单说起

谁要是说目前中国的保险供给是"疲软"的,那很难让人相信。看看"锲而不舍"的代理人,看看保险公司为销售产品所使出的"浑身解数",看看银行柜台上的各式保险产品……虽然这与保险产品的销售特点有关,但仍然不时给人以保险供给"过剩"的感觉。然而且慢,现实生活中我们也真得常常看到保险供给"疲软"的现象。

### 两件案例发人深思

据《法制晚报》报道,国内某动物园从大熊猫繁育基地租借来了一只大熊猫在园内展览,租期为一年。根据合同规定,在此期间,如果熊猫出现不测,动物园方要向大熊猫繁育基地赔偿50万元。为此,该动物园的负责人想到了保险。没想到的是,保险公司不敢接单。又据《解放日报》报道,国庆期间,上海嘉年华的组织者曾费尽心机投保公众责任险,然而,愿意承保该险种的保险公司却寥寥无几。直到开业前几天,公众责任险才最终敲定由国内一家大公司承保,让主办方终于松了一口气。

说实话,我还真是很欣赏这两个例子中的投保方。现在我们在分

析国内保险业发展的状况时,不是总好拿消费者的"风险意识"和"保险意识"说事吗!瞧瞧那位动物园的负责人,看看那个嘉年华的组办者,多有保险意识呀。人家主动找到保险公司投保。可在前一个例子中,我们的保险公司愣是让动物园吃了闭门羹;在后一个例子中,我妄自猜想,恐怕也是组办者"不懈努力的诚意"打动了保险公司吧。

消费者想要的险种,保险人不能或者不愿提供,这种情况在现实中似乎非常普遍,也常为人们所诟病,我这里所举的只是顺手拈来的两个例子。对于这种问题,我认为当然不能一概责怪保险公司,而要进行具体分析。

## 问题的症结出在何处?

保险公司虽然是经营管理风险的专业机构,但从专业的角度来说,保险公司能够承保的只是"纯粹风险"中的"可保风险"。

何谓"可保风险"?学过保险学的人都知道,适合承保的风险通常具有以下特性:有大量的同质性的保险标的;损失发生的概率较低,但损失一旦发生严重程度很高的事情;损失发生的概率分布可以被确定;损失的发生具有偶然性;损失可以确定和计量,并且不会发生特大灾难事故的事件。

当然,需要指出的是,首先,"可保风险"也是一个动态的概念,随着环境、技术等条件的变化,它也在发生变化。过去不可保的风险,今天可能就成为了可保风险;其次,随着资本市场的日益成熟、法律及税收制度的逐渐完善、消费者风险意识的逐步提高及保险知识的日益丰富,保险公司也可以设计出越来越多的"ART"产品,通过资本市场来扩大其承保范围。

然而,从我们今天列举的这两个例子来看,它们应当说都属于"可保风险"的范畴。不是保险公司不能提供,而是保险公司不愿提供,因此,这无疑属于保险公司自身的问题。

## 不敢为大熊猫保险的理由是否站得住脚？

在"大熊猫"的例子中，据说保险公司不愿接单的理由有两条：一是没有参考数据，保险公司无法定价；二是万一大熊猫发生不测，赔付50万元的风险太大。那我们先来看第一条理由。的确，保险产品的定价需要死亡、疾病、损失等参考数据，没有这些参考数据，保险公司是很难定价的。定价不准确，比如说定高了，那会损害投保人的利益；定低了，那有可能损害保险公司的偿付能力，最终还是消费者受损。正因为如此，在保险业一直有"足够、合理、公平"这样一个简单明了但含义深刻的产品定价原则。

那么，大熊猫保险的定价是否有参考数据可循？我认为，大熊猫是中国的国宝，我们对大熊猫的研究应当说有相当的水平，如果说连大熊猫的疾病发生率和死亡率都没有数据的话，这是很难说得过去的。当然，问题可能在于，保险公司没有办法获取这些数据，因为这些数据是由有关部门掌握的，或者属于"机密"不能轻易外传，或者由于体制方面的原因，保险业没有渠道获取这些数据。如果真是属于这种性质，那就不能完全"怪罪"保险公司了，但这个问题是否应当引起有关部门的注意和重视？是否应当建立一个信息共享机制来让保险公司可以获取类似的数据，由此为个人和社会提供尽可能全面的风险保障？

现在我们再来看保险公司不愿接单的第二个理由：万一大熊猫发生不测，赔付50万元的风险太大，这就更让人费解了。的确，对大熊猫来说，动物园的生活环境和野生环境会有差别，这正是风险所在，也正因为如此，即使在动物园的专家看来，"大熊猫的身体非常健康，在园内享受着24小时监护的待遇。并且，如果一旦生病，园方会与成都基地方面的兽医共同医治"，动物园的负责人仍想要投保，目的就是将可能发生的风险转嫁出去，而保险公司不愿接单的理由却在于风险太大。那么人们不仅就要问了，你保险公司不就是经营管理风险的专业机构吗？保险不就是保那些损失发生的概率较低，但一旦发生，损失的严重

程度很高的风险吗？风险要是不大，我还不用你来承保了呢！采用自留风险或者采用别的方式来应付风险不就结了？

如果说大熊猫因为数量极少，不大满足可保风险中"大量、相似性"特征的要求（不过，即使大多数国人不了解保险，我相信不少人还是听说过英国劳合社为特殊人群所提供的一些"特殊险种"，如著名球员的"腿险"、著名演员的"眼睛险"、著名钢琴家的"手指险"等。大熊猫属于"动物"，不能与"人"类比，但产品定价原理多少还是相通的），因而，保险公司不愿承保多少还有些理由的话，"嘉年华"的例子就更让人有些费解了。公众责任险的适用面非常广，并且也应当说是一个相对比较成熟的险种，不知保险公司不愿承接该险种的理由何在。

## 保险市场上供求"脱节"的原因分析

当今中国的保险市场虽然远远没有饱和，但供给方的价格竞争早已达到"白热化"的地步，这其中一个很重要的原因就在于保险公司提供的产品"同质化"非常严重。君不见，在中国的保险市场上，各公司一直在进行同险种的竞争。以人寿保险为例，从上世纪90年代中期的少儿险、养老险到90年代末期至今的投资联结险、万能险、分红险等，在不同的时间段，市场上几乎所有的公司都在销售相同的险种。

道理很简单：如果大家都卖一样的产品，价格战自然是不可避免的。但如果你卖冰箱，我卖洗衣机，不就既满足了不同消费者的需要，又使得厂商有利润可赚？这是再显浅不过的道理。那人们不仅要问了，为什么保险公司不去努力满足消费者的需求，而是"放任"供给与需求的脱节呢？

我认为，造成目前市场上供给与需求"脱节"的原因至少有以下四个方面：第一，由于保险标的不符合"可保风险"特性，或者此类"投保需求"违反法律和道德规范，因此，保险公司不能对此提供风险保障。第二，某些保险标的发生"逆选择"和"道德风险"的概率很大，如果保险公司在没有有效的防范措施的前提下就大量提供此类产品，很容易发生严重亏损。第三,由于保险公司的技术能力、管理能力等有限,导致它们不敢涉猎新的市场、设计新的产品,即使这些保险标的也属于"可保风险"的范畴。第四,市场远未饱和,因此,保险公司认为用不着像发达国家的同行那样,不断地去寻找和开拓"缝隙市场"以满足自己的生存和发展需要,这就导致消费者有需求但保险公司不愿"费心劳神"去提供供给。

在以上我提到的四个导致"保险供给"与"保险需求"脱节的原因中,除了第一个以外,其余三个应当说都与我们市场的发育程度低以及保险公司自身的问题有关,它表现为一种"结构性的供给疲软"。这个问题看似不大,但影响深远:首先,从需求的角度来看,消费者想要的产品保险公司总是不能提供或者不愿提供,这无疑会导致消费者对保险业的反感,由此减弱保险需求。你不急人之所急,别人为什么要想你之所想呢?其次,从供给的角度来说,"结构性的供给疲软"反映出中国保险市场的缺陷:产品种类少,易引发价格大战,导致市场混乱和无序竞争;保险公司缺乏创新动力及创新能力,长此以往,将损害保险业的竞争能力。因此我认为,如果"结构性的供给疲软"这个问题不能尽快得到重视和解决,将会成为中国保险业发展的一个重大掣肘因素。

2005-11-30

# 行业自律与政府有效监管(上)

2月16日,中韩保险企业北京峰会召开,其会议主题之一就是中国保险法规和监督管理政策的全球化问题。据悉,今年的10月份,国际保险监管官协会的第13届年会也将首次在中国召开。届时我相信,各国人士一定有许多经验可以分享。其实,自中国保监会成立以来,保险监管就是一个人们耳熟能详的字眼。这也难怪,就像"爱情"是小说中的"永恒主题"一样,监管应当也是经济发展中的一个"长期话题",因此今天,我也想"凑个热闹",从行业自律这个角度来漫谈一下有效监管的问题。

8年后的今天与保监会成立之初相比,中国保险监管的环境发生了重大的变化,这主要体现在以下四个方面:第一,市场主体大大增加,保险公司从1998年的25家增加到2005年年底的93家。专业中介机构从无到有,2005年共有专业中介机构1800家。1998年全国共有40万左右的营销人员,2005年增加到147万人。第二,市场的开放程度越来越高。从外资主体数量看,从1998年的11家发展到2005年年底的40家,外资公司可以承接除法定业务之外的所有业务,其市场份额已经占到整个市场的6.92%。第三,保险产品的种类越来越多,技术含量和复杂程度越来越高。近些年来,保险公司陆续推出了各类创新型人身保险产品;财产保险公司新开发或修改完善的保险产品数量逐年增加,每年均在1000个以上;保险公司的创新能力不断提高,个性化产品不断涌现。第四，从总体上来看，消费者有关保险的知识相对越来越丰富，由此对保险业的要求也越来越高。

而与此同时，市场之所以需要保险监管的理由仍然存在。学术文献在讨论监管存在的理由时，大都将其归纳为信息、外部性、不完全竞争和"搭便车"等问题。对保险业来说，我认为最突出的表现在以下三个方面：

首先，由保险市场信息问题所决定的保险监管存在的必要性。信息问题主要包括信息不对称和信息不完善。保险业的信息不对称指的是保险人与投保人之间、保险人与代理人之间的信息不对称，这种信息不对称主要表现为以下几种方式：一是逆选择，即保险交易的一方利用其信息优势在交易的事前采取机会主义的自利行为，由此损害交易另一方的利益。例如，承保能力差的公司更倾向于冒险经营，投保人更倾向于隐瞒对自己不利的信息。二是道德风险问题，即事后拥有信息优势的交易方产生的自利的机会主义行为。例如，被保险人可能在购买保险以后对风险掉以轻心；保险公司在收取保费之后，不履行对被保险人的承诺。三是委托—代理问题。由于代理人与委托人的目标利益不一致，导致代理人的机会主义倾向，损害保险业的经营效率。除了信息不对称之外，保险市场也存在信息不完善问题，也即信息缺乏问题。

从中国保险业发展的历史来看，一方面，由于监管部门对公司信息披露的强制规定，从这个意义上说，消费者与保险人之间的信息不对称问题较之8年前有所缓解；但从另一方面来看，伴随着市场的快速发展，机构进一步增多，产品变得越来越复杂，信息不对称和信息不完善的问题依然存在，而且在有些情况下还会变得越来越突出。

其次，由保险产品的特性所决定的监管存在的必要性。在这里，我所指的特性最主要是指由保险交易的"承诺性"特征所导致的"公众利益归属"的特性。在保险公司因各种原因不能对被保险人"兑现"其承诺时，这将导致重大的社会问题，因此需要保险监管。

最后，由市场主体的"经济人假定"——即各自追求自身利益最大化导致市场无序竞争和社会福利损失的可能性所决定的监管的必要性。

由此来看，一方面，中国保险业的监管环境较之8年前发生了重大的变化；另一方面，市场需要保险监管的理由仍然存在，这意味着什么呢？结论是：保险监管仍然是不可或缺的，不仅如此，监管者监管的范围比以往更加扩大了，监管所需要的手段更加技术化，监管的难度将进一步加大。

2006-02-22

# 行业自律与政府有效监管(下)

面对这种形势,监管应当如何进行呢?一种思路是,延续单纯的市场行为监管模式,但这必须以监管机构的进一步扩张和人员的大量增加作为前提。1998年保监会成立之初只有一个总部,95个人,现在除了总部以外还有34家派出机构,人数增加到1 000多人。随着中国经济的快速增长,中国的保险市场无疑还会继续扩张、市场主体还会进一步增多,也就是说,被监管者的数量还会继续增加。如果按照被监管者数量增加,监管者的数量也必须相应增加的思路来看,这种格局无疑是无法持续的,无法持续的理由首先来自于监管内生的缺陷。首先,监管本身是有成本的,已有研究将这些成本分为直接成本和间接成本。直接成本指监管直接的资源损耗。如果从成本分担主体的角度来看,可以将直接成本的分担主体分为监管机构负担的成本和金融机构负担的成本。前者可以称为行政成本,后者可以称为奉行成本。间接成本指不可观察的社会福利水平或经济运行效率的损失。之所以监管需要耗费成本还必须实施监管是因为社会相信,与没有监管相比,所可能产生的市场效率的损失会更为严重,因此,根据成本收益分析,社会选择了"有成本"的监管。其次,监管在一定程度上是与创新有冲突的,为什么这样说呢?让我们来看一下,经济活动中出现的许多重大创新,除了供需方面的原因以外,在很大程度上都是为了规避监管而出现的。既然经济的发展需要创新,而监管在一定程度上又与创新有冲突,那么,为

什么社会仍然选择监管呢?这是因为,如果没有监管,特别是在市场发展初期,市场规则不完善、市场主体的自律性差,个体的创新活动可能会破坏市场秩序,由此阻碍行业的发展。因此社会选择了"可能限制创新"的监管。

上述分析表明,监管是有"成本"的,也是有"代价"的,但在一定限度内,假定监管者的素质是良好的,手段是合理的,措施是得力的,那么,由监管所带来的收益——维护公平竞争的市场环境,减少效率损失,提升社会福利与"成本"、"代价"相比就是正的;但根据管理学的有关理论,如果无限地扩大机构规模和增加人员数量,就必然会出现由于机构庞杂、信息沟通不畅等方面的问题而导致的低效甚至无效,由此放大政府监管的内生缺陷。

既然随着市场的扩张和市场主体的增加而扩张监管机构、增加监管人员数量的思路是不可行的,那么我们是否能够放松市场行为监管呢?从历史上来看,特别是从发达国家的实践来看,放松监管,具体来说,从无所不包的市场行为监管向注重偿付能力的监管转变是一个发展的脉络和趋势。但这种转变是需要前提条件的。除了需要有完善的公司治理结构和完善有效的监管措施以外,行业自律是一个不可或缺的因素,换句话说,如果没有行业自律,放松市场行为监管将可能导致市场秩序的混乱。这是一个很重要的问题,但我认为目前理论界和实际部门还没有给予其足够的重视。

行业自律得以实现的主要载体是行业协会,后者是行业内各企业自律协调的一个民间社团组织。我国的保险行业协会自成立以来做了许多工作,但我认为,它应当在定价数据的采集、行业标准的制定(其中包括资格考试制度)、信用信息平台的建设、信息披露机制的建立,特别是督促和推进行业内的企业依法合规经营、对会员单位和从业人员实施自律管理和自律惩戒方面发挥更大的作用。这些作用的发挥不仅是监管重点转移的重要前提条件,而且还将会促进更加有效的监管,其理由在于,当监管者从无所不包的活动中解脱出来以后,它就能够形成一支小型、精干的监管队伍,由此专司最为重要的监管职能——惩治违法的市场主体,以维护公平的市场秩序,提升市场效率,这不仅会减少由监管所必然带来的直接成本,而且减少可能造成的间接成本。监管者的作用应当像是一把高悬的、始终存在威慑力的达摩克力斯剑:如果行业能够自律,监管者将给予其充分的活动空间;如果行业不能自律,监管将介入,由此带来的后果是采取更为严格的措施,这必将限制市场主体的活动空间。所以,从长期博弈的角度看,一个行业的理性做法应当是选择通过自律,从而赢得更为宽松的监管环境和发展空间,而不是去选择不自律、恶性竞争,从而招致更加严格的政府监管和更加狭小的发展空间。而从监管部门的角度看,"行业自律"使得监管部门可以更加专注于所谓"核心事项"的监管,从而提高监管效率,取得更好的经济和社会效果。

当然,从市场行为监管转向偿付能力监管不是一蹴而就的事情。西方许多发达国家走过了上百年的历史以后才开始逐渐放松市场行为监管而逐步转向偿付能力监管。(当然,即使这样,近些年来,世界上一些国家,特别是像美国这样的发达国家出现的保险公司的严重违规问题也仍在昭示着市场行为监管的重要性。但话说回来,就整体而言,在美国,保险公司的市场行为相对还是规范的。我们不能因为出现了几家公司违规事件,就下结论说美国保险市场整体是混乱的。)因此,在行业协会还没有能力有效地发挥其作用的时候,监管者必须履行上述职能,以保证市场的正常运转。但我们必须从现在起开始行动,对行业自律在有效监管中可以发挥的重要作用给予足够的重视。

如果说第一个8年保监会做的工作主要是通过完善法律法规制度(实施监管的依据)、构建监管队伍(实施监管的主体)、落实监管措施(实施监管的手段)、彰显监管成果(实施监管的效果)等来培育保险市场,推动保险业快速发展的话,那么,下一个阶段的工作重点之一则应当是在此基础上,运用政府的力量,推动行业自律工作的建设,由此使得监管部门和行业协会等各种行业组织各司其职,实现从以市场行为监管为主要内容的监管模式向以偿付能力监管为核心、辅之以市场行为监管(以及保险公司治理结构监管)的模式的转变。

2006-03-01

# 也谈中国保险业的新机遇

日前参加在北京举行的2006年中国金融高峰会。众多学者、政府官员、金融机构的高管齐聚一堂,共同探讨金融领域的一些重大问题。保险议程的主题是"中国保险业的新机遇"。我在主持大会演讲和讨论的同时,也在"思绪飞扬",思考着这样一个问题:我们一直在谈中国保险业的发展机遇,那么,当前中国保险业发展的新机遇究竟是什么?我们能否有效地抓住这个新机遇?

这些年来,我在与国内外业界人士接触的时候,发现一个很有趣的现象。外国公司对中国的保险市场普遍都很看好,认为这是一个很有发展潜力的市场。记得在我这些年参加的国际保险学会的年会上,"中国保险业"一直是一个"抢眼"的词汇。甚至在去年召开的这个有全球600多位各大公司高管参加的大会上,三天的大会议程就有一天是专门的中国和印度市场单元。说是这两个发展中大国,但实际上大部分人都在热烈地谈论中国市场,然而,见到国内许多业界人士,他们则大都感慨:"业务太不好做了。"

对于一个有着18万亿国内生产总值、其经济总量占世界排名第六的国家来说,对于一个保费年均增长率达30%左右的产业来说,对于一个保险密度大大低于发达国家、低于世界平均水平,甚至低于许多发展中国家的市场来说,似乎无论如何也不应当得出"业务不好做"的结论。因此,不知这是因为国内公司的"目标太高",因此导致"期望越高失望越大"呢,还是属于某种"围城现象":外面的人只看到了"增长率",于是推断出中国市场的"蛋糕无比大";而里面的人只看到了"残酷的竞争",于是推断出"蛋糕不够分"。

决定保险业发展的变量众多,我将经济发展、人均收入水平、文化习俗等定义为影响其发展的内生变量,将制度、政策等定义为外生变量。在一个时期内,内生变量是大体恒定的。因此,在其没有基本改变的情况下,外生变量对产业的发展就显得格外重要。在中国,1959年因政治原因停办保险业导致商业保险中断20年之久的历史无疑可以折射出制度、政策等外生变量对产业发展的至关重要性。

机遇,"境遇,时机也"。从制度、政策等这些外生变量的角度来看,我认为中国的保险业自改革开放以来曾经历过四次大的发展机遇。第一次是1979年,在经济体制改革的大背景下,中国人民银行、财政部、中国农业银行联合发出《关于恢复办理企业财产保险的联合通知》,这一通知可以被看做是"解禁令",中国保险业由此挣脱了体制束缚,开始了自1805年保险业在中国出现后的第二次新生(第一次新生可以说是1949年)。第二次发展机遇是1992年中国保险业的首次对外开放,保险业被置于整个金融业对外开放排头兵的地位,由此"痛并快乐地"利用"开放倒逼改革"所带来的机遇,得到了快速的发展。第三次机遇出现在1998年,保险监管部门从中国人民银行中分离出来,国务院批准成立中国保险监督管理委员会。这一监管制度和政策的改变体现了国务院对保险业的重视,由此进一步明确了保险业作为三大金融机构之一的独立地位。第四次机遇出现在2001年中国加入世贸组织。我在当时撰写的一篇文中曾经谈到,这一事件为中国保险业的发展所提供的最大机遇就在于:"通过竞争主体的增加和公平竞争的市场规则的引入,使得参与'游戏'的各个主体(包括政府、企业)都必须按照国际通行的游戏规则来行事,由此为建立一个有序竞争的市场环境,最大限度地消除各种垄断、保护、不公平因素,增强企业的竞争意识和竞争能力,提高市场效率提供了前提条件。"

撇开国际国内有利的经济环境不说,依旧从制度和政策的层面来看,进入2006年的中国保险业可以说面临着新的发展机遇,这可以从

2006年的政府工作报告以及中央对保监会工作的肯定和大力支持中得到充分的体现:发展保险业的重要性被提到了有关构建和谐社会的层面,由此从国家战略的高度为保险业的快速发展提供了更强有力的政策支持。

然而,众所周知,机遇与挑战总是并存的。在新的机遇面前,保险业面临的问题和矛盾同样十分严峻。在我看来,在众多的问题和矛盾中,我们特别需要谨防"投资陷阱"、"人才陷阱"和"制度陷阱"。

首先,投资陷阱。从保险业发展的特点来看,保费规模越大,保险投资的需求就越大。虽然保险资金也可以投向基础实业部门,但根据保险业资金的特点,它首先是对资本市场形成一种极大的依赖。如果资本市场不完善,无法满足这种需要,这种快速增长就会累积很大的投资风险,这必然会影响保险业的偿付能力,由此影响保险业的可持续发展。

其次,人才陷阱。保险业的快速发展必然对专业人才提出极大的需求。这种人才绝不仅仅只限于目前社会上许多人所认为的"营销"人才,也不仅仅限于人们通常所说的公司的"高级管理人员",而是包括精算、承保、理赔、法律、投资,甚至医学、工程等各种专才在内的人才队伍,这是由保险行业的特性所决定的。据中国保监会的粗略统计,目前我国保险业人才年缺口约为16 000人左右,供需比例约1:4。在"入世过渡期"结束以后,中资和外资进入市场的速度无疑还会加快,人才的供需缺口也会更加扩大。在业务增长的同时如果没有相适应的人才,这种发展就会进一步造成保险资源的掠夺式开发,由此破坏保险生态环境。

最后,制度陷阱。保险业是一个具有很强的前向联系和后向联系的产业,其发展涉及许多政府部门的改革协调。例如,保监会近年来倡导大力发展的几个主要领域:如健康保险、责任保险和农业保险就至少涉及与医疗卫生、安全生产、农业农村等许多部门的改革协调。如果政府各相关部门主导的各个行业的改革能够相互协调、同步推进,那么保险业发展的制度环境就会好得多;反之,如果政府部门间的工作协调机制存在缺陷,部门之间的关系没有理顺,配套制度改革不能同步推进,就会必然产生不少改革发展的阻力,对保险业的可持续发展构成障碍。比如,如果医疗卫生制度、责任法律制度、安全生产制度、农业支持制度的改革不能同步推进(如医疗费用控制机制不健全、法律责任分配不合理、安全生产规则不落实、农业支持体系不完善),那么,保险业增长速度越快,在健康保险、责任保险和农业保险等方面产生的问题就可能越严重。

综上所述可见,如果我们不能清醒地认识到保险业存在的问题并且有效地解决它们,大好的发展机遇也许就会演变成"发展悖论",即发展速度越快,业界面临的风险也会越大,并由此给中国保险业的可持续发展带来严峻挑战。

2006-05-31

# 保险营销员:"营销"什么及怎样"营销"

上周末参加中国人寿股份有限公司"国寿讲师在行动——金牌争霸赛"活动,选手们出场时的个性彰显、角逐中的激情四溢、谢幕时的风趣幽默无不给我留下深刻的印象。作为大赛评委,我在给台上选手打分的同时,也在作为听众,听着选手们讲述的一个又一个感人至深的有关营销员的故事以及他们对保险的诠释,思考着以下问题:作为保险市场中一支不可或缺的主力军,作为联结保险公司和投保人的桥梁,营销员们"营销"的是什么?他们应当怎样"营销"?

在市场经济条件下,"酒好不怕巷子深"已经成为"计划经济"的"黄历"。人们意识到,不论多好的产品,都要有营销才行,只有"广而告之",才能深入人心,进入千家万户。保险业素有"保险是卖出的,而不是买入的"之说,其产品的"避害性"特性更是决定了"营销"的必要性和重要性。正因为如此,在中国180多万保险从业人员中,营销员就占到了近150万。然而,"保险营销"并非像有些人想象的那么容易和简单,它是有讲究、有学问的,在我看来,"营销"什么,这是内容;怎样"营销",这是形式;内容、形式不同,结果将会迥异。

首先,我认为营销员"营销"的是保险独有的关爱。这种独有表现在它是"雪中送炭"式的,它是在人们最需要帮助、最需要关爱的时候到达的:它降落在大灾后的废墟上,它伫立在绝望病人的床前,它出现在痛失亲人的家庭成员的手上,它使得人们能够从废墟上重建家园,从绝望中恢复信心,由此更加真切地感受到生命的可贵、领会生活的真谛。其次,营销员"营销"的是公司的实力,这种实力表现在独特的公司文化、适应消费者需要的产品以及优质的服务上,并最终通过其竞争能力、创新能力和盈利能力反映出来。最后,营销员"营销"的是个人的信誉。消费者通过营销员而"结识"了保险,通过信任营销员而将自己的"未来"托付于了保险,这是一份怎样的责任!

　　保险独有的关爱构成保险营销深厚的底蕴,公司实力彰显保险营销的内涵,个人信誉成为保险营销的门面,三者环环相扣,组成保险营销的本质和内容。有了它们,还需要形式,需要载体,这就是韧劲、专业素养和激情。

　　营销员应当以韧劲来"营销"。我曾经对朋友说过,我是肯定做不来营销员这份工作的,因为我这个人害怕被拒绝,而营销员的工作特性之一就是坚韧。我曾经说过,像保险这种以"承诺"作为其最大特点的产品,总的来说,它的本质是"避害"的,但这种"避害"产品只有在人们发生了保险事故、遭受损失时才起作用,换句话说,人们才会产生对它的需要。而在当初购买的时候,人们并不能看到并马上享受到它现实的好处。此外,还有一个非常重要的原因,这就是世界上人们一般都很忌讳谈论死啊、伤啊这些事的,尽管它们是客观存在的,因此,在大多数情况下,人们会自己主动到商店去购买实物商品,但一般很少主动去购买保险。可是,任何一种产品在完成"生产"阶段之后,都要进入销售阶段,最终到达消费者的手中。这才算是一个生产过程的完成。如果保险产品开发出来以后没有到达消费者手中,这个生产过程可以说是没有完成的。那么,怎样才能做到这一点呢?这就需要保险人自己通过各种途径将产品"送"到消费者手中,使得消费者对未来"避害"产品的需求得以提前实现。保险产品的这种特点会要求营销员要"不厌其烦"地向消费者做出解释说明等,当然,这种坚韧不应当被表现为"死缠烂打",如果是这样的话,那会让人反感,由此反而失掉"营销"的市场。

　　营销员应当以专业素养来"营销"。有些人认为,保险营销是一项很简单的工作,似乎只要"敢于开口",或者"能言善辩"即行。实际上,保险产品的复杂性决定了一个优秀的寿险营销员应当是具有深厚的专

业素养的专业销售人员,这个专业素养不仅仅体现在其销售产品本身的内容上,更重要的是围绕所销售产品的相关知识上,例如保险、风险管理、金融、人口、宏观经济方面甚至心理领域的知识。

营销员应当以激情来"营销"。有个道理是这样讲的:如果你连自己都说服不了的事情,是很难说服别人的;如果你连自己都不相信的事情,是很难让别人相信的;如果你连自己都没有激情的事情,是很难让别人具有激情的。一言以蔽之,只有在你把这件事情作为一项事业,而不仅仅是"谋生手段"的时候,你才会拥有激情。保险营销员在"营销"保险独特的关爱、保险公司实力和个人信誉的时候,一定是在阐释你自己信奉的东西,一定要是自己发自内心的真情表述,只有这样,才能真诚地打动你的客户。

十年前,我曾借用"成也萧何、败也萧何"的说法,说过这样一句话:中国保险业的发展在很大程度上可以说是"成也营销员、败也营销员"。我为什么会这样说呢?因为一方面,当时中国的保险市场还是一个非常弱小、落后的市场,为了获得快速发展,抢占和扩大市场份额,各公司都在广募营销员,以实施我称之为"数量扩张型"的发展战略;另一方面,中国的老百姓大都不了解保险,而保险的特性又决定了它在很大情况下是通过中介的方式——代理或者经纪——来销售出去的。在这种背景下,由于一些营销人员缺乏职业道德,业务素质低,甚至为拉保户不择手段,败坏了保险营销员的整体形象,更加重了消费者对保险的疑虑。十年过去了,中国保险业有了长足的进展,市场结构也发生了深刻的变化,然而,"保险是卖出的"这一依据并没有改变,而与此同时,专业的代理经纪公司也需要一个成长周期,在这种情况下,营销员在中国的保险市场上仍然要扮演重要的角色,但毋庸置疑,许多营销员还并不能完全胜任这个角色。也正是从这个意义上看,我认为,中国人寿股份有限公司的"国寿讲师在行动"的"示范效应"具有深远的战略意义。

2006-08-30

# "鸟笼理论"与保险"诱致物"

暑期从国外出差回来前,像往常一样,为了打发飞机上 10 多个小时漫长而枯燥的时间而专门到书店买了本书。书名很"诱人",*Think for a Change*。作者 John C. Maxwell 是美国公认的有关领导力理论方面的著名专家。眼下许多人都知道"这个世界唯一不变的就是变化"这个道理,因此,我也很想看看这本书,充充电,看是否能够获取一些应付瞬息万变的社会的"法宝"。

作者在书中讲述了一个有关鸟笼与宠物鸟的故事,非常有趣,不妨在此与读者一同分享。故事说的是,某公司的 CEO 与他的朋友打赌,如果 CEO 能说服朋友在一年之内买一只宠物鸟,朋友给他 100 美元,如果他输了,他给朋友 100 美元。打完赌之后,CEO 送给朋友一只极其昂贵、漂亮的鸟笼子。于是,朋友就将这只鸟笼作为装饰品挂在了家中的饭厅里。这以后,每逢有亲戚朋友来家见到这只鸟笼时,都要大加赞赏一通,然后就会问上一句"鸟是什么时候死的"。而每当这个时候,他就得"不厌其烦"地解释并告诉来人:"鸟没有死,因为鸟笼里本来就没有养过鸟。""什么?这么漂亮的鸟笼却不养鸟,真是不可思议。"如此的对话多了,朋友也感到很无奈,于是,只好去买了一只宠物鸟。结果可想而知,他输了,付给 CEO 100 美元。我当时看到这个故事时的第一想法是,要我是那个朋友,就不把鸟笼挂在饭厅里。如果不挂,不就没有了"诱致物"吗?不过,故事所讲的鸟笼与宠物鸟的关系倒是使我产

生了一个联想,我问了自己一个问题:什么是消费者进行保险购买的"诱致物",即故事中的那个鸟笼子?

思考了一番以后,我得出的答案是:故事中的鸟笼子相当于人们的保险意识。然而,"保险意识"未必能够直接"刺激"消费者购买保险的欲望,它还需要一个"中介",这就是"投保意识"。为什么会是这样?听我以下慢慢解释,但在此之前,我想有必要对"保险意识"和"投保意识"这两个概念做一个界定(我是从与郑伟博士的"闲聊"中获此启发的),虽然这听起来多少像是有些"多此一举"或者"咬文嚼字",因为这两个概念似乎都已约定俗成、不言而喻。然而有趣的是,我随机问了包括同事和非保险专业人士在内的一些人,回答竟然是五花八门。因此我认为有必要首先明确它们的内涵,否则我们难以在同一个语境中讨论问题。

我认为,"投保意识"源于"保险意识",但有了"保险意识"却并不一定就会有"投保意识"。要说清楚这个问题,首先需要搞清楚什么是"意识"。词典对此的解释是:"人的头脑对于客观物质世界的反映,它是感觉、思维等各种心理过程的总和,其中的思维是人类特有的反映现实的高级形式。"

"存在决定意识"是哲学的一个基本命题。因此我们可以说,"保险意识"的形成无疑首先源于"保险存在"。既然意识是人的头脑对于客观物质世界的反映,由此所决定的"保险意识"也就会有积极的和消极的两个方面。这是什么意思呢?因为人们有关保险的感觉或思维等既有可能是"好"的,也有可能是"不好"的。"好"的或者"不好"的结果取决于"保险存在"的客观现实("保险存在"与"保险意识"相对,可以理解成现实生活中保险市场上的各种状况)。如果由"保险存在"导致人们形成对保险的"好"印象,换句话说,人们形成了一种有关保险的积极的思维,那么,他们可能就会进而产生"投保意识",反之则反是。由此可见,"积极的保险存在"会导致人们形成"积极的保险意识";假定其他条件不变,"积极的保险意识"则会产生"积极的投保意识",后者则会"诱致"人们的保险购买行为。

明确了上述逻辑关系以后,我们接下来需要讨论的是,人们关于保险"好"的印象或者"不好"的印象是如何形成的。

从实践来看,"好"与"坏"印象的形成主要来自两个渠道:一是"自身体验",二是"口口相传"。例如,一位消费者购买了保险,获得了他所期望的效用。这个效用不仅仅只是体现在他可能发生了保险事故,获得了保险赔付,而且可能是由于购买保险的行为让他获得了"宁静"的心态,使他可以消除对未来不确定性的担忧,由此提高工作效率和生活质量,后一种情况更是保险的精髓所在。他由此对保险形成了好印象,换句话说,这位消费者具有了积极的保险意识,这是从"自身体验"所获得的。再假定另一位消费者从来没有购买过保险,但他从自己的亲戚朋友或者媒体的报道中获得了有关保险的信息。这种信息可能是正面的,也可能是负面的。如果是前者,这位潜在的投保人可能就会产生购买保险的欲望;如果是后者,则成为投保人的想法就被"扼杀在萌芽状态"了。

然而,假定消费者形成了"积极的保险意识",并且也产生了"投保意识",但却发现很难买到适合自己的产品。在这种情况下,"投保意识"也并不必然产生购买行为。

由此看来,"投保意识"对保险的购买是否具有"诱致性",在很大程度上取决于以下两个要素:其一,保险事故发生后保险人的赔付行为。我们可以看到这样一种现象,每当大灾大难之后,人们的"投保意识"就得到了"提升",即使像在美国这样一个保险业非常发达的国家也是如此。例如,像"9·11"、卡特妮娜飓风等人祸天灾之后,人寿保险与财产保险的需求都会大幅度上升。其二,保险公司是否能够提供适销对路的产品。如果这两个答案都是肯定的,那么,消费者的"投保意识"就会大大提高。由此可见,对保险公司而言,构筑合理的保险购买行为的"诱致物"是何等的重要。

2006-09-06

# "装错了盘子的牛排"与"服务的真谛"

旅行途中读报时看到一则故事,说是美国丹佛有个名叫罗杰·提尔的牧师在上中学时,曾是一个羞涩而笨拙的学生。举行毕业舞会前,为鼓励他约会舞伴,他的父亲甚至提出可出钱让他给舞伴买衣服、请舞伴去高级酒店用餐的激励。罗杰惴惴不安地邀请了一位女同学,令他惊喜的是,这位女同学接受了邀请。在酒店里,女孩点了扇贝,他则点了牛排。菜端上餐桌后,罗杰仍然非常紧张。当他切牛排时,由于过度紧张,一件可怕的事情发生了——牛排竟从盘中飞出,恰好飞过女孩的肩头,落在了地板上。罗杰感到非常尴尬,一时完全不知所措。因为这是他的首次重要的约会,并且对方是一个出色的美少女,而他竟然一开始就搞砸了。还没等他回过神来,目击整个过程的餐厅领班已经疾步走到桌旁,他迅速用餐巾包起落到地上的牛排并拣起来,真诚地道歉说:"实在对不起,厨师把你的牛排放错了盘子,因此,无论谁切都会滑出来的。请接受我的道歉。我们马上给你换一盘。"几分钟以后,领班回来了,这回,牛排被盛在了另一种盘子中。领班郑重宣布:"现在牛排盛在正确的'牛排盘'里了。"

当然,原先的盘子并没有任何问题,只是领班有着敏锐的眼睛和博大的心胸,他挽救了罗杰的面子,也挽救了罗杰的这次重要约会。

故事的结尾没有说这件事情是否因此改变了罗杰的"性格"或者"命运",这应当是后话了,但这则不起眼的小故事却给了我以"震撼":我为领班的"仗义"而震撼;为领班的"精到"而震撼;更为领班用自己的行为所"诠释"出来的"服务的真谛"而震撼。

餐饮业是典型的服务行业,理所当然地是为前来就餐的人提供服务!那么,什么是餐厅所应当提供的服务呢?就我个人来说,要求不高,既然是饭店嘛,当然饭菜质量是最重要的,如果再加上良好的卫生环境,有公道的价格,等候不长的上餐时间,基本训练有素的服务生,我就非常满意了,根本不可能再去"苛求"饭店为我做其他的事情。而上面故事里的那位领班却做了一件在我看来完全是在餐厅服务范围以外的事情。他"急他人之所急、想他人之所想",为"素不相识"之人"打圆场",这真是最"朴素"最"真挚"的"以人为本",这也就是为什么我说在看到这则故事后感到"震撼"的理由。"用心去体会他人的难处,并给予及时帮助",我认为,这应该是"服务的真谛"!

与餐饮业一样,保险业也是一个服务行业,虽然二者服务的对象和提供服务的内容会有差异,但其实质是一样的,即它们都是为人服务,使人的生活得到实惠和便利的行业。现在许多保险公司都意识到了服务的重要性,并且在努力加强服务方面的工作,包括与其他许多服务行业一样强调所谓的"微笑服务",但投保人和被保险人仍然感到很不够。在国内的许多调查问卷或者新闻报道中,消费者对保险服务的满意度仍不是很高。在我看来,如果保险业能够将"用心去体会他人的难处,并给予及时帮助"作为其服务的宗旨,具体来说,在设计产品的时候,在考虑到如何防止逆选择和道德风险的情况下,尽最大可能将客户的实际需要放在第一位,而不是什么能赚钱就设计什么产品;如果我们所有的营销员在与潜在客户打交道的时候,不是以卖什么产品我能得到多少佣金作为标准,不是以卖哪种产品我的任务能够完成作为标准,而是以客户的实际风险状况、收入状况,总之一句话吧,以客户的实际需要为准来介绍和推销产品;如果客户在购买了产品以后,都能够获得公司或者其代理人随叫随到的咨询和问题解答,而不是干脆就找不到人了;如果被保险人或受益人在索赔的时候,能够得到理赔部门及时周到的服务,而不是被保险公司想方设法拒赔、惜赔,那么,假定其他条件不变(甚至不用搞什么"微笑服务",因为如果提供不了实质性的服务,光在那"微笑"有什么用?当然,如果既能解决问题,又有微笑,那是最理想不过的事情了),保险业的名声肯定要比现在好得多,发展速度无疑会

比现在还要快得多。道理很简单,"将心比心",你的心里有别人,别人也就自然会想到你,并愿意与你打交道。就拿罗杰的故事来说,虽然没有后续报道,但我相信,被领班解救出尴尬之地的罗杰一定会经常光顾这家饭店,并会将这个故事分享给他所有的亲人和朋友,后者也会因为这个领班而眷顾这家饭店。

那么,如何才能达到领班的这种自然表达出来的"用心去体会他人的难处,并给予及时帮助"的"服务境界"呢?我认为这需要一种"文化",而这种"文化"在这个环境中是从上到下被普遍认可和接受的,在发生此类事情时,当事人不用再去"请示"上级我能否这样做。说实话,当看到故事中提到的领班对那件事情的反应和做法时,我是挺替他捏着一把汗的:餐馆要重新做一块新牛排,他都没有请示饭店经理就这样做了,万一饭店经理不认同这种做法怎么办,他不还得自己掏腰包垫上这笔"牛排钱"?我不认为在此之前饭店经理已经给每位员工交代过,万一牛排飞出了盘子,你们可以这样做还是那样做,因为许多事情的发生都是不确定的,谁会准确地预料将发生什么样的具体事情,由此使得前来餐馆就餐的客人可能会有不便?但这个饭店肯定为每位员工"植入"了这样的企业文化:那就是:"用心去体会他人的难处,并给予及时帮助。"也正因为如此,只要是类似的情况在饭店发生了,不管是"牛排"飞出了盘子,还是客人不小心弄脏了衣服,还是别的什么让人不快、让人尴尬的事情,都能获得理想的解决方案。目标就是一个,让客人在你这里真正感到被尊重、被关爱。

当然,在这种"服务文化"中,服务的对象也需要是"文明人"才行。我在想,当领班用"白色谎言"将本不属于餐厅和自己的责任承揽过来的时候,万一罗杰在不知情的情况下"大发雷霆"(他以为真是餐厅用错了盘子,导致自己在心仪的女友面前如此没面子),并且让餐厅赔偿"精神损失"怎么办?如果服务行业所面临的大多数服务对象不是"文明人",他们很"霸道",很不讲理,并且会"得理不让人",那么,服务企业的员工恐怕是绝对不敢如此"君子"和"仗义"的。

2006-10-11

# 发展、风险及监管挑战

2006年10月16至21日,国际保险监督官年会在北京隆重举行。来自国内外监管部门、保险公司和专家学者共计600多人参加了此次大会。据称,这是国际保险监督官协会自1994年成立以来规格最高、规模最大、会期最长的一次大会。

此次年会的主题为"促进发展与管理风险——保险监管面临的挑战"。围绕这个主题,大会的主会场和各分会场讨论了偿付能力要求和评估、跨境监管、全球监管框架和业界实践、混业监管和金融集团、信息披露、公司治理、保险公司的国际会计标准等保险业12个方面的热门话题。

细心的读者可能会发现,我用"浓缩"了的此次大会的主题"发展、风险及监管挑战"作为我这篇评论文章的标题(稍稍变换了一下视角),这表明我对会议的主题很感兴趣并极为赞同。

发展是国际保险业的主旋律,特别是对于像中国这样一个保险业相对落后的国家来说更是如此。中国的经济在稳步快速发展,如果保险业不加快发展,就不可能承担起它在这个社会上应有的"保驾护航"的作用和应尽的责任。但任何事物都是矛盾的对立统一体:发展可以带来"收益",但发展也可能带来"风险"。那么,发展会有什么样的风险?从监管的角度来说,如何控制风险、管理风险,以保证保险业的长期可持续健康发展,这应当是一件非常重要的事情。

从中国来看,应当说,整个保险行业有着强烈的快速发展的理由和冲动。撇开保险业基于"大数定理"运作的经营特点不说,以下两个方面的特征也使得我国的保险业有很强的发展冲动。首先,由"经济转轨"和"社会转型"这样一个特殊的时代背景所决定,我国产生了许多新的风险源,由此导致社会从各个方面都对保险业提出了很大的需求。而与此同时,国内保险业与西方发达国家相比,与国内其他金融机构相比的"弱小性"都给保险业"加快发展"提出了必要性方面的支撑。其次,保险公司治理结构及经营规则上的一些"缺陷",导致公司十分青睐由保费规模所决定的"市场份额";而迫于竞争的压力,保险公司也会经常以激烈的"杀价"方式来承接业务,或者经营自己并不擅长的业务,由此获取账面上保费的快速增长,这种情况在中国保险业发展的前期表现得非常突出。但经营保险的人都知道,保费的实质是一种"负债",保费越多,"负债"则越大。如果公司不计成本地盲目扩张发展,保费规模可能是增长了,但保费所"对应"的风险状况也非常之高,由此,公司的盈利就会受到损害并可能进而危及公司的偿付能力。

常理而言,"发展是硬道理",不发展是有风险的,但盲目加快发展也是有风险的。据 A. M Best 对 1969—1998 年间破产公司的统计,有 20% 的公司偿付能力不足的原因就是因为盲目高速发展。这说明快速发展是有客观条件要求的。我曾经分析指出,中国保险业目前的发展面临"人才陷阱"、"投资陷阱"和"制度陷阱"等障碍,如果不能克服这些障碍,则会形成保险业的"发展悖论",即发展速度越快,风险将会越大,保险业的可持续发展将面临极大的挑战。

上述结论表明,暂时的快速发展并不等于长期的可持续健康发展,而后者对保险这样一个专业的风险管理机构来说是至关重要的,作为一个先"取"(收取保费)后"予"(给付保险金),"取"和"予"之间的"时滞"长则可达几十年的一个行业来说,如果保险业不能保证长期可持续的健康发展,将会对人民的生产、生活乃至整个社会的稳定造成极大的威胁。

那么,怎样才能保证保险业的快速发展具有长期可持续健康发展的特性呢?历史经验和现实都表明,除了加强保险公司的内部管理和科学创新的"内功"之外,来自保险机构外部的力量也是不可或缺的,而监管就是其中的重要手段之一。

我认为,保险监管的最终目标就是通过确保保险行业长期可持续健康的发展而使得这个市场上所有的参与者都能够获取自己的正当利益。无疑,这个"最终目标"是需要通过一系列的"中间目标"来达到的,它们至少应包括以下几个方面的内容。其一,监管需要校正"合成谬误"。亚当·斯密说,每个人在追求自身利益的同时,一只"看不见的手"也在促使社会福利的增进与提高,这是在"颂扬"市场机制的作用与力量。但与此同时,我们在现实中也可以经常看到每个个体在追求自身利益的同时,大家都会受损的"合成谬误"现象。因此,作为监管部门,应当有手段和能力来校正这种"合成谬误",使各公司不会在恶性竞争中各自受损;使消费者不会在信息不对称的情况下受骗;使整个行业不会在保费增长的同时丧失偿付能力。其二,监管需要确认保险公司"能够管理多大规模的风险",而不是"希望承担多大规模的风险"。"能够管理多大规模的风险"和"希望承担多大规模的风险"是两个虽有联系但却不同的问题。如果保险公司承保了超过其能够管理的风险规模(包括再保险及其他的风险转移手段),那将给公司带来很大的风险。其三,监管需要从宏观的角度来把握发展的"速度"问题。行业不发展有风险,发展过速也会有风险。我在想,保险监管部门是否可以设计出一种"指标",像央行通过调整"利率"来调节资金供求并由此调节宏观经济一样,来掌控保险业的正常发展速度,以确保整个行业能够长期可持续健康的发展?

达到上述几个"中间目标"无疑是需要手段、需要能力、需要智慧的。我认为,这些方面也同时构成了对保险监管的挑战。以上是我参加国际保险监管官协会以后由大会主题而偶发的一些感想,很不成熟,写出来就教于同人。

2006-10-25

# 太阳光 vs 激光

## ——关于"多元化"与"专业化"的思考

翻开近年来中国保险业的"日志",我们经常可以看到这样的消息:某寿险公司成立了产险公司,某产险公司成立了寿险公司,或者某保险公司成立了资产管理公司,集团公司增设了除保险公司以外的其他金融公司,等等。这种现象应当可以被视为"多元化"的趋势吧。

我不是"一元化"论者。多年前我在研究"金融一体化"问题的时候,也曾经提出过这样一个观点:保险公司应从单纯的保险企业转向提供多种金融产品和服务的公司。这个判断的前提是基于国内外经济发展的新趋势。我们不得不正视人口老龄化、信息技术的发展特别是金融一体化因素对保险业发展的巨大影响和冲击。但我同时也认为并且一贯主张,在一个完善的市场体系中,应当是专业性公司与综合性公司并存,大、中、小公司并存,商业性公司与政策性公司并存。各个公司不应当都去追求大而全的模式,而应当根据市场情况、根据自身的情况在市场体系中合理定位。因此,对于现在许多公司都想在一夜之间"做大",都在"跃跃欲试"地搞"多元化",我有一些想法和担忧。

在我看来,想要实施"多元化"战略的企业可能都需要问自己三个问题:第一,我这个企业为什么要搞"多元化"?第二,我这个企业能否搞"多元化"?换句话说,我有没有搞"多元化"的条件?第三,我通过什么方式来搞"多元化"?第一个问题讲的是意愿。意愿谁都有,比如你想成为姚明那样的优秀篮球运动员，但你连基本的身高都不具备；你想成为像比尔·盖茨那样的计算机大家，但你连计算机都不会用，你就"遐想"去吧。这于是就产生了第二个问题——能否实施其"多元化"战略，它讨论的是条件问题。第三个问题实质上是一个实现途径：企业是通过自身慢慢积累实现发展"多元化"还是采取并购的方式来实现"多元化"。

在讨论问题之前，我认为我们需要明确"多元化"的概念。我理解，在大多数场合，人们通常所说的"多元化"是指一个产品或者行业突破既定界线从而在外延上的扩展，它是一个相对而言的概念。例如，原先是专做产险或者寿险业务的，以后两种业务都做，像中国人寿、中国人保等，这可以说是一种"多元化"（这是相对"专业化"而言的概念）；原先是做保险业务的，然后逐渐发展做银行、证券业务（即现在所说的综合经营），像中国平安，这当然是"多元化"（这是相对而言的概念）；原先做保险、金融业务，以后逐渐发展出做包括金融业务和实业在内的各种业务，像 AIG，那当然更是"多元化"了。综观以上三种类型的"多元化"，中国人寿、中国人保相对中国平安来说仍然是"专业化"的，因为它们的经营仍在保险业这个"大专业"内；中国平安相对 AIG 来说也是"专业化"的，因为前者仍然在金融的这个"大专业"之内。

明确了什么是"多元化"这个概念以后，现在我们来讨论一下企业为什么要搞"多元化"。这可以从理论和实践两个层面来分析。按照美国哈佛大学教授莫斯·坎特的说法，"多元化"公司存在的唯一理由就是获取协同效应。那么，什么是协同效应呢？根据管理学大师安索夫的理论，所谓协同，是指实行"多元化"战略的企业，通过各业务单元的相互协作，使企业整体的价值大于各独立组成部分价值的简单总和。"2＋2＝5"是对协同效应最为形象和通俗的解释。安索夫指出，实施"多元化"战略可以像纽带一样把企业各种业务有机联系起来，从而使企业可以更有效地利用现有的资源和优势开拓新的发展空间。总而言之，实施"多元化"战略的企业通过人力、设备、资金、知识、技能、关系、品牌等资源的共享达到降低成本、分散市场风险以及实现范围经济效应的目的。

从实践的层面来看,有人总结过企业之所以采取"多元化"战略的各种原因和理由:如现有的市场趋近饱和,利润微薄;所经营的产品或产业正在从成熟走向衰退;别的领域或新兴行业出现了更大的利润空间;为了降低总体风险而进行分散化经营;纵向一体化以垄断更多的产业资源等。

在实现范围经济效应的前提下降低成本、分散市场风险,这听起来无疑非常诱人,但现实并不总是"美好"的。有研究表明,20世纪七八十年代是西方企业实施"多元化"战略,进行跨国业务扩张的高潮时期,它们通过大量的收购兼并,不断扩大业务范围和地理区域。但自90年代以后,许多企业由于无法克服在整合"多元化"业务过程中产生的负效应,导致"多元化"战略的失败。一些企业又纷纷剥离非核心业务,回归"专业化"经营。另一份研究表明,世界上最成功的公司中涉及产业"多元化"的不到15%,进行"多元化"的企业最终把75%以上的业务重新剥离出去,超过一半的公司由于"多元化"扩张导致了溃败。

这说明,"多元化"是要有条件的,它无疑需要包括内部因素和外部环境在内的许多条件,如对整个市场发展趋势的判断、对所进入行业的了解、进行"多元化"的时机等。但我认为,"多元化"最重要的一个前提是企业要有成功的"专业化"作为基础。换句话说,企业只有把"专业化"做好了,有具有"核心竞争力"的产品,它才具有实施"多元化"战略的"资格"和"资质",才能有效地利用原有的品牌、技术、人力资本等在内的各种资源拓展其经营领域和范围,否则,"多元化"不仅不能获取协同效应,相反,可能会大大增加协调成本;不仅不能分散风险,反而可能使企业面临更大的新的风险;不仅不能获取范围经济效应,反而可能丧失其原有的规模经济效应。

其实,到底是"多元化"好还是"专业化"优,在现实中并没有定论,用"马列哲学"的一句老话来说,"一切依时间条件地点为转移"。如果满足条件,"多元化"可以通过协同效应的发挥给企业带来巨大的价值;但如果"专业化"做得好,它也可以将企业的"核心竞争力"打造至"极致水平",使企业在市场上具有不可替代的重要地位。中国目前有约一百家保险公司,但除了中国人保、中国人寿、中国平安、中国太平洋几家公司以外,绝大部分都非常年轻,仅有几年到最多十年的经营历史。因此,我认为,对中国的绝大多数公司来说,目前最重要的事情是如何搞好"专业化"经营而不是考虑"多元化"的问题。监管部门也应当给予设立"专业化"公司以更大的支持。

美国营销专家 Al Ries 在他的 *Focus: The Future of Your Company Depends on It* 一书中用"太阳光"和"激光"做对比,以此来说明"专注思考"的重要性,Al Ries 是这样说的:"太阳光有很强的能量。每一个小时,太阳光用它那高达几十亿千瓦特的能量照耀着地球。然而,如果你带着一顶帽子或者涂上防晒霜,你可以几个小时"浸泡"在太阳光下而几乎不受伤害。相比之下,激光的能量则要微弱得多。然而,激光将几千瓦特的能量聚焦成一道极强的光束,人们就可以使用它在钻石上凿洞,或者用它来治愈癌症。"如果将"太阳光"比做"多元化",将"激光"比做"专业化",这个例子对我们思考"多元化"和"专业化"问题是不是很有启发?

2006-11-08

# "辩证"看待和解决中国保险业发展过程中的矛盾与冲突

"国十条"的颁布为中国的保险业提供了新的政策机遇,创造了更好的发展环境和条件,这无疑将给已经驶上快车道的保险行业一个更大的推动。但我们也必须看到,现实中也存在着一些冲突和矛盾,如果这些冲突和矛盾不能得到妥善解决,整个行业发展的速度和质量都会受到很大影响。择其重点,我认为这些矛盾和冲突至少表现在以下几个方面。

第一,不完善市场中供给与需求的冲突。在很多情形下,"逆选择"的存在使得保险供给与需求总是很难达到平衡(需求越大,逆选择可能越严重,因此,保险公司未来赔付的可能性就越大,在这种情况下,保险人的供给可能反而越小),而这种供需背离的情况在目前的中国显得尤为严重,这除了"逆选择"这个共性原因以外,还由于以下三个特殊的原因所致。其一,有些保险公司在设计险种时不是从本土消费者的角度出发,而是照搬国外的一些条款;与此同时,保险公司在技术、管理,特别是诚信等方面也存在不少问题,一些营销员的误导、保险公司该赔不赔、承保容易理赔难的现象时有发生,导致消费者对保险业的反感,这些情形都会抑制一些需求,这是供方的原因。其二,消费者对保险业的经营特点缺乏了解,一些国际社会普遍遵循的惯例在中国被看做是"霸王条款"和不公平的歧视,这使得一些本来有购买欲望和能力的消费者也就因此而放弃了保险的购买,这是需方的原因。其三,缺乏让消费者充分了解供需信息的渠道和机制,造成信息不对称的困境。有些事件经过媒体的报道有时不但没有增加人们对保险的理解,反而加深了人们对保险的误解。这是社会环境方面的因素。

第二,政治义务与商业经营原则的冲突。从总体来看,中国经济具有较强的政府主导型特征。而政府对一个产业的支持可能会是一把双刃剑:一种情况是,它能够创造产业发展所需要的环境和条件,由此促进产业的快速发展;另一种情况是,政府在提供政策支持的同时,可能会以此作为一种"对价",让商业公司承担一些政治义务。我这里所说的"政治义务"不是指"社会责任"。其实,任何一家优秀的商业公司都会通过履行像足额纳税、进行捐赠、资助社会公益活动等社会责任来树立其公司形象的。但社会责任不等于政治义务,后者不是企业自愿承担的,或者是商业公司按照商业经营原则不愿意做的,但政府部门希望或者要求商业公司来做的事情。政治义务与商业经营原则的冲突在社会,包括许多政府部门对商业保险、社会保险、政策性保险、强制保险、自愿保险等各自的内涵及相互关系本来就搞不大清楚的情况下会显得更加突出。这一问题如果不引起我们足够注意的话,很有可能使商业保险公司在获得了一些必要的发展条件,由此能够得到快速发展的同时,又因需要承担"政治义务"而负担加重。

第三,发展冲动与发展条件的冲突。用简要的数据来说话,保险业的"发展冲动"主要来自于以下三个方面:首先,与世界保险业相比,我国保险业还很弱小,2005年全球保费规模达3.2万多亿美元,而中国只有500多亿美元,仅占世界总量的1.7%左右。其次,与国内其他金融机构相比,我国保险业很弱小。如保险业的资产规模仅占银行业资产的4%左右。最后,与保险业在社会中应当发挥的保障作用相比,其"供给"严重不足。

种种"弱小"都呼唤保险业"做大做强",这在业内已有共识,但在发展的过程中,我们也面临着"人才陷阱"、"投资陷阱"和"制度陷阱"等许多障碍。首先,保险业的快速发展必然对包括精算、承保、理赔、法律、投资、营销,甚至医学、工程等各种专才在内的人才提出很大的需

求。在"入世过渡期"结束以后,中资和外资进入市场的速度更会加快,人才的供需缺口还将进一步扩大。在业务增长的同时如果没有相适应的人才,这种发展就会进一步造成保险资源的掠夺式开发,由此破坏保险生态环境。其次,历史经验表明,保险业发展的速度越快,对资本市场的依赖就越大。但如果资本市场不完善,无法满足保险公司的投资需要,保费的快速增长就会累积很大的投资风险,这必然会影响保险业的偿付能力,由此影响保险业的可持续发展。再次,保险业是一个具有很强的前向联系和后向联系的产业,其发展涉及许多政府部门的改革协调。如果政府部门间的工作协调机制存在缺陷,部门之间的关系没有理顺,配套制度改革不能同步推进,就必然会产生不少改革发展的阻力,由此对保险业的可持续发展构成障碍。

第四,打破垄断、引入更多的市场主体与循序渐进、规范发展之间的冲突。与成熟市场相比较,中国的保险市场仍然显得非常"垄断"。统计数据表明,2005年,中国前五大财产保险公司和寿险公司所占的市场份额分别为84%和81%。垄断损害效率,特别是损害消费者的利益,因此必须打破垄断。但在打破垄断的过程中,竞争主体增加过快也会产生新的问题。特别是在各公司没有形成核心竞争力和主打产品的前提下,新进入市场的公司又大多没有去开发新的市场和产品,而是与老公司争夺有限的保险资源,分享现有的"蛋糕",由此引发的人才频繁跳槽、价格竞争甚至无序竞争等,都会扰乱正常的市场秩序,并引发社会对保险行业的负面评价。因此,如何在打破垄断、引入更多的市场主体的同时做到循序渐进,实现规范发展,也是一个需要认真考虑和解决的问题。

2006-11-22

# 企业、社会责任及其他

2006年年底在北京召开了一年一度的中国金融论坛。大会的主题——和谐社会：中国金融业的社会责任。作为金融业重要组成部分的保险业，自然也有在构建和谐社会的过程中，如何履行其社会责任的问题。这是一个比较"宏观"的问题，也是当前的一个"热点"问题，因此我想，将其作为2007年"北大保险评论"的开篇文章并进行讨论还是很有价值的。

此时我在思考这一问题的时候，突然感觉到，很多时候大家在谈论企业的社会责任时，往往是将其作为一个似乎"不言自明"的概念来对待的。也就是说，大家都在说企业应当履行社会责任，但这个"社会责任"的内涵究竟是什么？企业应当如何履行其社会责任？实际上对许多人来说可能未必是一件很明确的事情。

研究企业的社会责任，我认为首先需要明确"企业"的性质。因为"标的"不同，基于其上的责任就可能不同。关于企业的性质这个问题，理论界的研究可以说是汗牛充栋。但我们这里不是要做"文献综述"，因此我只拣两个最重要的定义作为分析问题的起点。经济学大家如科斯、威廉姆斯等人从交易成本的角度将企业定义为"价格机制的替代物"、"一系列不完全契约的组合"；管理学大师如彼得·德鲁克则将企业定义为"一个为了共同的目标将人们的努力集合起来的工具"。结合这两个经典定义，我们来分析企业的社会责任这个问题。

首先,我们可以将企业视为一个为了减少"交易成本"而组成的载体,在其之上,"不同类型的人"为了达到一个共同的目标而"组合"在了一起。那么,企业的目标是什么呢?在人们的通常理解中,企业当然是要达成一个"经济目标"的。虽然不同的企业有不同的"业态",很难进行横向比较,但如果我们用"货币"指标将其量化,这个"经济目标"就可以用营业额、资产、利润等指标来进行度量。因此可以说,任何一个企业都要"为市场份额而战","为营业额而战","为利润而战"。其次,不完全契约的制定者都是什么样的人呢?通常有股东、债权人、经营者、供应商、员工、顾客等,也就是人们通常所说的利益相关者(广义)。现在我们来看一下,如果股东和债券人不提供投资,经营者不擅长经营,员工不努力工作,顾客不购买企业的产品或者服务,企业能完成"营业额"、"利润"等"经济目标"吗?显然是不可能的。由此可见,企业目标的完成需要一个基本的和谐环境,这个环境就包括我们上面所说的各种关系,具体来说,就是和谐的股东关系、和谐的员工关系、和谐的顾客关系等。如果利益相关者之间有根本的冲突和矛盾,企业就很难达到它的经济目标,也就更谈不上生存和发展了。而企业如果不能够生存和发展,就会引起生产、经营链条的破坏或者中断,引起失业、甚至引起社会震荡。

由此可见,企业作为社会这个"生物体"中的一个"细胞",相关利益者之间的关系是具有很强的社会效应的,或者说,是具有很强的外部性的,因此,我们就不能把它简单地视为一个企业里的"内部事务",而是要看做涉及社会大局的"社会责任"。但这个社会责任又并非外部强加于企业的,而应该是"内生"于企业的"经济目标"之中的,二者之间具有紧密的联系。如果每个企业都能够忠实地履行好这个社会责任,处理好股东、债权人、经营者、员工、顾客相互之间的关系,就能够保证其"经济目标"的实现,也就能够保证整个社会的和谐。因此,处理好利益相关者之间的关系这一企业的社会责任不仅是企业实现其"经济目标"的重要基础,而且其本身就构成和谐社会的重要内容。

那么,处理好利益相关者之间的关系是不是企业的唯一社会责任呢?不是的,除此之外,我认为企业还应担负以下四个方面的社会责任:(1)照章纳税;(2)保护生态环境(具体来说,不能为了自身的发展而污染破坏整个环境);(3)进行社会捐助、慈善等公益事业;(4)在民族、国家处于紧急、危难的关头,牺牲个体利益,保证全局利益。这四个方面的社会责任依次拓展,呈现出公益性、全局性越来越强的特征。企业在履行这些社会责任的时候,虽然从短期看,从个体看,有时可能会"损失"一些利益,例如,照章纳税的企业与偷税漏税的企业相比,似乎"吃亏"了;保护生态环境的企业与破坏生态环境的企业相比,可能生产成本高了;进行社会捐助、慈善等公益事业与不做这些善事的企业相比,可能支出大了;在民族、国家紧急、危难关头能够牺牲个体利益、保证全局利益的企业与不这样做的企业相比,可能盈利没了,甚至亏本了……但在一个市场机制、法律制度逐渐健全的体制下,从长远看,从全局看,这样做的企业最终会赢得和谐的环境、赢得消费者的青睐、赢得政府的褒奖、赢得社会的尊重,从而也一定会赢得其应有的市场份额。因此,有些企业把履行社会责任单纯看做是一个"额外"的负担,看做是"纯粹"的"成本",实在是有些片面和短视了。

需要指出的是,以前我们有些企业确实没有很好地履行其社会责任,但过犹不及,我们也不能在谈企业应担负其相应的社会责任的时候,把政府应担负的责任又"演变"为或者"衍生"成企业的社会责任,由此一推二六五。比如说,政府应当为企业的运行创造良好的市场环境、应当通过法律制度和相应手段保证所有者的产权不受侵犯,应当承担起市场不能做或者不愿做的一些事情。如果政府不能有效地履行自己应负的责任,或者"越权",或者"缺位",或者"错位",但却指责企业没有履行自己的社会责任,这显然是不合适的。

说来说去,我们又回到了经济学的一个基础问题,一个本源问题,即市场(企业)与政府在经济体系中的定位问题。如果政府、市场(企业)能够做到分工有序、职责明确,各自做好"本职工作",这个经济体就会是一个有效的经济体,这个社会就会是一个和谐的社会。

2007-01-10

# "曲突徙薪"与保险"零"消费

今年的"两会"正在热开,代表、委员们提出和讨论了许多老百姓关心的热点问题,而"看病难"、"看病贵"、"医疗保障"、"医疗制度改革"等问题可以说是此次"两会""热点"中的"焦点"。

俗话说,"天有不测风云,人有旦夕福祸"。身体再健康的人恐怕也不敢"吹大牛"说能够与医院"绝缘",与医生"断交"。因此,人在生病之后必须要有救治措施:要有尽职的医生给病人诊疗,要有合适的药物给病人服用,要有足够的床位给病人住……而目前的情况是,这些都成为带着大大问号、困扰百姓的问题。据中国人民健康保险公司提供的2005年的数据表明,在13亿的总人口中,参加各类社会医疗保险的人仅占总人群的22.2%,其中城镇未享受各类健康保险的占人群的50.4%,农村更有80%以上的人群无任何健康保险。在我国城乡居民患者中,未就诊比例竟高达48.9%,应住院而未住院率也达到29.6%。

这是一组非常令人不安的数据。不过,我在本文中不想讨论这个问题,这倒不是说"看病难"问题,进一步说,医疗保障、医疗制度的改革等问题不重要,恰恰相反,我认为它们是我们当今社会的一个相当重要的问题,是影响"和谐社会"的一个重要因素,而且我本人最近也在进行一项该课题的研究。今天我想试图从另一个角度来讨论一个应当说与之非常相关的问题:即人类是否有能力控制自己"少生病"?如果答案是肯定的,那么,生病的人少了,即使假定其他条件不变,"看病难"的问题是否也能在一定程度上得到缓解？

中国工程院院士钟南山教授在最近的一次讲话中说，在健康程度的决定因素中，遗传因素和环境因素分别只占15%和17%，医疗条件占8%，而生活态度、生活方式决定了60%。按照这个"健康决定因素模式"，如果我们每个人、每个家庭从60%做起，整个社会从17%做起，采用健康的行为方式、生活方式和工作方式，不就可以在大大提高人们的健康水准、减少生病、降低个人和亲人的痛苦以及家庭负担的同时，也提高整个社会的劳动生产率？

我们必须承认，有许多的疾病甚至死亡本来是可能避免的。今年新年伊始，同事发邮件来表达祝福，同时传来的还有一份名为"精英的代价"的PPT，其主题是谈现代社会"过劳死"的问题。这份报告列出了长长的一份"英年早逝者"的名单，其中，既有著名年轻企业家，也有青年学术翘楚——一个个风华正茂、正是出成果的最佳年龄，但他们却因为身心疲劳或工作、生活不规律而英年早逝，不仅对家庭、对朋友而且对社会都是一个巨大的损失，令人惋惜。

这份报告还引用日本朝日新闻的数据说，自1995年以来，每年死于工作过度的人数在逐年上升。不仅英年早逝的人在增加，随着现代生活方式的出现，生活节奏加快、工作压力增大，导致各种"现代病"频发。如癌症、心血管病、亚健康、过劳死等越来越严重地威胁着人们的健康状况。

在很多情况下，一方面由于工作节奏太快，人们没有时间去调节、休养、诊疗由此被耽误，小病拖成大病、大病导致死亡；另一方面，不良的生活习惯，如不适当地饮酒、抽烟、不合理的膳食结构、缺乏锻炼等无疑也对人们的健康产生了很大的负面影响。

由此可见，"预防重于治疗"这是千真万确的道理，这实际上也就是风险管理中的"防损"概念。如果我们从单纯的健康问题再说到我们生活中的其他方面，其实都有一个"防患于未然"的问题，而中国自古就有这样的理念。

据《汉书·霍光传》记载，有一户人家的灶上装了很直的烟囱，灶旁堆满了柴禾。有位客人到他家里做客，见此情形告诉主人说，烟囱应当改曲，木材必须移开，免得发生火灾。主人没有当回事。不久以后，主

人家里果然失火,四周的邻居跑来救火,终于将大火扑灭。之后,主人烹羊宰牛,宴请四邻,以酬谢邻居们的救助,但却忽略了当初建议他将木材移走、烟囱改曲的人。有人对主人说:"如果你当初听了那位先生的话,也就不会发生火灾,更不用准备筵席了。现在论功行赏,帮你救火的人是座上客,而原先给你建议的人却没有,这真是很奇怪的事情!"主人顿时省悟,赶紧去邀请当初给予建议的那个客人来吃酒。后人以"曲突徙薪"来比喻事先采取措施,以防患于未然。由此可见,如果没有风险防范意识和有效的风险防范手段,人们就会遭受到意想不到的损失并追悔莫及。这也正如梁启超所说,"今不为曲突徙薪之急,后必有噬脐莫及之忧"。

我们再从风险管理说到保险。作为风险管理中最重要的一个手段,保险的本质功能是保障,除了恶意骗保者以外,普通大众购买保险的基本目的是"防患于未然",是为了免除由对未来不确定的担忧而产生的忧虑,由此提高生活质量。但如果我们把被保险人在发生保险事故(指对"损失"的赔偿和给付)以后的"索赔"形象地称为"消费"保险的话,那么,普通大众是不希望真正"消费"保险的,我把它称为保险"零"消费。试想一下,有哪个"正常"的人在购买了"车险"以后希望发生车祸?有哪个购买了"意外伤害保险"的人希望发生死亡或者伤残等各种"意外事件"?有哪个购买了"重大疾病保险的"人希望患上"不治之症"?有哪个购买了"家庭财产保险"的人希望发生火灾或者家庭被盗?有哪个购买了"人寿保险"的人希望早日"寿终正寝"?由此可见,人们购买保险是为了"防患于未然",但"消费"保险则是一件不得已而为之的事情;而如果我们平日能够做到"曲突徙薪",降低风险的发生几率,则"不消费保险"的概率就会大大增加,保险"零"消费是一件对个人、对家庭、对社会都有益的事情。

回到"两会"。我建议代表、委员们是不是在强调改革各项制度的同时,也呼吁或者通过有效的方式或渠道(包括教育、媒体、政府、保险公司等各方面),将"预防重于治疗","行为方式和环境等是影响人们健康状况的重要因素"等理念植入大众的意识之中,并积极行动起来!

2007-03-14

# "重疾险给出标准定义":凸显了什么?

4月3日,中国保险行业协会与中国医师协会合作制定的《重大疾病保险的疾病定义使用规范》正式出台,并已下达相关保险公司。该《规范》有两个要点:一是险种的"标准"。《规范》要求,保险公司销售的重大疾病保险所承保的疾病范围必须包括"恶性肿瘤、急性心肌梗塞、脑中风后遗症、重大器官移植术或造血干细胞移植术、冠状动脉搭桥术和中末期肾病等六种核心疾病。二是疾病的"定义"。《规范》指出,对于其他疾病名称和疾病定义,保险公司可以选择使用,但合同中涉及的疾病名称和疾病定义,必须使用标准定义。

对于一个"局外人"来说,这样一种对某个险种的范围以及险种所涉及的"标的(重大疾病)"之"定义"做出"规范",听起来多少可能有一些"小题大做"的感觉。换句话来说,如果论及此《规范》的意义,充其量恐怕也不过限于"微观"而已。但在我看来,作为一个具有良好发展前景的朝阳行业,保险业虽然每天都在发生许多重要的事情,但"重疾险给出标准定义"无疑是一桩在中国保险业发展史上值得书写的事件,因为它凸显了许多重要的意义:

首先,它凸显出"消费者主权"在保险业的行使。

了解重疾险标准定义出台过程的人都知道,它的起因是2006年2月21日,6名深圳重疾险投保人向法院递交了民事诉讼状,起诉某保险公司的重疾险条款对某些疾病的释义违背了基本医学原则,损害了消

费者利益。同年4月份,中国保监会公开表态,表示将对重疾险政策进行重大调整,随后,重疾险疾病定义工作开始启动。

经过改革开放以来的不断努力,总体而言,目前我们生活在一个"消费者主权"的时代,但由于以下两个原因,"消费者主权"在保险业尚难以得到充分体现。一是保险业所具有的"风险转移"和"损失保障"的本质特点,赋予了它"逆选择"和"道德风险"易发的特性,这使得保险人难以完全根据消费者的意愿和偏好来安排保险产品的生产和销售;二是处于"初级阶段"的保险业有相对足的"底气"来行使"生产者主权",这进一步强化了第一个原因。

可以毫不夸张地说,没有消费者"维权"意识的提高,重疾险标准定义最终也会定出,但肯定会比现在晚上许多时候。因此,这个事件典型地反映出"消费者主权"对"生产者主权"的"挑战",体现出一种时代的进步;它对推动保险业的规范发展无疑具有重要的意义。

其次,它凸显了"标准化定义"对保险业发展的重要性。

我们生活在一个"个性张扬"的时代,但"个性张扬"必须建立在"标准化定义"的基础之上。例如,体育竞技中的篮球项目是"个性张扬"最为典型的项目之一,但NBA球员无论怎样"彰显特性",都必须尊重和遵守相同的球赛规则,否则的话,"公牛队"三米内投篮算两分,"火箭队"算三分,这球,球员怎么打?这球,球迷怎么看?

体育项目这样,其他所有的活动道理也都如此。从企业经营来看,如果没有"标准化定义",就会给消费者的选择、公司的经营和政府的监管留下许多困惑和混乱。

发达国家保险业发展的历史也表明了"标准化定义"对行业发展的重要性。以美国为例,在早期的发展历史上,各个保险人曾经独自拟定条款,承保范围缺乏统一,消费者发现他们无法比较产品,甚至难以理解其中的许多规定。行业的这种发展方式导致广泛使用司法系统来系统解释保单语言,由此产生大量时间、精力和法律商议方面的浪费,整个行业的发展由此受到很大的影响。在这种情况下,人们意识到,唯一合乎逻辑的解决方式就是标准(或统一)保单语言。于是,在19世纪末期,第一份标准火险保单生效,这之后,美国于1918年和1943年对其进行了两次修订。目前美国各个公司使用的保单也只是在"标准化"保单基础之上的"个性张扬"。

再次,它凸显了"发展中国家"的"后发优势"。

中国是一个发展中国家。相对发达国家来说在许多方面是落后的。但"落后"有"落后"的优势,这就是可以向先进国家学习,学习它们成功的经验,避免它们犯过的失误,获得"后发优势"。没有这样的学习,我们可能要在"黑暗中"进行更长时间的摸索。比如说,我国重疾险标准定义的出台就是在借鉴国外大量成功经验的基础上取得的。以我们的近邻新加坡为例,其在很长的一段时间里也面临着中国消费者面临的问题。因为对于同一种重大疾病,不同保险公司的定义不同,有的严格,有的相对宽松,客户在不同公司买了重大疾病保险后,不同的公司会给出不同的理赔决定,从而引发客户的抱怨和投诉。为此,新加坡人寿保险协会牵头组织成立了重大疾病标准化工作委员会,历时近两年的时间,完成了重大疾病标准化的定义工作。在实施方式上,行业协会要求各家保险公司只能在已经发布的30多条标准化定义上进行它们各自想要承担的重大疾病定义,不允许保险公司另行设计重大疾病类别或定义。据悉,《规范》还借鉴英国2006年4月发布的《重大疾病保险最佳操作指南》的经验,对重大疾病保险产品宣传材料中的疾病名称也提出了规范性的要求。不仅仅是重疾险标准定义出台这件事情,事实上,在许多方面,我们都可以在尊重本国国情的基础上,学习借鉴西方发达国家的经验,实现"跨越式发展"。

最后,它凸显了行业协会在行业发展中的重要作用。

我曾经在以前的时评文章中指出过,行业协会是行业内各企业自律协调的一个民间社团组织。发达国家的行业协会在行业发展中扮演着重要的角色,起着非常重要的作用。而我国的行业协会自成立以后虽然做了许多工作,但与其应当发挥的作用相比,还有很大的距离。这次由中国保险行业协会牵头组织进行重疾险的标准定义工作,可以说是向前迈出了重要的一步。今后,希望我国的保险行业协会能够在定价数据的采集、行业标准的制定(其中包括资格考试制度)、信用信息平台的建设、信息披露机制的建立、特别是督促和推进行业内的企业依法

合规经营、对会员单位和从业人员实施自律管理和自律惩戒等方面发挥更大的作用,这样,将有利于推动整个行业的健康快速发展。

2007-04-11

# 中国保险投资 12 年：从量变到质变的飞跃

7月25日，中国保监会会同中国人民银行和国家外汇管理局正式发布了《保险资金境外投资管理暂行办法》。在当今信息爆炸的时代，特别是在中国各项改革不断深入、法规政策频频出台的年代，这条消息也许算不上什么特别"抢眼"的新闻，但如果将镜头回放到1995年《保险法》对投资规定的画面上，然后逐一"扫描"这段历史，最后定格于现在，我们可以清晰地看到一个12年的变化轨迹，它从投资这个重要的侧面充分展示出了中国保险业发展的进程与成就。

鉴于当时我国资本市场等方面的客观环境以及1982年以来保险公司在资金运用方面所存在的各种问题，出于安全性考虑，为保证资产的保值与增值，1995年出台的《保险法》第104条规定："保险公司的资金运用必须稳健，遵循安全性原则，并保证资产的保值增值。保险公司的资金运用，限于在银行存款，买卖政府债券，金融债券和国务院规定的其他资金运用的形式。"12年之后，2007年颁布的《保险资金境外投资管理暂行办法》在之前许多相关规定的基础上进一步明确规定："允许保险机构运用自由外汇或购汇进行境外投资。"投资领域的拓展，从一个侧面表明，中国保险业投资用12年的时间走过了许多发达国家保险业几十年甚至更长时间的历程。

在12年的时间里，中国保险业的投资实现了五个方面的突破：第一，投资产品从固定收益类产品到权益类产品的突破。从1998年10

月,保险公司加入全国银行间同业拆借市场;1999年7月,保险公司在国务院批复的额度内购买信用评级在AA+以上的中央企业债券;1999年8月,保险公司可以在全国银行间同业拆借市场办理债券回购业务;到1999年10月,保险资金可通过购买证券投资基金间接进入证券市场;再到2004年保险公司可以直接购买股票,并且比例不断提高。第二,投资属性从股票投资到股权投资的突破。从保险公司可以在证券市场上进行债券、股票的买卖,到2006年,保险公司先后完成对中国银行、工商银行、广东发展银行以及中信证券、南方电网进行的股权投资。第三,投资范围从金融投资到实业投资的突破。2006年1月,国务院批准保险资金间接投资基础设施项目和渤海产业投资基金;其后,铁道部决定向保险资金定向募集500亿到800亿元的先期项目资金,投资于北京至上海的铁路线改造工程。第四,投资主体从"偏师"到"生力军"的突破。投资部门原为保险公司附属下的一个职能部门,但从2003年成立第一家资产管理有限公司——中国人保资产管理公司以来,到2006年,中国保险市场上已经出现了9家资产管理公司。保险资产公司管理的资产规模达到1.5万亿元人民币,占当年资金运用余额的84.3%,以集中管理和专业化运用为导向的保险资金运用体制初步形成。第五,投资市场从国内资本市场投资到国际资本市场投资的突破。从2006年5月保险资金成功参与中国银行在香港H股的发行到同年10月,保险资金参与中国工商银行A股和H股的同时发行,截至今年6月底,保险境外投资余额折合人民币约197亿元。

从1995年的投资严格受限到2007年为止的5大突破,12年的演进历程投射出中国保险业发展的历史画卷:正是由于承保业务的大发展,才使得保险投资有了"源源活水";正是由于市场主体的增多,才使得市场蛋糕逐渐做大;正是由于保险公司的逐渐成熟和风险控制能力的不断增强,才有了监管部门对保险投资限制的逐步放松——"投资品种的增多、投资比例的调高、投资区域的扩大"。1995年,保险资产仅为957.9亿元人民币,到目前为止已达2.5万亿元人民币。庞大的保险资产背后支撑的是巨额的承保金额,它成为保险业为国民经济"保驾护航"的明证。

上述五个方面的突破意义非常重大。它说明保险业投资的发展秉持了"尊重历史、尊重现实"的科学观,体现了"与时俱进"的发展观。它尊重市场经济的发展规律和金融投资理论的经典原则,为市场竞争主体提供了选择的空间,使其在具有自我约束条件的前提下,不会因为"规则所限"而"坐失良机"。它利用空间的分散性、地域的广阔性、行业的多元化、品种的多样性来最大限度地促使保险公司分散风险、提高收益,由此也降低了保单的成本、提高了其价值和效用,使消费者最终受益。

国际经验表明,保险投资在货币与资本市场上的作用不仅表现在它能够有效地扩大市场规模,而且在促进市场主体的发育和成熟;增加货币与资本市场上的金融工具,促进金融深化;改善资本市场结构,促使市场组织更加完善,促进市场机制的有效运行等方面都能够起到重要作用。而年轻的中国保险业投资用自己的实践为这个国际经验做出了新的注解和诠释。经过12年的发展,保险业的资产虽然还相对弱小,但它的触角已经延伸到国民经济的许多重要部门,"配合"、"催化"甚至"推动"着商业银行、汇率体制、国家基础设施建设等诸多部门和领域的改革和发展,"渗透力"日益增强,成为中国金融市场上的一支重要生力军。

12年来中国保险业投资迅速发展的原因除了行业本身的快速发展以外,还源于良好的宏观环境。首先,它得益于整个金融业,特别是资本市场的改革和发展。如果没有资本市场的建立和逐步完善,保险投资只能是"英雄无用武之地"。其次,它得益于保险监管部门的大力推动。自1999年以来,监管部门根据不断变化的国情,借鉴发达国家的经验,与各职能部门沟通、协作,适时出台新的法规政策,不断完善保险投资的各项举措。再次,它得益于中央及各级政府对保险业的重视。国务院于2004年出台《关于推进资本市场改革开放和稳步发展的若干意见》明确指出,"支持保险资金以多种方式直接投资资本市场"、"使基金管理公司和保险公司为主的机构投资者成为资本市场的主导力量"、"逐步扩大保险资金进入资本市场的比例",2006年出台的《国务院关于保险业改革发展的若干意见》明确提出,"在风险可控的前提下,

鼓励保险资金直接或间接投资资本市场,逐步提高投资比例,稳步扩大保险资金投资资产证券化产品的规模和品种,开展保险资金投资不动产和创业投资企业的试点。支持保险资金参股商业银行。支持保险资金境外投资。根据国民经济发展的需求,不断拓宽保险资金运用的渠道和范围,充分发挥保险资金长期性和稳定性的作用,为国民经济建设提供资金支持"。可以说,没有党中央、国务院对保险业的支持,中国保险投资难以在这么短的时间内取得如此大的成绩。

经过12年的发展,中国保险投资已经实现了从量变到质变的飞跃。但是我们要看到,这种"飞跃"还是处在"初级层次"上的飞跃。从整体来看,保险投资规模还很小;保险公司的风险控制能力还不够强;投资人才还相当匮乏;投资的经验还很不丰富;投资的载体还很不成熟;监管手段仍很薄弱。要实现更高层次上的由量变到质变的飞跃,保险业任重道远。目前最为关键的是要在大力推进各项新措施的同时高度关注风险,特别是海外资本市场的法律风险和汇率风险。在新出台的办法中,中国的保险监管部门对保险机构的管理能力和风险控制能力提出了更高的要求,例如,分别规定了委托人、受托人和托管人应具备的条件,要求委托人注重匹配管理能力、风险评估能力和投资绩效考核能力,受托人要注重风险管理能力、投资管理能力,尤其是具有一定专长和运作经验,托管人须建立资产隔离机制、具有一定托管经验和全球托管网络资源。这些都是先见明智之规则,但与此同时,保险公司内部和监管部门必须建立严格的问责机制并拥有严厉的惩罚措施。"水可载舟,亦可覆舟。"保险投资的成功可为行业的快速发展进而整个国民经济的繁荣贡献力量,而它的重大失利也会使保险业陷于万劫不复之境地,使千百万消费者的利益受损。

2007-08-01

# 保险业中的"变"与"不变"

当今社会,"变化"一词无疑是一个出现频率极高的词汇。各种新鲜事物层出不穷,日新月异。不是有这样一个时髦的说法吗?"当今社会所有的东西都在变,而唯一不变的东西就是'变化'。"就看保险行业吧。在中国,保险无疑是一个成长速度很快的新型行业,新的企业、新的险种、新的监管法规不断地出现,有时真给人以"应接不暇"之感。别说其他人,就是许多身处其间的人也经常发出"不是我不明白,是这个世界社会变化太快"的感叹。

然而,当我们仔细观察和深入思考社会上的许多"变化现象"的时候却会发现,其实在千变万化中也有不变的东西,俗称"万变不离其宗"。仍以保险业为例。为了清晰地阐释问题,我提出"保险机制"、"风险"、"保险消费者"、"保险供给者"以及"保险监管者"这五个要件。因为在我看来,要了解、把握保险行业的基本脉络和发展趋势,只要真正理解上述五个要件就可以了。然后,我们再从"变化"和"不变"的角度来分析一下这几个要件。

什么是保险机制?保险机制是保险行业这个系统中各个部分之间相互作用的过程和方式。在保险业,构成保险机制相互作用最核心的部分无非有三个:那就是作为需方的保险消费者;作为供方的保险供给者(包括设计产品的保险公司、销售产品的经纪代理及估损理算的公估公司等),还有监管者。虽然其他行业也都有需方、供方和监管方这三

个主体,但保险行业这三个部分的含义与其他行业相比具有很大的差异性,前者的相互关系主要是围绕着"风险"来展开的:保险消费者是风险的转移者;保险供给者是风险的接受者;监管部门是确保这种风险转移过程公正、有效的监督者。

接下来我们要讨论的是,保险消费者、保险供给者和保险监管者这三个核心要件中的每一个是如何构成"万变"与"不变"的统一体的。

首先我们来看消费者。微观经济学关于消费者的分析是建立在"消费者是风险回避型的,是追求'效用最大化'的,是遵循'最小成本与最大收益'的原则来比较和寻求各种消费品的"等原则的基础上的。即使在当今这个变化无穷的社会,从群体的角度来看,消费者的以上特性并没有发生变化。而"变化"则主要体现在以下两个方面:首先,其"偏好"发生了变化。例如,从主要对物质产品的消费到对文化、精神产品的消费(这一点可以从恩格尔系数的变化反映出来),以及从主要对非金融资产的积累到金融资产的积累。其次,"地位"发生了变化,从原先完全受制于生产者支配的地位到逐渐享受"消费者主权"的地位。

再来看供给者。微观经济学关于企业的分析是建立在"企业是追求利润最大化的,其'生产'和'经营活动'受到当下'生产可能性曲线'的约束"等基础上的。同样,在当今这个变化无穷的社会,供给者的以上特性没有发生改变,而变化的只是:首先,其"地位"发生了改变,"生产者主权"的地位在逐渐削弱。其次,其"角色"发生了变化:从单纯的风险承保者逐渐转变为风险的管理者和资产的运用者。

最后来看监管者。即使在当今这个变化无穷的社会,经济学分析中关于政府监管之所以存在的理由并没有消失和发生根本改变,如包括"逆向选择"、"道德风险"和"委托—代理问题"等在内的信息不对称、不完善,"外部性","不完全竞争和"搭便车"等因素。而变化则主要发生在以下四个方面:第一,监管理念的变化:从"监管就是管制"到"监管就是提供服务"。第二,监管范围的变化:从过去的"包罗万象"到目前的"重点追踪"。第三,监管手段的变化:从过去的"条例规定"、"现场查勘"到目前更多地运用高技术手段,从而更为精确地"量化监控"。第四,监管目标的变化:从过去的"事后惩罚"到目前更多的"事先防范"。

在明确了保险机制上述三个核心要件"变化"与"不变"各自的内涵以后,我们再来观察将它们三者联系在一起的"风险"这个要件。虽然风险是一个"使用面"非常广泛的词汇,但保险业所管理的风险之特质——"损失发生的不确定性"——并没有随着客观环境的变化而改变。事实上,这正是保险业区别于银行业或其他金融行业的核心要点,也是构成保险业核心竞争力的重要基点。

然而,由于现代社会的复杂性以及经济的全球化、金融一体化、信息技术、人口结构等客观经济、社会环境的变化,保险风险的含义也在发生变化。首先,风险的外延从空间和地域两个方面被大大扩展了。"瑞士再"近期的研究表明,有包括全球变暖、老龄化、恐怖活动、基因技术、污染食品、污染药品、糖尿病、流行病等15种左右新近出现的风险。其次,保险作为风险管理中最为重要的风险转移方式,其模式在不断更新。有人研究总结到:风险转移在过去的模式是购买和保留(purchase and retain);现在的模式是购买、保留和出售(purchase, retain and sell);未来的模式将是购买、保留、出售和交易(purchase, retain, sell and trade)。

由上述分析可见,作为保险机制核心要件的"保险消费者"、"保险供给者"、"保险监管者"以及连接三者的"风险"都是"变化"与"不变"的矛盾统一体。那么,强调主体"不变"的特性其意义何在?

我认为,认清和强调主体"不变"的特性有助于使人们对客观事物的认识更加深刻和全面,由此做出更加符合实际和有效的决策。比如说,从厂商的角度来看,虽然消费者的"偏好"和"地位"随着客观环境发生了变化,但其"回避风险"、追求"效用最大化"、遵循"成本收益"的原则来购买商品的基本特性没有改变,这就导致消费者"有能力"、"有底气"比以往更加"挑剔",选择的目的性更强,并且会对厂商提出更高的要求。如果厂商能够清醒地认识到消费者的这些基本特性并没有发生改变,它就应当以"不变"来应"万变",即进行生产经营活动时,以消费者这些不变的特性作为指导自己生产经营活动的最高准则,以此满足消费者"偏好"的不断变化。如果生产者这样做了,它也就可以同时

满足自己"利润最大化"的目的。

从监管者的角度来看,在制定政策的时候,除了要考虑整体社会福利最大化,保护、促进正当竞争,提升效率等因素以外,也必须重视、考虑到供给者的特性,即它是追求利润最大化的,它的生产经营活动是受当下"生产可能性边界"约束的。如果不能看到这一点,制定出来的政策的实施效果就会大打折扣。此外,还必须要重视、考虑消费者不变的特性。以目前人们热议的"费率市场化"的讨论为例,许多人看到了在市场利率走高而保险业利率上限不能突破的情况下,消费者会转而选择其他的金融产品,或者已经购买了保险产品的投保人会选择退出。但实际上,如果我们深刻理解消费者的特性的话,还会看到另一种情形,这就是在"低风险倾向"的消费者选择退出的同时,"高风险倾向"的消费者也会遵循"风险回避"、"效用最大化"和"成本收益的原则",选择留在"保险集合"中,如此就会发生保险业最不愿意看到的"逆向选择"的后果。由此可见,监管部门在制定政策的时候,不仅需要看到变化了的客观环境,也要看到"不变"的市场主体特性。这样制定出来的政策才能更加合理、有效。

2007-09-19

# 从保险赔款比例看中国市场经济体制元素的缺失

中国南方50年不遇的冰雪灾害已经过去一个多月了,但对由其所引发问题的思考不应当停止。在灾后重建工作有条不紊进行的同时,对许多与此相关的理论、实际问题的探讨也应当深入地进行,否则我们可能会"好了伤疤忘了痛",以后又不断重复我们先前所犯的错误。

此次雪灾之后有一组不容人们忽视的数据是:雪灾造成了1 516.5亿元的直接经济损失,而保险赔款只有19.74亿元,其比例约为1.3%。其实,这一数据在我国并不是特例。再往前追溯10年,1998的特大洪灾造成直接经济损失2 484亿元人民币,而保险业共支付水灾赔款30多亿元人民币,约占1%。类似的这种统计数据在我国还不少。

保险赔款低说明保险的渗透力低,直接原因当然就是投保率低:没有当时的投保,哪来损失后的理赔?那么,接下来的一个问题自然就是,为什么我国的投保率如此之低?对此,包括我本人在内的许多学者和专家也都曾经从文化、历史、老百姓的风险意识、投保意识、保险公司的产品、服务等诸多方面进行过原因分析,但今天我想换一种角度,从保险制度与市场经济体制的关系来探讨这个问题。

中国从1978年开始经济体制改革以来,在选择什么样的改革目标方面进行了艰难的探索,直到1992年10月,中共十四大才明确提出我国经济体制改革的目标是建立社会主义市场经济体制,并指出这是关系整个社会主义现代化建设全局的一个重大问题,其核心是正确认识

和处理计划与市场的关系。经过十余年的努力,中国市场经济体制的建设也取得了很大的成就。但我认为,我们的市场经济体制离成熟的市场经济体制还有很大的距离,其中一个重要的依据就是我们还没有建立起一个有效的、完善的保险制度。我在2003年"非典"之后曾经提出了一个观点,后来被许多人所接受。我提出,在我国,每次出现突发事件,不论是洪水还是非典,人们主要都是考虑如何依靠财政手段来弥补损失,却很少考虑依靠保险手段来弥补损失。而根据主要依靠财政手段还是主要依靠保险手段来帮助恢复经济,实际上可以看出一个经济的特质:前者还是一个政府主导型经济,或者说计划经济,后者才是真正的市场经济。

那么,为什么说保险制度的完善与否是评判一个经济体是否是市场经济的重要标准之一呢?这是因为,保险制度是内生于市场经济体制的一个必要元素,是不可或缺的一个组成部分,这可以从以下两个方面来说明:

首先,人类社会之所以选择了市场经济,是因为实践证明,在目前的生产力水平下,与计划经济相比,市场经济是实现资源优化配置的一种更为有效的手段(否则中国也不会进行经济体制的改革,从计划经济转向市场经济)。而保险制度正是绝佳地反映并演绎着这种资源有效配置的内在要求。人类生活在风险无时无处不在的不确定性当中,如果每个单个的企业、个人或者家庭都只依靠自身力量,平时必须拿出一部分资源来独立防范未来可能发生的损失,以防止正常生产链条的断裂,以应对威胁财产、健康和生命的灾难事件,这就会大大降低资源的有效利用水平。而利用保险这种制度安排,通过"聚少成多"、"风险转移"和"损失分担"的方式,就能使得整个社会在积极有效地应对各种灾难事件的同时,极大地提高资源的利用效率,这也正是市场经济体制的精髓所在。

其次,市场经济本身具有"自我发展、自我纠偏、自我保障"的机制。它的"自我发展"是通过"看不见的手"来牵引的,由各"理性经济人"各自对"最大化利润"的追求来实现的。它的"自我纠偏"由"供求机制"所牵引,通过价格围绕价值的上下波动来实现。它的"自我保障"则是通过各经济主体承担义务（缴纳保费）、享受权利（发生损失时获得赔付），即保险制度来实现的。因为市场经济的微观基础是产权的多元化。各经济主体之间有着清晰的产权边界，它们的权利、义务关系是对等的。因此，市场经济体制下的经济主体不可能像计划经济那样，由同一个所有者——国家来为它的损失"买单"，而必须借助同样依赖于权利义务关系才能正常运作的保险制度来进行"自我保障"。

综上所述可见，保险是内生于市场经济制度的一种基本元素。如果我们把市场经济比做"八宝粥"的话，保险制度就是这个"八宝粥"中的一个必要元素，缺了这味元素，"八宝粥"也就不成其为"八宝粥"了。同理，如果没有保险制度，市场经济体制就是不完整的；没有完善的保险制度，也就没有成熟的市场经济体制。因此说，建立完善的保险制度是我们建立完善的市场经济体制的题中应有之义。

现实也为我上述的分析提供了佐证。世界上发达的市场经济体制无一不具有成熟的保险制度。根据瑞士再 *Sigma* 杂志的统计数据，保险赔付与灾害造成的经济损失的占比存在较大的地区差异，美国、欧洲与日本一直是全球保险赔付份额最大的国家和地区。这主要是由于工业化国家的保险密度更高，而亚洲、非洲等新兴市场的保险密度较低。仅以 2006 年为例，在全球所发生的巨灾中，亚洲占了 48.4%，死亡人数占全球总死亡人数的 63.7%，获得的保险赔偿只占 11.4%；北美地区巨灾占 2.3%，死亡人数占 1.7%，而获得的保险赔偿却占了 60.8%。另一组更为明显的对比数字是：63.7% 的灾害遇难者发生在亚洲，而 60.8% 的保险赔偿却发生在北美。

当然，强调保险制度在市场经济体制中的重要保障功能，并不能否认政府应有的作用。即使在许多保险市场非常发达的经济体，政府在许多市场经济体制作用发挥不到或者失灵的地方也扮演着重要的角色。但问题是，我们必须认清它们的主次，明确分工，各司其职。

长久以来，我一直对生活在不同国度的人所表现出来的对保险、对个人的自我保障的不同态度多有观察，也很有感触。这次南方雪灾发生的时候，我恰巧还在美国出差。空闲时看了一期我一直比较喜欢的一个谈话节目。那一期的主题是讨论一个家庭应当如何更好地过日

子，请来的主角是一位已婚妇女。她"扮演"的应当是一名"反面角色"，因为她整天考虑的是自己的穿戴打扮，而不怎么关心其六个子女。而这种不关心的最主要的"证据"就是"没有给孩子买保险"。对此，主持人和台下的观众指责她："在这种情况下，万一发生灾难事故怎么办？"虽说我对美国人对保险的态度早就有所了解，但当时看到这个"细节"的时候，心头还是未免一震。由此联想起许多年前国企改革转制刚开始时流传在工人们中间的一句"顺口溜"："党是我的妈，厂是我的家，个人有点啥，工厂全包下。"

　　两个不同的案例，反映出生活在市场经济背景下和生活在计划经济背景下的人们所具有的不同的保障意识。当然，成熟的市场经济和保险制度已经有上百年甚至几百年的历史，而我们从改革开放恢复保险业到现在才不过30年的时间。因此，指望我们即刻能够达到那样的一种境界也是不现实的。但意识能够培养，观念可以树立。全社会应当从现在开始就达成"完善的市场经济需要有完善的保险制度"这样一个共识，并付诸行动。因此，我们进行灾后反思应当得出的一个重要结论是，建立和完善有效的保险制度不是保险一个部门的事情，我们应当从全社会的角度，包括各级政府、企业和个人，从保险制度是内生于市场经济制度的基本的、必要的元素这个角度和高度来认识保险制度的重要性。1%的赔款比例在凸显出我国离成熟的市场经济还有很大距离的同时，再次引申出了我国建立和完善市场经济体制重要性和紧迫性。

　　但同时，保险业自身更需要反思。对此，我非常赞同保监会吴定富主席所提出的这次巨灾暴露出"保险业覆盖面不宽，防灾防损不到位，应急处理机制不健全，巨灾风险管理体系不完善等问题"的判断。今后，保险业需要在完善的公司治理结构的培育、诚信体系的建立、高素质人才队伍的建设、适销对路产品的提供和服务水平的提升等方面做出相当的努力，才能真正发挥出保险制度这个市场经济基础元素的作用。

2008-03-05

# 与灾难同行，我们有爱！

这次汶川大地震让我们又一次看到灾难带给人类痛楚的同时，也再一次让我们强烈感受到了人类的爱心和善举。全中国人民、全世界人民都向灾区人民伸出了援助之手。每当从媒体上看到被营救出的幸存者的那种惨状和痛苦时，我和大家一样，都感到非常地难过；每当看到人民解放军、武警官兵、医务工作者、新闻记者们以及大量的志愿者在灾区进行救援时的各种报道时，我常常被感动得落泪。

各行各业都在以实际行动彰显善举，奉献爱心，保险业也不例外。保险业在积极进行捐款捐物的同时，也在忠实地履行着赔款救灾的行业责任。为了做好抗震救灾人身伤亡给付、财产赔偿等工作，保险业出台了包括进行无保单受理、放宽身份证证明要求、取消定点医院限制、合理确定伤残给付条件、延长保单交费宽限期、免除相关应收费用、提供优惠利率保单贷款、根据客户需求提供延伸服务等在内的八项应急指引，体现了保险业的社会责任感和抗震救灾的大局意识。

此次大地震，不仅完全打乱了灾区人们的生活轨迹，而且各行各业也都受到了不同程度的影响。人们在为亡灵祈祷，为幸存者祈福的同时，也在祈盼灾难事件不要再发生。然而不幸的是，这只能是人类的一相情愿。历史表明，灾难事件一直伴随着人类的发展进程，不仅如此，最近几十年来，特大自然灾难和人为灾难事件还呈现快速上升的趋势。瑞士再 *Sigma* 杂志最新一期的统计数据显示，特大自然灾难和人为灾难

事件从1970年的90多起逐渐上升到2007年的335起。尤其在洪灾损失方面,自1970年以来,损失额以平均12%的速度增长。

由此看来,人类不仅不可能避免灾难,而且,由于长期以来经济增长在一定程度上造成的对自然环境的破坏,灾难发生的频率越来越高,损失数额越来越大。尤其是中国,作为一个自然灾害频发的国家,每年的因灾损失额都是非常巨大的。统计数据表明,仅由气象灾害(还不包括像地震这种地质灾害)所造成的经济损失每年都占到国内生产总值的1%—3%。仅2007年一年,各类自然灾害就造成了约4亿人(次)不同程度的受灾,因灾直接经济损失达到2 363亿元。可见,面对客观自然规律,人类别无选择,只能与灾难同行。

灾难之后,不管是特大灾难事件中的死难者,还是小范围内的人员意外伤亡,所有的无辜生命都是值得尊重的。生存下来的伤残者也都需要精神抚慰和物质救助,需要他人的关爱。受灾人群需要尽快地从废墟中站立起来,恢复正常的生产和生活。因此,我们需要有一个合理的制度安排,能够使这种爱的传递变得迅速、变得广博。

灾难之后,死者的惨状、幸存者的哀容、亲戚朋友的苦痛……强烈地冲击着人的心灵,会让人性中的善和爱蓬勃而发。特别是大量新闻媒体的密集报道,更是会产生强大的视觉冲击,让人们感同身受,使原本非亲非故的陌生人变得亲近。在短时间内,人们也会花费大量的时间和精力来抚慰幸存者。然而,随着时间的逝去,生活必须回到常态。而灾难中的不幸之人,特别是伤残人员,在需要精神的抚慰以外,也同样需要物质上的支持以便他们能够安全地度过他们以后的生活。因此,我们需要一个合理的制度安排,能够使这种爱的传递变得持续、成为恒久。

无偿援助、捐赠、志愿者服务……这些人类表达爱心的各种善举都能向不幸的人施与这种爱,传递这种爱。但如果要想让这种爱变得更加坚实、更加广博、更加持久,就需要有一个有效的制度安排。这种制度安排的基石应当是自我担当与关爱他人的完美契合,而在市场经济的条件下,保险正是这样一种制度安排的典范。西方人常说,"天助自助者"(God helps those who help themselves),从某种意义上来说,这也正是保险的精义所在。

购买保险的初衷确实是在为自己、家人或者企业、团体利益进行保障。但当少数人发生损失的时候，保险公司用事先聚集起来的基金进行赔付，以帮助那些遭受不幸的人。在本质意义上，这就是那些购买了保险、缴纳了保费，但没有发生损失的人通过保险公司这个中介来完成的对他人的帮助。每个保险购买者用自己的担当来奠定和维系保险制度的运行，这不仅是个人责任感的一种深刻体现，也是一种对他人的关爱——对自己的亲人，甚至对陌生人。与慈善一样，这也是一种大爱，如果每个人都能够首先做到自我担当，然后在个人无法应对的前提下得到其他人或者社会的救助，这种制度安排应当说是更加公平的。同时，保险还是一种有效率的制度安排。它借助完整的客户信息资料，快捷迅速地将救助款项送到被保险人手中，使受灾人群迅速地开展生产、生活自救；它通过预先的风险转移和损失分担的安排，对资金进行合理配置，这就不会使政府、企事业单位原本已作安排的资金用途发生重大改变，从而避免干扰甚至严重打乱正常的经济运行和生活轨道。

然而，令人不安的是，这样一种公平有效合理的制度在中国并没有充分发挥其应有的作用。在2007年全球保险赔款占全部巨灾损失的40%，有些发达国家的这个比例甚至高达60%左右的背景下，中国今年南方雪灾的赔款占比还不到5%。有专家估计，此次汶川大地震造成的经济损失不会少于2000亿元，而截至6月1日，保险赔款仅为2.16亿元，即使考虑到理赔和统计上的时滞，赔款比例大大低于世界平均水平已是不争的事实，而这一赔款数额甚至仅占国内外捐款（物）总额（截至6月2日12时的统计）417.42亿元的5‰。

为什么会是这样？南方雪灾之后我曾经写了一篇题为"从保险赔款比例看中国市场经济体制元素的缺失"的时评文章，专门探讨过这个问题，在此不再赘述。但我想再次强调的是，在人类社会中，大灾小难是会永远不断发生的（就在四川余震不断的时候，近期贵州强降雨又造成39人死亡；湖南大暴雨导致11人死亡9人失踪；内蒙古及华北地区出现强沙尘暴）。因此，我们必须建立完善的保险制度，采取综合措施以应对灾难，特别是巨灾损失上升的趋势，这其中包括建立或者修订损

失模型,以便更准确地为地震、洪灾等巨灾损失定价;寻求更先进的分散风险的措施,设计或者修订保险证券化产品,以便将巨灾风险转移到包括资本市场在内的更广泛的领域。特别重要的是,政府需要在更高的程度上参与巨灾制度的设计和运行,这也是国际保险业发展的重要趋势。在发达的市场经济中,政府虽然在许多领域扮演着守夜人的角色,但在有关商业保险公司不能管、不愿管的领域以及巨灾保障领域中却一直扮演着重要的角色。即使是在美国这样一个典型的市场经济国家中,有州政府和联邦政府介入的保险项目占到了保险活动的一半左右。因此,正确定位市场与政府在保险制度中的角色、尽快建立中国的巨灾保险体制这个已经讨论了多年的问题,希望在汶川大地震以后成为决策者的案头工作。

灾难不可避免,人类将与灾难同行。但我们有爱,愿保险制度这个人类发明的公平有效合理的制度安排在爱的奉献中担当重任。

2008-06-04

# 信号、信心与金融经济的风险控制

上个周末在北京香格里拉饭店开会。在饭店用餐时,看到奶制品区立着一块牌子,上面赫然写着:"全部奶制品均为进口品。"这块牌子的含义在时下"三鹿奶粉事件"闹得沸沸扬扬的中国无疑是很清楚的:相信我,在这里"喝奶"你可以完全放心。

说实话,不知别人怎么想,虽然这是一个为使该饭店商业区免受不法商贩"牵连"的、类似"信号甄别"的"广告",绝没有别的目的,但对我这样一个一直有着强烈民族自尊心和自豪感的人来说,这块牌子还是让我内心挺"受伤的"。

不过,受伤归受伤,我们也不能不替合法经营的商家们考虑。如果它们无法使消费者将他们与"三鹿们"做出区分,合法商家们就会面临与"三鹿"同样的命运,即被消费者所抛弃。在良莠难分的情况下,"好人"自然希望通过某个途径发出一个信号,以正视听,使自己与"坏人"区分开来,由此免受牵连。

信号是如此地重要,这在我们的日常生活中表现得非常明显。正因为如此,由斯彭斯最早开拓的信号传递理论成为不对称信息经济学最具影响的研究领域之一,也成为各行各业应用最普遍的一种理论。信号的作用在当前这场由美国引起的全球金融动荡中更是表现得淋漓尽致。这里仅以 AIG 为例加以说明。细心的读者一定会注意到这样一个事实,美国 AIG 被政府接管这一轰动全球的重大事件发生在主要评

级机构宣布降低其评级的同一天。标普将 AIG 长期相应评级由 AA-降至 A-。穆迪投资者服务公司亦将 AIG 无担保优先债券评级由 A3 降至 A2。标普同时还调低了 AIG 短期债相应评级,并降低了其大部分保险营业单位的相应信用及金融力评级。两家评级机构在同一天还指出,不排除进一步调低 AIG 信用评级的可能。

在一个较为成熟的市场中,对像保险公司这样以"事前承诺"、"事后保障"为基本特征的金融机构来说,信用评级是至关重要的。较高的信用评级向市场传递的是公司财务安全、流动性好、偿付能力没有问题等信息,这等于给所有的利益相关者吃了一个定心丸。而当信用评级下降,它所传递出来的自然是相反的信息,这必然会立即影响到股东、债权人、投保人等的行为。评级下降,股东将用脚投票;债券级别低,公司就融不到资;投保人担心公司破产而得不到保障必将退保(例如,此次美国政府注资 850 亿美元接管 AIG 以后,即使有关方面反复澄清,AIG 的子公司没有偿付能力问题,但在新加坡等地还是有大量的投保人要求退保就是一个明证)。特别是像 AIG 这样的一个全球最大的保险公司,它的破产必将引发多米诺骨牌效应,影响全球金融市场的稳定,这就是为什么美国政府出手救助 AIG 的主要理由。

与实体经济不同,金融市场中的产品价格决定和市场的动向无疑太受瞬息万变的"各种信号"的影响了。"货币乘数"、"羊群效应"、"逆选择"、"道德风险"、"挤兑"、"风险蔓延"、"银行恐慌"等这些从现实中总结出来的,并由此成为经典教科书的术语形象而深刻地说明了金融经济中价格决定和机制运转的特征,这也正是为什么金融经济较之实体经济来说,不确定更大,也更加脆弱的主要原因。信用评级的下降传递出来的是有关公司的负面信息,这必然会影响到投资者对市场的信心,从而引起价格的剧烈波动以及市场的恐慌。这一点还可以从债券保险公司评级的下调所引发的市场变动看到。今年 6 月 4 日,在穆迪投资者服务表示或将下调债券保险商 Ambac Financial Inc.(ABK)与 MBIA Inc.(MBI)的 Aaa 评级以后,Ambac Financial 股票当天暴跌 17.0%,MBIA 暴跌 15.8%。

为什么债券保险公司的评级下调会引起市场如此紧张的反应?这

是因为,债券保险公司主要从事对债券利息和本金的保险业务,它通过发行信用违约掉期保险合同(CDS)来为投资者在遭遇违约时提供保护。如果借款方无法偿还贷款,债券保险公司将替其偿还。而债券保险公司的信用等级对其担保的任何债券同样适用。如果它的信用等级下降,其担保的债券等级也会随之下降,由此导致高等级债券(包括政府债券)的价值大幅缩水。

其实,债券保险公司何曾没有发出过"积极"的信号,由此"制造"出了繁荣的市场景象?往前追溯,债券保险公司通过为住房抵押贷款证券(MBS)提供担保,运用一系列复杂精巧的设计,深度介入到了整个资产证券化的过程,使得大量的次级贷款经过信用增级,逐步演变为AAA级别的金融衍生品,成为人们追捧的投资对象。因此,细究起来,可能正是当年债券保险公司通过信用增级的方式传递出来的"良好"的市场信号,掩盖了风险,误导了投资者,由此铸就了今天美国金融市场不堪一击、一泻千里的严重后果。

由此看来,虽然我们可以将此次金融风暴的缘由归结为美国长期的低利率政策造成的流动性过剩;或者说是贷款机构将钱贷给了还不起钱的低收入人群,由此违反了信贷的基本原则;或者说是金融创新走得太远,缺乏有效的监管;或者说是金融机构自身的治理结构存在问题,或者是各种因素交织作用的结果……但我认为,在美国这样一个高度依赖商业信用来运转的社会,债券信用评级机构的所作所为对金融风暴的形成、发展起着催化,甚至推波助澜的作用。因为通过它对投资方的贷款信用违约掉期保险和对发债方的层层信用增级,掩盖了基础资产的真实状况,向市场发出了虚假的"信号",由此在很大程度上催生了市场的虚假繁荣。

不过,虽说债券评级机构对此次金融风暴负有不可推卸的责任,但监管机构绝对难辞其咎。9月29日美国众议院否定救援方案(虽然后来经过方案的修改和各方的妥协最终通过),其背后固然有政党交锋、选举年等多种因素的影响,但它也强烈透视出美国民众对政府放纵华尔街的不满以及要求加强金融监管的民意。有一些美国媒体认为,华尔街投机行为加剧,一方面有金融监管跟不上金融创新而存在体制漏

洞的因素,但另一方面也是美国政治生态的反映。华尔街大公司每年都投入大量钱财,游说政府放松对它们的监管,监管的松弛则进一步加剧了投机行为。对此我非常赞同。因此,如果说此次美国的金融风暴对我们有什么警示作用的话,我认为,重视金融经济社会的风险控制,加强对评级机构、金融机构以及金融市场的有效监管应当是需要引起我们格外重视的问题。

当然,加强监管决不应当以放慢金融创新的步伐、限制甚至遏制金融创新为代价,如果是这样的,我们就是在做"将洗澡水和脏孩子一块倒掉"的蠢事。我们必须看到,发轫于20世纪70年代的,基于顺应需求变化、供给变化和规避监管需要出现的金融创新,为全球经济的发展和社会的进步提供了巨大的平台。虽然它也有消极作用,但任何事情都是有利有弊的,问题在于如何最大限度地取其利,避其弊。因此,关键的问题不是要不要金融创新,而是如何进行金融创新,如何将金融创新放到一个风险可控的范围之内。

看来,美国的金融风暴还远没有结束,有关其对中国和世界经济影响的讨论也还在进行。如何在经济全球化的大背景下参与全球经济的竞争,进一步改革和完善中国的金融体制、鼓励具有严格风险控制和有效监管的金融创新,由此使得我们的金融机构能够分享全球的经济利益,尽可能降低潜在发生的损失,是我们应当深入思考和研究的问题。目前在讨论美国金融风暴对中国的影响时有一种观点认为,正是因为我们金融行业的国际化程度较低,正是因为我们的金融衍生品没有美国那么发达,才能在此次影响到全球经济的金融风暴中幸免其难。我记得11年前,当亚洲金融风暴发生的时候,我们给出的是同样的理由。11年过去了,物换星移,但感慨不变,不知这是一件值得庆幸的事情还是从另一方面反映出我们金融业改革步伐的缓慢。

2008-10-08

# 危机中的反思：保险业应处理好五大关系

2008年将注定在中国的历史上留下浓墨重彩的一笔。发生在这一年的包括南方特大冰灾、汶川大地震、北京奥运会、全球金融危机等在内的许多重大事件可以说是对中国纪念改革开放30年的一场特殊检阅，虽然可能没有人能事先预测到会是以这样一种令世人"震撼"的方式。全球性金融危机虽然给包括保险业在内的我国许多行业都带来了很大的冲击，提出了严峻的挑战；但从另一方面来说，它也迫使我们在对昨日的辉煌举杯欢庆的时候，对过去30年的发展进程进行总结、反思：是经验的可以传承，是教训的需要汲取。因此，对于"三十而立"的中国保险业来说，这未必不是一件好事。

虽然从长期来看，保险业仍然充满着希望和发展机遇，但不可否认，这个行业目前存在着不少的问题，面临着极大的挑战。然而，在危机的特殊时期来反思保险业近三十年的发展，我们必须注意两个问题：其一，不能将这些问题和挑战的影响因素全部推到全球金融危机身上。换句话说，即使没有发生全球金融危机，如果我们自身长期以来存在的问题不解决，保险业也会遭遇到很大的发展瓶颈，更不用说保持可持续发展了。金融危机的爆发只是"外因通过内因而起作用"，导致原有的问题更加凸显，形势更为严峻，挑战更为巨大。其二，任何事物的发生、发展都是有其客观规律性的。我们需要认真研究它们的客观背景和实施条件，不能因为危机中反映出来了一些问题就从一个极端走向另一

个极端。"肯定一切或者否定一切"、"拔苗助长"、"因噎废食"都是不符合科学发展观的。

鉴于上述思考,结合此次全球金融危机所反映出来的问题,我认为我国的保险业在近期的发展中需要认真研究并正确处理好以下五对关系。

第一,正确处理引进、借鉴国际经验与尊重中国国情的关系。对于中国这样一个后发国家来说,引进、学习、借鉴国际经验是非常重要的,但如果盲目信奉而不考虑中国的具体国情,这种引进、借鉴将会带来许多问题,因为发展阶段、制度、经济、文化条件等都有差异。然而,需要注意的是,就像我们不能因为发达国家比我们先进就不加区分、盲目照搬其模式一样,今后我们也不能因为发达国家这次出现了严重的经济、金融危机而全盘否定其有效的做法。在尊重中国国情的基础上学习发达国家的经验仍然应当是今后发展我国保险业的原则之一。

第二,正确处理进入海外市场、参与国际竞争与开拓、发展本土市场的关系。在经济全球化的背景下,对于像欧美日这样保险市场已经发展了上百年的地区和国家来说,开拓疆外市场是一个体现"资本逐利"本性的一个合理选择。而像中国这样一个投保远未达到市场饱和程度的国家,从整个行业来说,基于各种因素的考虑,当前更重要的无疑是做好本国市场的开拓,但这也并不是绝对的。因为首先,一个行业中各公司发展的阶段、经营规模、经营内容、管理水平等都是有所差异的,因而不能一概而论;其次,参与国际竞争会有很大的风险,但也可能有很高的收益。我们不能在看到有人投资失败的时候就把参与国际化说得一无是处,或者因此次金融危机中我国保险业相对落后、国际化程度低因而受冲击较小而得出目前我国的保险业根本不应当进入海外市场的结论;而在看到海外投资赚得盆满钵满的时候又后悔自己当初没有勇气再大一点,步子再快一点。当然,此次金融危机也充分揭示出参与国际化竞争的重大风险。因此,今后保险业要更加全面地认识和衡量参与全球化的利弊,特别是充分认识参与全球化对我国保险业可能带来的潜在消极影响,加强风险预警和风险控制,在提高国际化程度过程中应以保障我国保险业的安全和稳定为前提。

第三，正确认识行业经营的"边界"问题，处理好专业化与多元化的关系。与国外特别是发达国家保险业发展的历史环境不同，我国的保险业在20世纪80年代恢复之初就面临经济全球化与金融逐渐一体化的宏观经济背景。国内保险业落后的现实和行业"赶超"的迫切要求，加上多元化客观上显示的规模经济效应和范围经济效应，使得我国的保险业具有一种拼命扩展其"边界"，实施多元化战略的本能冲动。而事实上，对于像中国这样一个保险业发展时间相对较短，整体核心竞争力不强的行业来说，做好专业化是非常重要的一项基础性任务。在此次金融危机中，众多金融机构因为投资ABS、CDO等产品投资而承受巨额亏损，AIG旗下一家子公司的亏损使国际保险业的巨头AIG濒临破产……这些都说明，无论是投资渠道拓宽，还是产品创新和业务的多元化，都有其合理的"边界"。如何合理确定这个"边界"，是我国保险业特别需要研究的问题。

第四，正确处理承保业务与投资业务的关系。此次全球金融危机表明，在短期经济利益的驱动下，违背基本的"承保原则"，放松承保条件，向信用程度低、投机性很强、潜在风险巨大、损失发生具有高度关联性的次级贷款和次级债产品等根本不符合基本的"承保条件"的风险提供保险是造成保险业危机的重要原因之一。这说明，即使在当前承保技术不断发展，可承保对象逐渐拓宽的条件下，也不应当从事违背基本"承保原则"的创新。但强调承保业务的重要性并不说明投资业务不重要，此次金融危机导致保险投资业务的元气大伤也不能让我们得出今后不应当重视投资业务，或者不发展与投资相关产品的结论（虽然我们始终应当强调核心竞争力的构建和风险可控的问题）。我始终认为，承保业务和投资业务是保险业两个不可分割的业务，即使从整个行业来看，承保业务是投资业务的"活水源头"，但源于保险业经营特征和消费者需求的多样化而产生的保险产品的多元性，都使得保险投资具有客观必然性和重要性，后者必将随着承保业务规模的扩大而始终存在并不断提高。因此，未来保险业的发展不仅不能忽视投资业务，而且必须重视和大力发展投资业务，而后者仍然依赖于一个成熟的、健康发育的资本市场。

第五,正确处理发展与监管的关系。发展与监管是市场永恒的话题。此次金融危机再次表明,片面地强调创新、市场效率和竞争而放松对市场主体的监管,将使行业的潜在风险聚集并引发市场无序甚至危机。但是,我们也要防止因美国金融监管中暴露出来的问题而走向另一个极端:实施过度监管,由此阻碍竞争、损害创新和市场效率。由于中国的特殊国情,保险监管部门身兼"监管者"和行业主管者的双重身份,在实施监管的时候就可能会出现"角色"的冲突:作为"监管者"时,它会关注和强调公平市场规则的制定、遵循以及公司是否具有充足的偿付能力;而作为"行业主管者"时,它必然要强调发展速度和市场影响力,有时甚至担当起了"领跑员"的职能。这种角色的冲突对行业的稳健发展是很不利的,应当通过制度建设和加快改革进程尽快改变这种现状。

2008-12-31

# 消费者保护、契约精神与行业可持续发展

在刚刚结束的"两会"上,有关民生的问题仍然是代表委员们"热议"的话题之一。民生涉及的范围非常广泛,其中一个很重要的方面即是对消费者的保护。

其实,对消费者的保护不仅仅只是保护了消费者个体的权益,从大的方面和长远的角度来看,它关系到能否从根本上促进和保证一个行业的可持续发展。例如,从保险业来看,长期以来,保险销售方面的误导、保险公司依据格式合同条款单方面做出有利于自己的规定、承保容易理赔难等损害消费者权益的问题一直成为困扰我国保险业稳定发展的羁绊。上述做法损害了消费者的利益,但实际上,最终受到损害的还是行业自身。

事实上,不论哪个行业的发展都需要强调消费者利益的保护,这不仅是一个公正性和正当性的问题,而且彰显出经济学解释的合理性,因为只有消费者的利益得到了保护,他们才会放心地消费这种产品。而消费者与生产者的关系,实质上反映的是需求与供给的关系,假定其他条件不变,消费者对某一个行业的产品越青睐,这个行业的供给就会越大,利润就会越高。而在我看来,由于保险行业的特性,消费者正当权益的保护对行业发展的重要性显得更为突出。这主要可以从两个方面来看:

首先,保险行业的保障性特点使得保险产品的重要性在人们购买

的时候很难显现出来。换句话说,在保险事故没有发生的时候,人们是很难体会到它的价值的。而只有当保单所承保的保险事故发生了,人们获得了赔偿给付才能体会到当初投保的必要。这点不像人们消费彩电、冰箱、汽车、房屋等实物消费品。因为人们在购买这些产品的时候就能够感知消费它的"魅力";这点也不像银行、证券、外汇等金融产品,正是出于对未来高额投资收益的无限"憧憬"才促使人们趋之若鹜地投资于这些产品(当然在市场风云多变的情况下消费者未必能如愿)。也正因为如此,消费者购买实物产品和银行、证券等金融产品的时候一般是"主动"的(危机来临之时人们捂紧钱袋不消费、不投资的情况可作特例看待),而对保险产品的购买在很多情况下是"被动"的,因为后者所涉及的像死、伤、残、财产损失等内容在让人们感伤、无奈的同时很自然地想尽量回避。

其次,保险合同具有射幸性的特点,通俗地说,保险合同履行的结果建立在事件可能发生也可能不发生的基础之上的,在许多场合,如果被保险人没有发生损失,则他付出了保费而自己没有得到任何赔偿,尽管缴纳保费的被保险人实际上"他助"了发生损失的人。由于"付出"与"获益"的非对等性,导致消费者在购买保险产品时就不会像在购买其他消费品时那么积极主动。这也就是为什么保险行业素有"保险是卖出的,而不是买入的"经典说法,也正是为什么保险有许多强制性产品,例如,像许多国家都设立的强制医疗责任保险制度、强制性环境污染责任险制度以及我国已经实施的"交强险"制度的缘由。由此可见,保险行业本来就是一个相对难以吸引消费者的行业,如果消费者在购买了保险产品以后,其正当权益得不到保证的话,他们更会远离这个行业。不仅如此,已经与保险公司打过交道的消费者还会把自己的"不幸经历"告诉他们身边的人,通过口口相传,使更多的消费者也会远离这个行业。在需求不足的情况下,供给自然会不断地萎缩直至衰亡。由此可见,上个月新修订的《保险法》增加了许多有关保护投保人和被保险人权益的规定,特别是新增了"不可抗辩条款",这对防止保险公司滥用合同解除权,有效保护被保险人的长期利益,由此保证保险业的健康可持续发展是非常重要的举措。

当然，需要指出的是，对保险消费者（被保险人）的权益保护应当是依法保护，而不能以侵犯其他利益相关者包括保险人的利益为代价。我之所以强调这一点是因为在中国，与损害保险消费者权益并存的另一个现象是，人们的规则意识普遍不强，违背合约、损害保险人利益的事情也时有发生。特别是每当一些重大保险事故发生的时候，一些政府部门借稳定社会为由，无视免责条款（免责条款有重大缺陷那是另外一个问题），要求甚至强制保险公司放弃免责条款，进行通融赔付。我认为，既然是商业保险，公司的经营就必须遵循商业原则。有良知的、有社会责任感的企业应当履行社会责任，例如大灾大难事故发生时它们对受灾地区和人群的捐助，但不能将此与合同的履行混为一谈，不应当将商业保险作为政府履行其政治义务的工具。

商业保险的运作是建立在"契约"的基础之上的，它对"诚信"、"规则"等有着非常高的要求，因为由保险人售出的、由消费者购买的产品就是一份合同，后者是保险关系双方之间订立的一种在法律上具有约束力的协议。由此可见，保险业健康发展的重要前提之一就是利益相关者各方对"契约"的尊重与遵循。如果违反商业原则的事情总是发生，那不仅是对公司股东利益的侵害，也是少数保险消费者对其他消费者利益的侵害。长此以往，就会侵蚀这个行业赖以运转的基石。因此，从这个意义上来说，为了行业的健康、可持续发展，整个社会和所有民众都应当尊重"契约精神"，依法行事。

当然，中国目前更为突出和亟待解决的问题是保险消费者权益的保护，保险人和监管者都应当从行业长远健康发展的角度来认真对待这个问题。

2009-03-18

# IIS 归来话保险业形象

上周,我应邀参加在约旦首府安曼举行的国际保险学会(International Insurance Society,IIS)第四十五届年会。此次年会的主题是"在变化的世界中保持可持续发展"。围绕着大会主题,来自全球40多个国家和地区的300多位业界高管、监管部门的官员、高等院校的学者以及保险咨询、评级机构的专业人员在一起讨论:在世界的巨变中,保险业应当如何面对、应对和寻求可持续发展。

大会讨论的许多话题,像"金融危机的影响及国际金融体系的改革"、"中东地区的经济前景"、"阿拉伯保险业的未来"、"保险的行业形象"、"保险风险证券化"、"再保险业的变革"等都引起了我的浓厚兴趣,但我最感兴趣的还是"保险业的形象"这个话题。在大会专场,来自英国、美国、阿联酋、新加坡等国家的四家媒体的总编,从各自的角度发表了对保险业行业形象的看法。总的评论是:公众对保险业还是多有误解和微词,因此,保险业需要花力气来面对和解决这个问题。由于我对这个话题很感兴趣,因此在之后的分组讨论中,我"利用"自己学术主持人的"权力",从几个问题中单挑出了这个问题让大家进行讨论。来自不同国家和地区的代表都对此发表了许多看法,我也从讨论中对这一问题有了许多新的感悟。

感悟之一:保险行业形象问题是一个世界性的话题。我国保险业从恢复至今已有30年的历史,行业形象整体不佳一直是行业内外热议的一个焦点话题。以前我们可能会觉得,这与我国保险业发展时间短、发展不成熟、监管不力等因素有关,而当我们得知包括保险业发展已有上百年甚至几百年历史的发达国家也在讨论这个话题时,可能就会"稍感些许轻松":原来这并不是一个独具"中国特色"的问题,而是一个世界性的话题。这说明,除了发展阶段、发展的成熟程度等原因以外,肯定还有更为深层次的因素影响着保险业的形象问题。

感悟之二:形象问题之所以重要在很大程度上源于保险的行业特性。其实,每个行业都有形象问题,但至少从感觉上来说,好像没有哪个行业本身和公众对行业形象的讨论有如保险业这样热烈和持久(不知这样说是否有些片面)。之所以会是这样,我认为有以下三个理由:第一,与制造业相比,保险业是服务业,作为"下游行业",它与老百姓的日常生活密切相关,因此,形象的评价必然就是一个常见的话题。西方国家总统竞选,选民关注的是台前总统候选人的"形象",而有多少人关心台后竞选班子成员的形象?虽然他们的重要性在某种程度上来说并不亚于台前的候选人。第二,与同样作为服务业的交通、旅游、餐饮等行业相比,作为金融服务业的保险,其所具有的承诺性的特点让大众非常关心合同的履约问题,而行业形象的好坏则会直接影响到人们对保险人日后是否履约的预期。第三,与同样作为金融业的银行、证券、信托、期货等行业相比,保险所"经营"的是与人们的生命、健康、财产等相关的风险,这是一个人们不得不面对,但又很"避讳"的东西;同时,损失发生的不确定性和保险合同的"射幸性"特点也会增强"理性经济人"的"机会主义"特性,使人们通常选择"碰运气"而不是主动与保险打交道。因此,保险不像银行、证券那样可以"坐等"人们"自愿上钩",在很多的情况下,必须"主动出击",诱导需求。在这种情况下,行业的形象问题自然为人们所极大地关注:因为你(保险公司)是主动的,我(消费者)是"被动的",我当然有"权利"对你提出更高的要求。这就是保险,一个如此重要、但在没有发生损失时又很难让人感觉到其重要性的行业。这一境况很像"吉登斯悖论"所描述的那样一种困境:气候变化问题尽管是一个结果非常严重的问题,但对于大多数人来说,由于它们在日常生活中似乎不可见、不直接,因此,在人们的日常生活计划中很少

被纳入短期考虑的范畴。然而,一旦气候变化所导致的后果非常严重、可见和具体,从实践的角度来看,人们就不再有行动的余地了。因为一切都为时太晚。

感悟之三:行业良好形象的塑造和维护最为关键的是公司自己的所为。在我们的讨论中,许多代表都谈到,因为保险产品的专业性、复杂性和经营的独特性,许多消费者对此产品特点不够了解,容易产生许多误解,由此导致对行业的一些不应有的负面评价;而许多媒体对保险也不甚了解,因此有时会对这种负面评价起到"放大镜"的作用。但也有许多人提出,如果出现负面形象的宣传和报道,我们应当首先检查自己。我赞同这种观点。是的,保险业易受"逆选择"之累,但我们的行业能否在有效防止"逆选择"的前提下尽可能地为消费者提供他们所需要的产品?是的,由保险业的特性所决定,在很多情况下,我们需要营销员来向消费者销售保险,那么,我们的行业是否采取了有效的措施来防止和杜绝销售误导,由此让消费者放心地购买保险产品?是的,道德风险和保险欺诈可以说是保险业与生俱来的毒瘤,我们必须严防索赔中的欺诈,这样做不仅是保护公司的利益,更是保护全体投保人的利益。但我们的行业是否采取了足够有效的手段来甄别真伪,提高理赔的时效,设身处地地替被保险人着想?如此等等。我们的行业的确有许多可以改进的地方,我们应当时时自省,从自己做起。

感悟之四:整个行业的良好形象是靠每个公司的良好品牌和每个人的良好信誉矗立起来的。个体虽然不能代表群体,但在现实中,个体的负面形象总容易被延伸至某个群体,而保险业似乎更是如此,这可能与保险的强销售特性和归类指代明确有关。例如,虽然误导消费者的营销员极少,但消费者通常不是说"张三"、"李四"营销员,而是说保险营销员如何如何,这种连锁效应势必使整个营销员队伍都容易受到牵连。最近,一个我不认识的保险营销员给我打电话要上门办理我的保单到期业务,也许她已经经历了太多的消费者不信任,因此,一上门就又是主动给我看工号,又是给我看证件,又是让我马上给公司打电话进行核实。她的耐心细致的讲解让我感动,最后我对自己心中对她曾有过的"嘀咕"都感到内疚。而为什么包括我在内的消费者会对都没有接触过的营销员产生不信任感呢?就是发生在少数营销员身上的误导事件给整个营销员群体打上了不好的"印记"。因此,每个行业从业者、每家公司都应当谨记"一损俱损"的道理,像维护自己的眼睛一样来维护整个行业的良好形象。

  感悟之五:行业良好形象的塑造和维护是一项长期的艰巨任务。根据我的观察和体会,美国、德国、英国、日本等国家的保险业是相对规范的,消费者对保险的接受程度和认可程度也是相对比较高的,但即使是这些国家都还在讨论行业形象这个问题,何况中国这样一个保险业发展历史还很短、市场还相对很不成熟的国家。所以,不管是公司本身、行业协会,还是监管部门都应当把行业良好形象的塑造和维护作为一项长期工作来抓。召开于全球金融危机仍在持续期间的国际保险学会年会都将保险行业的形象问题作为重要议题之一来进行讨论,可见这是一个多么具有现实意义和深远意义的话题。

2009-06-17

# 保险销售风险:危害及其根源

上周参加了由中国保险行业协会组织召开的以"诚信与销售风险管控"为主题的研讨会,应会议主办方的要求主要分析谈销售风险表象及其根源,于是做了如下三方面的探讨,提出来供大家参考。

第一,如何认识销售风险的严重性及防范、降低该风险的重要性?

自20世纪90年代中期我国引入个人营销制度之后,专业代理、经纪公司、银行、邮政、车商等兼业代理也逐渐发展起来,我国的保险中介市场在逐步完善。应当说,包括个人营销员在内的保险中介对保险市场发展的贡献。更确切地说,对保费增长的贡献度是相当大的。10年前,我国开业的保险中介机构只有63家,10年以后的今天增长到2 493家。10年前,我国的总保费规模只有1 393亿元,10年后,我国的总保费规模达到近一万亿元,而通过保险中介销售的保费占到全国总保费收入的87.4%。但与此同时,销售误导等问题也一直为社会所诟病,成为困扰行业发展的最大风险之一。为什么说是最大风险之一呢?因为销售风险是有关保险行业形象的风险,而如果一个行业形象不佳,就易于发生三个危机:一是人才危机。行业形象不佳导致优秀的人才不愿进入,已有的优秀人才流失;二是消费者的信任危机;三是行业可持续发展的危机。可能有的人会说,自保险中介制度建立发展以来的十多年间,即使出现了销售误导等许多问题,行业不是照样在高速增长吗?保险业不是照样还有许多优秀人才吗?不是照样还有许多人想进入保险行业吗？我想说的是，社会科学发展到今天，即使有了许多量化的指标，但我们没有办法像自然科学那样在实验室做实验来得出精确的结论。可以肯定的一点是，如果销售误导少一些的话，如果保险业的形象更好一些的话，恐怕流出这个行业的精英人才会更少一些，加入这个行业的优秀人才会更多一些，行业的健康发展可能会更快一些。因此说，防范、降低销售风险是一个有关行业发展的重大议题。

　　第二，既然销售风险如此严重，那么，保险行业能否取消销售中介，像银行、证券业一样，让消费者自己去主动购买消费保险产品？

　　2001年10月，也就是在中国加入世贸组织之前，团中央、全国青联、中国社科院等单位联合举办了一个名为"加入WTO与我国的金融改革"的论坛，邀请了我和另外两位银行证券领域的三位专家学者与观众对话。我在演讲之前请听众配合我做一个现场调研。我请去银行存款或者办理过各种业务的人举个手，现场几百名观众几乎都举了手，然后我又请买过股票、债券的人举手，在场的绝大多数也都举了手，最后我问，买过保险的人请举手，相比银行证券来说，举手的人显然要少，而且大部分所谓与保险打过交道的人也是说有过并不情愿地购买航意险的经历。差不多10年过去了，我相信如果再做类似的问卷调查，买保险的人的一定比过去多多了，许多数据和调研结果也表明，不管是保险密度还是保险深度都较10年前有了很大的提升，但虽然同为金融产品，由于保险与银行、证券等在功效、性能等方面所具有的重要的质的差别，人们主动购买保险的意愿绝对无法与银行证券等投资储蓄产品相比。这是因为，保险所"经营"的是与人们的生命、健康、财产等相关的风险，这是一个人们不得不面对，但又很"避讳"的东西；同时，损失发生的不确定性和保险合同的"射幸性"特点也会增强"理性经济人"的"机会主义"特性，使人们宁愿选择"碰运气"而不买保险。这就出现了一个矛盾：从客观上来说，人们是需要保险的，而从主观上来说，人们又不愿意主动购买。那么，如何解决这个矛盾呢？理论和长期实践都证明，由专业销售人员或机构来向消费者销售产品，帮助他们实现对未来潜在风险的管理，是相对最有效率的选择。社会分工细化对专业知识的要求、节约交易成本的动机是保险销售中介广泛存在的重要因素。

而从实践来看,英、美、日等许多发达国家的保险业虽然已经发展了上百年甚至几百年,这些国家通过专业中介销售的产品和保费规模仍然占主导地位。

第三,销售风险产生的根源是什么?

既然分析表明不能取消专业销售中介,而由销售误导等产生的风险又给行业的发展带来很大的危害,因此,我们就必须认真研究销售风险产生的根源,以便更有效地解决这个问题。对此,我们可以从两个层次来展开分析。

首先,从根源上来说,销售风险的产生基于委托代理关系,而一般委托代理关系中所具有的诸如"信息不对称、契约的不完备、激励不相容、监督的机会主义"等问题不仅都会在保险委托代理中体现,而且由于保险产品和交易的特殊性,有些问题可能表现得更为突出。这是因为,在信息非对称的情况下,代理人所代理产品的无形性、承诺性和保险合同的附合性特点使得销售误导现象更容易发生,理由如下:(1)从保险产品的无形性特点来看,因为其不像实物商品那样具象,导致即使销售人员"指鹿为马",消费者也无从准确判别(因为大多数投保人的保险知识和对产品的了解程度很低)。(2)从保险的承诺性特点来看,其购买与"实际消费"具有长短不一的时滞,这就为"销售误导"提供了时间上的可能。(3)从保险合同的附合性特点来看,该特点要求保险条款的释义必须非常精准,否则在发生保险事故的时候,由语焉不详所可能产生的歧义必然使保险公司陷于被动。有些条款的用语从字面上来说是不难理解的,但保险条款的内涵与普通消费者对此的理解可能会有较大差异。而在大多数情况下,由于合同文本的复杂和繁琐,阅读成本高,多数消费者都不会认真阅读合同条款。这种由消费者对合同条款很常见的"不读"到"误解"给销售人员留下了"误导"的空间。

其次,由于中国的特殊国情,保险委托代理关系所产生的问题显得尤为严重。上述分析提出了"销售误导"产生的可能性,但如果分析仅仅停留于此,那还是很难解释至少以下两个问题:(1)为什么同为保险委托代理关系,我国的销售误导现象要比成熟市场严重?(2)为什么在同样的营销体制下,有的销售人员进行销售误导,有的恪守职业操守？可见，销售误导的存在显然还有更为综合和具体的原因。我认为，概括来说，它是由我国保险业发展程度低、现行保险营销制度的缺陷、保险公司对代理人的约束力不强、监管措施不力、营销员的入行门槛低、中国特有的消费环境、文化与习俗等因素共同造成的，但最主要的问题在于委托人——公司自身。委托人与代理人之间本来就具有目标函数的差异，而由于信息不对称等问题的存在，委托人希冀达到的目标本来就有偏离原点的可能。在这种情况下，如果委托人本身是短期行为，你如何要求代理人作长远打算？如果委托人本身只追求数量，你如何要求代理人以质量取胜？如果委托人"吝惜"培训，你如何保证代理人专业？如果委托人不把消费者当回事，你如何让代理人忠诚于客户？如果委托人不将保险当做事业来做，你如何要求代理人具有职业的崇高感？当然，如果不从根本上改变整个行业主要以保费来评价公司的市场地位和经营绩效的做法，如果不提高进入保险销售中介的门槛，如果不从法律制度方面进一步规范保险营销员的身份、地位，如果不提高消费者对保险的正确认识，如果不改善中国的消费环境，如果不加强有效监管，销售误导问题就将继续困扰我们行业的发展。

2009-09-23

# "可保风险":保险业务发展之"根基"

经济越发展,经济总量活动越大,经济的复杂程度越高,不确定性程度也就会越大,这是一个很直观的现象。而简要来说,风险就是指不确定性。我曾经用"风险总量增大、风险类型繁多、风险结构复杂"来形容我们当前转轨经济风险状况的特点。既然保险是经营风险的行业,那么我们能否说,经济越发展,保险标的越多,体现的风险总量越大,保险业可做的事情就越多,新险种开发的空间就越大?

在我看来,答案即"是",但也不是绝对的。说"是"是因为从绝对量来看,国内外的实践已经证明,保险业无疑是随着经济总量的发展而不断扩大的。说"不是绝对的"是因为,不管我们的行业发展得多么成熟,多么高级,一个最基本也最重要的事实是,不是所有的风险保险业都能承保。用行业"术语"来说,保险只能承保纯粹风险中的"可保风险",这是保险业最本源的问题,也是它"安身立命"之本。如果保险业承保了大量不可保的风险,那么,它本身都将可能遭受重大损失,甚至破产倒闭,那它如何承担其制度责任?几年前我曾经提出,保险业的制度责任就是要"以自身的稳健来保障整个经济和社会的稳定"。这个责任的履行绝不仅仅是一个行业的"小事",而是关系到国民经济和社会发展全局的"大事"。但问题还有另外一个方面:如果保险业没有承保它可以、应当并且能够承保的风险,那么,它对百姓生命、健康、财产的保障,对经济的促进,对社会稳定的作用又如何反映出来?它存在的价值又在哪里？由此可见，明确"可保风险"的内涵是保险行业如何创新、如何发展但又如何保证在控制自身风险的基础上承担起它的制度责任的一个重要命题。

这就由此引申出另外一个问题来，我们如何判定什么样的风险是"可保风险"。从原则上说，"可保风险"不难理解，也不难把握。初学保险学的人都知道，适合承保的风险应当满足以下的要求：经济上具有可行性（即指损失发生的频率较低，但一旦发生，其严重程度很高的特点），独立、同分布的大量风险标的，损失的概率分布是可以被确定的，损失是可以确定和计量的，损失的发生具有偶然性，特大灾难一般不会发生。但在实践中，保险公司依据"可保风险"的原则来承保风险很容易遭遇到一些挑战，它从"定性"与"定量"两个方面反映出来。

首先，从"定性"的角度来看，它反映出"需求方对风险保障的全方位要求与供给方对风险的选择性承保"之间的矛盾。不可否认，目前存在着某些风险符合"可保风险"的特性，但保险公司没有能够提供相应的产品来满足消费者需求的问题；而与此同时，也存在新的风险源随着经济和社会的发展不断产生，但许多可能不符合"可保风险"的特点，因此保险公司无法提供新的保障产品的问题。当然，还有这样一种情况，有些甚至是因为人们对保险经营风险的不了解而提出的"过分要求"。例如，许多年前有人就曾经提议，目前我们国家的腐败现象这么严重，这对社会来说是很大的风险。保险业不是经营风险的吗？为什么不能设计一款腐败保险呢？

其次，从"定量"的角度来说，它反映出"新险种开发的迫切性与产品定价所需数据的滞后性"之间的矛盾。新产品设计最关键的因素之一是定价，而定价的基础是损失发生的概率。一些风险源刚刚出现，损失、疾病、死亡等发生的概率都几乎无法确定，保险公司如何解决定价问题？如果要开发设计出新产品，就只能或者根据类似的风险进行模拟定价，或者完全"拍脑袋"定价。前些年出现的"非典保险"，目前出现的"甲流险"都有此类问题。

因此，从"可保风险"定性的角度来说，商业保险公司必须按照"可保风险"的特征来选择所承保的风险，而不是完全按照社会和政府对自

己的要求来承保风险(承担社会责任和政治义务另当别论)。如果保险业不明确自己的能力所限,让政府或者老百姓认为自己是"万能的",是"经营所有风险"的,这就好比让一个优秀的跳高运动员去参加全能运动员的赛事。其结果是,他可能不仅争取不到全能运动员的好成绩,还可能因为分散精力去训练过多其他的项目而导致其本身比较优势的丧失,使人们甚至对他原本具有的跳高优势表示怀疑。

当然,需要指出的是,许多新出现的风险可能从某些特征来看是符合"可保风险"的,但却可能因为缺乏数据等而成为"暂不可保"的风险。而随着实践中数据资料的积累和保险业技术手段的提高,它们又会成为新的可保风险。因此说,"可保风险"是一个动态的概念,它并不是"一成不变"的。也就是说,随着客观条件的变化,科学技术手段的发达,"昨日"的"不可保风险"在"今日"可能成为"可保风险";而"今日"的"不可保风险"又可能成为"明日"的"可保风险"。但关键在当下,保险公司要有对"可保风险"本质的判断和把握,以决定其业务发展的重点和方向。

我曾经提出,"保险制度是市场经济体制中不可或缺的组成部分。没有完善的保险制度,就没有完善的市场经济"。但从整个行业来看,保险制度的重要性不是靠无限扩张其边界来实现的,而是主要靠履行专业化的风险管理职能来体现的。因此,"可保风险"始终应当成为保险业确立其经营范围的重要约束条件。我们只有将应当做,能够做的事情做好,才能充分发挥我们的作用,建立起我们的声誉。保险公司在进行产品创新的时候,千万不能为追求创新的速度和规模而放弃对"可保风险"特性的要求,否则,结果将会适得其反。而消费者也需要对保险业的经营特点和新险种的开发给予更多的理解和耐心。当然,从另一方面来说,保险业也不应当以"可保风险"的专业性要求为自己墨守陈规,不思创新找借口。

2009-12-16

# 让我们快乐、优雅地老去

前不久,我随泰康人寿保险公司考察团参访美国华盛顿地区的爱瑞克森和凤凰城的太阳城养老社区,感触颇深。以前我虽曾与不少国外的老年朋友交流过如何养老的问题,也曾去过国外不少像联合公寓或高级养老院之类的地方,但像这次考察的如此成规模、成体系的养老社区,还是第一次。虽说因受时间的限制,我们只能走马观花地看看,但当看到美国老人快乐、幸福地居住在相当舒适、便捷的养老社区时,我对"老人"和"养老"这个世界性的话题还是有了更新的认识和思考。

老人构成自然生命的完整意义。生命的意义是什么?这是一个千古的命题,并且见仁见智。我认为生命意义可以从自然和社会这两个不同的角度来诠释。众所周知的奥斯特洛夫斯基的名言是这样解释社会生命意义的:"人最宝贵的是生命。生命属于每个人只有一次。人的一生应该这样度过:当他回首往事的时候,不会因虚度年华而悔恨,也不因碌碌无为而羞愧。这样在他临死的时候就能够说:我已把我整个的生命和全部精力都献给最壮丽的事业——为人类的解放而斗争。"而从自然生命的角度来说,我认为生命意义是指:生老病死构成人类自身的新陈代谢与健康发展。也就是说,没有死亡,就没有新生;没有老人,就没有婴儿。从童年到青年到中年再到老年,正是老人构成了自然生命中生命的完整意义。我相信,当我们看到老年人在生态环保、社会和谐的环境中里健康长寿,当我们能看到三世同堂、四世同堂甚至五世同

堂的幸福照时,这种感觉会更加强烈。

尊重生命必须尊重生命的全过程。生命的每一个过程都是美好的:婴儿的童趣、少年的狂野、中年的潇洒、老年的神闲,这是一个完整生命的构图。既然生命是由一个个过程所组成的,那么,尊重生命就要尊重生命的全过程,而由于"老人"曾经对社会做出贡献和在晚年时由于"心有余而力不足"透出的那份"无奈",他们有千万个理由得到更多的人文关怀。应当说,一个社会的文明程度正在这个阶段才更能体现出来:全社会对老人的珍重就是对文明的膜拜;年轻人对老人的善待,就是对自己的钟爱。

对老人最大的善待是能让他们能够享受快乐感、具备安全感、消除孤独感。随着经济的发展和现代医疗技术的进步,我们早就看到这样的一个现实,即人的寿命越来越长,由此可能带来因为超长存活而产生财务资源匮乏的问题,就像小品"不差钱"中赵本山和小沈阳所调侃的那样:"人还活着,但钱没了。"不过我认为,钱固然重要,但它并不是养老问题的全部。现实生活中不乏这样的实例:许多老人并不缺钱,但他们活得并不快乐,因为他们感觉孤独、感觉被"边缘化"了,对许多事情是"心有余而力不足"……这无疑会在很大程度上影响到老人的生活质量。因此说,养老不是简单的一个现金问题、财务资源问题。在华盛顿爱瑞克斯养老社区访问时,一位80多岁的老人告诉我,他是5年前搬到这个养老社区来的,而他现在的身体状况比5年前还好。问其原因,他说营养、体能训练当然很重要,但最重要的就是感觉快乐,在这里,能够经常与人交流,在老年大学学习,参加书画、工艺等各种社会活动等。在太阳城养老社区,我们见到一位带着船型小帽、穿着艳丽、谈吐风趣、慈祥可爱的百岁高龄妇女。尽管她脸部的皱纹透露出岁月的沧桑,但她发自内心的喜悦和自然流泻出来的快乐无不让所有在场的人都感到惊讶:老,原来也可以如此美好!

养老产业应当是一个惠需方、利供方的产业。由自然规律所决定,老人不可避免地会在体能、机能等方面逐渐衰退,并且这个过程是不可逆的。但如上所述,如果老人能够享受快乐感、具备安全感、消除孤独感,衰老的速度和形式会出现很大的差异(我有一个高龄的父亲,在与他相处的过程中,我清晰地感受到这一点)。而养老社区则比独居养老、家庭养老更好地具备了让老人享受生活的这些要素。在华盛顿养老社区,当我正在与一对老年夫妇攀谈时,社区创始人约翰恰好走过来,夫妇俩对他竖起大拇指,感谢约翰为他们提供了如此好的居住、生活条件。当看到满脸绽放灿烂笑容的约翰陶醉在人们对他的赞美中时,我在想,爱瑞克森养老社区不是慈善机构,不是救济场所,居住者需要缴纳不菲的入住费和月租费,但老人们对"约翰们"由衷的感激表明,随着老龄化速度的加快,老龄人口的规模将越来越大。如果做得好,养老产业无疑应当是一个惠需方、利供方的庞大产业。老人们快乐幸福了,不仅会使其疾病减少(爱瑞克森养老社区的数据表明,在此居住的老人平均住院天数、疾病发病率等许多指标均比没有住在养老社区的老人好得多),而且能够大大减轻子女的身心负担,由此提高工作效率,提升整个社会的劳动生产率,这就是市场机制的功能。正如亚当·斯密200多年前所说,每个人在追求自身利益的同时,增进了整体的社会福利。

  中国的养老之路应当怎样走?随着经济条件的改善和医疗技术手段的提高,加上巨大的人口基数和计划生育政策的实施等因素的交织作用,从某种意义上来说,"未富先老"的中国比世界上任何国家的养老问题都更加严峻,庞大的老龄人口将成为决定未来中国经济发展各种重要因素中的重中之重。中国在2000年第五次人口普查时,65岁及以上的人口为0.8811亿,占总人口的6.96%,已基本进入老龄化社会。另据2010年2月19日全国老龄办主任会议公布的资料,2009年,全国总人口数为13.3712亿。其中,60岁及以上老年人口达到1.6714亿,占总人口的12.5%。80岁以上高龄人口已达1806万,占总人口的1.35%,这个数字还在以每年5%的速度递增。如此规模的老人群体,无疑为养老产业的发展提供了源源不断的庞大需求。但从中国目前的情况来看,社会养老问题很不乐观。仅以上海为例,据一份材料所说:在这个中国最早进入老龄社会的城市,有近50%的老人独居一处,有近80%的老人很少或不走亲访友。不是不愿之,实为无奈之。虽然包括北京、上海在内的许多城市已经有了一些养老机构,但总体来看,它们

在环境、设施、服务等方面离老人的要求都有较大距离,因此实施效果很不理想(毋庸讳言,中国的传统文化也有很大的影响),而一些居家养老社区对老人服务的照顾和帮助则是在政府的倡导和政策引导下,由某些机构和组织来实施的,这种既非自发也非营利的"帮助与照顾"性质,很难让其有持续下去的财力和动力。因此我认为,大力发展商业性的养老社区是中国解决养老问题的一个重要途径。让需求者"体面生活"的同时,又使供给者能"体面赚钱",才能由此形成供给与需求的良性循环,保持可持续发展。例如,我们这次考察的滥觞于美国凤凰城的美国 Del Webb 公司从 1960 年建造第一个养老社区,至今已扩展至全美的 27 个州,社区数量达 52 家。在稳定发展、公司盈利的前提下,也获得了居住者的好评和广泛的社会赞誉。

  虽然生活层次可以有所不同,但所有的老人都有享受晚年幸福生活的权利。在与阳光城养老社区的负责人交流时,我向他询问了这样一个问题。因为他们养老社区所关注的目标人群是 50—70 岁之间的活力老人,再差一些的也是有较强的经济能力购买他们在养老社区的住房,或缴纳几十万美金不等的入住费、2 000 美元左右月租费的老人。但我相信美国社会也会有这么一个老人群体,他们无疑也有前面我所说的"享受快乐感、具备安全感和消除孤独感"的要求,可他们相对比较穷,无力承担入住养老社区或其他类似的养老机构所要求的费用,那么,谁来管他们的养老呢?这位负责人解释说,在美国,针对这些老人,既有一些政府资助的项目,也有不少社会慈善团体支持的项目。如果商业公司不愿做、不能做,政府就承担有照顾这些老人的义务。美国社会是否完全做到了这一点我尚没有进行过调研查实,无从评论。但我认为,保证所有的老人都有享受晚年幸福生活的权利(虽然生活层次可以有所差别),这的确是我们每个社会在建立养老制度、制定养老政策时需要认真思考的一个问题。

  除非发生意外,每个人都会经历"老"的过程——虽然"老"的状态可能因人而异。既然老是无法抗拒的,但生活态度和生活方式是可以选择的,那我们为什么不去选择一种更好的方式?要我选,我就选快乐、优雅地老去!就像国内人们耳熟能详的一首歌所唱到的那样:最美不过夕阳红,温馨又从容……当然,要做到这一点,需要政府、社会、家庭的共同努力,而商业养老社区应该是最理想的选择之一。

2010-05-05

# 经济中的道德伦理与困惑

——写在国际保险学会西班牙年会之后

第四十六届国际保险学会年会于 6 月 6—9 日在西班牙的首府马德里召开，来自全球 40 多个国家和地区的业界高管、监管官员、学界代表及相关行业的专业人士齐聚马德里。由于始于两年前的全球金融危机还没有真正结束，今年的大会仍然以"金融危机之后果"为主题背景，20 多位大会演讲人和 400 多位参会代表围绕"金融危机之后保险业的发展之路"、"全球保险监管与系统风险的防范"、"银行保险的未来发展"、"作为战略资本管理手段的再保险"、"环境变化及其对保险业的影响"、"亚洲在新型市场的角色"、"全球保险业的未来展望"等议题进行了演讲和讨论。

大会的第一位主题演讲人是日本生命的主席 Uno 先生（盖因此翁为业界名人，怕翻译不准，引起误解，以下将以其原名出现），他在开场白中风趣地说道："我猜想因为我的名字在西班牙语中意为'一'，所以荣幸地成为第一位演讲人。"然而话锋一转，他说："但我认为最重要的原因可能是因为日本自上世纪 90 年代起经历了长达 10 多年的经济危机，危机中，15 家大银行只有三家幸存，20 家寿险公司中只有 10 家幸存。所以，作为危机时代的幸存者和见证者，我可能比其他人有着更多的亲身经历和体会。"事实也正是如此，他的演讲很具洞察力，给人以启迪，受到与会者的热评，也引起我对现实经济中许多问题的进一步思考。限于篇幅，我这里只想讨论一下他的演讲及此次大会讨论中比较关注的一个问题：这就是人们所抨击的、此次金融危机所反映出来的某些企业高管的贪婪、金融机构职业操守的缺失、评级机构不负责任的所为等。在 Uno 先生和许多与会者看来，这些问题的统一"标识"是公平、正义和伦理道德的丧失。因此，他认为，"通向经济复苏之路最重要的一步就是让我们的企业高管重建正直的品格和'中庸'的道德观"。

  长久以来，经济学与道德伦理之间的关系就是一个热议的话题。虽有不少经济学家认为"经济学不讲道德"（我的理解是，这里的"不讲道德"是强调经济学的"经济理性人的分析前提"和"成本收益的分析方法"），然而，普遍的看法是，二者有着紧密的联系。规范经济学的分析就具有明确的价值判断，而价值判断就必然涉及伦理道德的问题（伦理即人与人相处的各种道德准则；道德则是人们共同生活及其行为的准则和规范。不同时代、不同地域的人群之所以形成共同生活及其行为的准则和规范，显然与经济的发展方式和水平有极其密切的联系）。自亚当·斯密之后，人们在讨论这个话题的时候，最常引用的也是他本人分别于 1776 年发表的《国富论》和 1759 年发表的《道德情操论》。前不久，亚当·斯密曾经学习和工作过的英国格拉斯哥大学社会科学院副院长 Berry 教授来北大经济学院发表了题为"道德经济？亚当·斯密的今生和未来"的演讲。Berry 教授在澄清对斯密理论的一些误解时特别强调，斯密对商业社会的推崇并不是对自私自利本性的辩护，更不是对商业社会的"非道德化"。Uno 先生也从凯恩斯将经济学称为"道德科学"的判断中引申出"道德是经济学的必需品"的结论。

  我非常欣赏大师们的精辟观点，但在现实生活中，我又常为有些现象所困惑。例如，最直接的一个问题就是：在经济活动中，什么是判定"道德"还是"非道德"的精准标准？

  众所周知，经济发展和运行离不开创新，离不开人类对获取新的利润和更高收益的"渴望"，后者从很大意义上来说正是经济社会发展的动力。然而，用什么标准来判断一种创新是"道德的沦丧"，而另一种创新是"道德的弘扬"？CDO 等金融衍生品被斥为此次金融危机的罪魁，

Uno先生就曾在他的演讲中引用美国周刊的评论说:"华尔街过去的十年就是物理学家的天下。金融机构雇用火箭专家来设计新型金融产品和基于金融工程基础之上的风险模型。"但如果当初华尔街的这些物理学家们别玩得太过,换句话说,不要搞出金融衍生品的太多"次方",没有引发多米诺骨牌的灾难效应,是否就是"弘扬道德"的创新?据国内某学者最新的研究,作为另一种金融衍生品的信用违约掉期合约(简称CDS,它无疑是压垮世界保险业巨头AIG的祸首),因其结构简单、标准化程度高、市场竞争充分、报价估值更加透明等特点,市场份额在日趋扩大。这些金融衍生品在两年前和当下命运的差别,凸显的是金融衍生品"始作俑者们""好心办坏事"的无知,还是"不知天高地厚"的自负?是真理离谬误一步之遥的差错,还是"道德"与"非道德"的分水岭?再比如,快餐的出现是一场革命,但许多研究表明,它在带给人们生活便利和快捷的同时,也成为影响人类健康问题的杀手之一。那么,我们是否应当拷问快餐发明者和提供者的道德良知?我们是否应当把丧尽天良、成心害人的企业和个人(例如,中国的许多假酒制作人从一开始就知道假酒致害于人,但酒贩子昧着良心生产假酒;假药的制作者和贩卖者为了高额利润而"铤而走险",祸害百姓)与CDO等金融衍生品的设计者同等看待?从结果来看,后者所造成的恶果比前者还要大得多,我们是否应当将这些设计者们归入"道德沦丧"的同类人群之中?从另一个角度来看,因循守旧、没有创新可能会没有风险,但没有获得应有的发展,没有对社会产生应有的贡献,是否也是不道德?类似的困惑在现实生活中还有很多。

很多人也都说过,除了道德,还有更为关键的东西对经济的运行产生重要影响,那就是制度。对此,我非常赞同,而且我认为邓小平所说的"好的制度可以让坏人变成好人,坏的制度可以让好人变成坏人"是千真万确的真理。然而,接下来的问题就是:制度是由人来制定的。不同的制度,其实施必然产生不同的后果,那制定制度的人的伦理道德如何判定?回过头来看,格林斯潘在任期间实施的低利率政策所造成的流动性过剩是人们普遍认同的此次全球金融风暴产生的重要背景原因之一,但这与那些有意制定对自己有利而对普通大众不利,或者对某一个群体有利而对另一个群体不利的政策决策者是否应当归为同类？如何判定道德在其中的权重？

我们再假定制度是由具有道德感的人制定的，但如果执行制度的人缺乏道德感，那将出现什么情况呢？我想，或者是导致制度实施的成本极高，或者是导致制度的失效。这种事情在我们的现实中不胜枚举。十多年前我第一次去美国的时候，首次听说"无条件退货"制度，让我"目瞪口呆"，接着亲身经历了一次，那种"无条件"的感觉让我至今还记忆犹新。回国不久，看到京城某家商店也在试行"退货制度"，我当时即断言，此制度必然"短命"。果不其然，过了不到几个月，该店就取消了此做法，因为太多的消费者"利用"了商家的"好心"和"慷慨"而使其不堪重负。显然，商家有道德的"创新"如果遇到了"不道德"的消费者，仍然可能搁浅。

说到这里，我冒出了一些很不成熟的想法，提出来与对此感兴趣的读者讨论。

首先，道德伦理在经济社会中是非常重要的，但在人类社会目前的发展阶段，特别是在转型的中国经济中，把许多问题归结为道德范畴，深刻是深刻（我理解，道德伦理属于自律的范畴，它显然比具有"他律"特点的法律强制、制度规范的层次来得高），但一方面，有时恐难"命中事物要害"；另一方面，可能会掩盖不同性质事物之间的差别，由此在打击了真正不道德行为的同时，也将抑制或者扼杀社会原本想鼓励和崇尚的创新行为。

其次，在现阶段，我认为比道德更为关键的东西应当是职业操守，后者是指人们在从事职业活动中必须遵从的最低道德底线和行业规范。如果一个社会中的各行各业都能确保具备明确的职业操守，所有的专业人士都能确保其专业能力，如果严格的法律制度能够确保违背职业操守的人一定会受到严惩，这无疑会比单纯的道德抨击更为有力。

最后，就是讲道德，它也是一个全社会的问题，既有产品生产者和提供者的道德问题，也有制度执行者的道德问题，同时还有制度制定者的道德问题。实际上，这三者恰恰对应着经济运行中的供方、需方和监管方。亚当·斯密说："经济只有在一个道德伦理健全的社会中才能运

行良好。"这是一个真理。要让经济在一个道德伦理健全的社会中良好地运行,每个国家都有许多事情要做,而中国所面临的挑战无疑更为严峻。

2010-06-23

# 重视宏观综合风险管理,确保经济与社会的动态均衡与协调发展

中共中央《关于制定国民经济和社会发展第十二个五年规划的建议》明确指出:"综合判断国际国内形势,我国发展仍处于可以大有作为的重要战略机遇期,既面临难得的历史机遇,也面对诸多可以预见和难以预见的风险挑战。"我认为,分析中国经济发展的机遇与挑战的基本出发点和重要前提是,认真识别中国经济目前存在的各种主要风险,并对风险的载体、主要风险诱发因素、风险的传导机制、风险的容忍度等加以认真的分析研究,在此基础上采取有效的风险防范和管理手段。

金融危机留给人类最重要的教训之一就是,不管是对一个企业来说,还是对一个行业甚至一个国家来说,经济学上讲的"成本—收益分析"都必须建立在对风险源、风险容忍度以及风险可控性等问题认真、深入、全面的分析基础之上。只有这样,才能最大限度地利用各种资源,减少成本、获取收益,实现经济和社会的可持续发展。

风险管理的首要步骤是识别风险。从国家宏观层面来说,我认为目前需要给予格外重视的风险源来自于以下六个方面:

第一,高度复杂、联系广泛且脆弱的金融体系。金融作为现代经济的核心,由自身的运作机理和特性所决定,其双刃剑的作用非常突出。如果运行良好,它能够对实体经济乃至科技、经济、社会等产生重大的推动作用,但如果发生哪怕很小的纰漏,都不仅将导致整个体系的瘫

痪,而且对实体经济和整个经济的运行产生巨大的破坏力量。世界经济发展的历史一而再、再而三地证明了这一点。经过三十年的改革开放,我国社会主义市场经济的金融体系已经初步建立,但离成熟、规范的标准还有相当的距离。在对外开放程度还不高、金融创新产品匮乏的情况下,我们躲过了一些劫难,但在全球经济一体化的大趋势下,金融开放的程度必然会越来越高,金融创新的步伐也必然加快。金融是成为中国经济发展的巨大推动力量还是破坏性力量,取决于我们能否更好地识别风险点,建立风险防火墙,取决于我们的监管水平。

第二,具有潜在威胁的"三农"问题。我国是一个农业大国,这可以从10%左右的农业产值和9亿多农民人口反映出来。"三农"问题是我国政治、经济的基础性问题,对我国具有特殊的含义。从农业来看,它除了面临着与其他产业类似的价格波动、需求变化、政策因素等方面的风险以外,其自身的属性决定它受自然因素的影响极大。随着农产品全球化程度的提升,我国农业更容易受到全球农产品市场的影响,粮食安全问题面临巨大的挑战。从农民来看,受教育程度问题、人口结构问题,特别是老龄化和贫困问题都相当严峻。我们现在谈城市贫困人口,但实际上,农村贫困人口的数量和相对比重均超过城市人口;而且,由于农村流向城市的人口年龄较轻,大规模劳动力流动的结果导致农村的老龄化问题比城市更加严重。第五次人口普查的数据表明,乡村年龄在65岁及以上人口的比例达到8.1%,已经高于镇(6.0%)和城市(6.7%)的老龄化比率。如果我们不能有效地管理"三农"风险,农业基础薄弱、农村发展滞后、农民增收困难、巨大的乡村负债等问题不能得到尽快解决,由此引发的经济安全和社会问题都会非常严重。

第三,恶化的生态环境。长期以来,我国采取的粗放型经济增长方式导致我国经济的增长是以资源的大量消耗和环境的过度破坏为代价的。研究表明,我国因工业化所引起的环境污染速度已大大超出工业化自身的速度,各种自然灾害造成的直接经济损失逐年上升。据统计,20世纪50年代年均损失为480亿元,60年代为570亿元,70年代为590亿元,80年代为690亿元。按1990年的可比价计算,1990年以后,自然灾害造成的年均损失均超过1 000亿元。生态恶化的问题再不引起高度重视并得到有效解决,必然引发严重的能源危机和环境危机,我国经济可持续发展的前景堪忧。

第四,不协调的发展和失衡的结构。投资和消费失衡,消费率偏低;城乡和区域发展失衡;居民收入增长滞后于GDP的增长,城乡居民收入差距和行业收入差距悬殊;居民收入在国民收入比重中偏低,劳动报酬在初次分配中比重偏低的问题严重。由不协调的发展和失衡的结构所产生的最大风险是,有限的资源不能得到有效配置;经济的长期增长乏力;民众对改革产生抵触心理,社会矛盾激化。

第五,不健全的基本公共服务体系。我们主要从养老、医疗这两个主要方面来看。首先,人口老龄化问题。我曾经说过,人口老龄化是一个日趋严重的世界性问题。而随着经济条件的改善和医疗技术手段的提高,加上巨大的人口基数和计划生育政策的实施等因素的交织作用,从某种意义上来说,"未富先老"的中国比世界上任何国家的养老问题都更加严峻,庞大的老龄人口将成为决定未来中国经济发展各种重要因素中的重中之重。人口老龄化给社会保障体系带来了很大的压力和冲击,这主要表现在养老金收支缺口加大、基本覆盖不足以及经济发展水平不足以支持社会保障体系的可持续发展等各种风险。从医疗保障来看,资料表明,全球性流行病、传染病频发,很多慢性病已经成为人类健康的头号杀手。各种疾病带来的医疗费用的大幅攀升和人们健康、生命的丧失将会对我国经济的发展带来严重的影响。

第六,腐败和商业贿赂的蔓延。从近些年来披露出来的大量政府官员的腐败案件和商业贿赂案件中,我们一方面看到了执政党对惩治腐败和商业贿赂的决心和力度,但另一方面也看到了腐败和商业贿赂在中国的严重程度。腐败和商业贿赂的蔓延,不仅降低了政府在百姓中的威信,而且会给那些对改革有误解,或者反对市场化改革的人以口实,从而增大深化改革的阻力。

综上所述,我们需要从以下三个方面来把握我国从宏观层面来看的风险及风险管理的特性:

首先,要从系统的角度来认识、识别、防范和管理风险。我们当前

面临的上述主要风险涉及经济、金融、自然、社会、政治等各个方面,由于社会是一个大系统,来自这个系统内的不同载体所产生的风险是可能相互传递、广泛蔓延,而不仅仅只是局限于某个领域的。比如,悬殊的收入差距问题看似一个分配结构问题,但如果放任不管,将会演变为重大的社会问题。生态恶化看似自然环境问题,但会在极大地威胁人民生命财产的同时,严重影响经济的可持续发展;由社会保障制度和医疗保险制度的不完善所产生的风险会极大地降低人们对未来的稳定性预期,由此影响人们当前的消费,从而阻碍由消费所拉动的长期经济增长。腐败不仅仅只是一个降低政府在民众中的公信力的问题,所造成的也绝不仅仅只是动辄几千万甚至上亿的经济损失,而是从根本上摧毁了市场公平竞争的环境,扼杀了人们创新的意愿,而它们正是经济社会发展的根本动力。同时,在经济全球化不断深入、金融一体化的趋势越来越明显、中国和世界的联系越来越紧密的情况下,国际社会的风险更是会通过商品、资本、货币的流动而采取跨国、跨境、跨业的方式传入我国。这就要求我们在识别、防范、管理风险时一定要有全球化的视角。

其次,要从动态的角度认识、识别、防范和管理风险。社会在变,风险也会变。今天的经济总量、社会形态等与改革开放前、与20年前,甚至与10年前、5年前相比都有很大的差异,相应来说,风险的总量、类型和结构也会发生变化,我曾将我国的风险状况概括为"风险总量增大、风险类型增多、风险结构复杂"。既然风险在变,防范风险的手段、措施也要不断地更新、变化才能真正做好风险管理工作。

最后,对风险要有辩证的认识。科技创新会带来风险,而不创新虽然没有由创新可能带来的风险,但却可能导致经济发展乏力,财富增长缓慢,这对提高老百姓的生活水准、提高综合国力、参与国际竞争来说可能是更大的风险。金融创新也是一样,金融衍生品的创新可能会带来潜在的风险,但如果因害怕风险而停止创新,则将导致由不发展所带来的更大的风险。所以,真正有效的风险管理应当是在风险可控的情况下,提高风险的容忍度,以更大限度地获取由承担风险所带来的收益。

鉴于风险的这种综合性、交叉性、动态性特点,我认为应当尽快建立起一套国家宏观综合风险指标体系和风险预警管理系统。使用现代风险管理技术,分析中国经济社会发展过程中的各种潜在和显性的风险因素,建立经济、社会、政治、环境等风险指标子系统。对各种风险的载体、主要风险诱发因素、风险的传导机制、风险的容忍度等进行认真研究,探讨防范、控制和管理风险的各种有效措施,由此为国家发展规划与决策提供系统的思维框架和可靠的科学依据。

2010-11-24